本丛书由上海市教育委员会
上海高校马克思主义学院内涵提升建设项目资助出版

本书得到上海电机学院2019年人才引进科研启动基金项目资助

上海电机学院
马克思主义中国化系列丛书

# 非洲统一组织研究

## 泛非主义视角

路征远 / 著

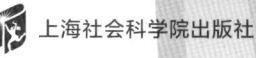

上海社会科学院出版社

# 序

"中非从来都是命运共同体。"在中非进入"全面战略合作伙伴关系"、非洲大陆成为"一带一路"倡议的重要地区等背景下,走进非洲、认识非洲、了解非洲成为当务之急,《非洲统一组织研究:泛非主义视角》的出版面世正当其时。

路征远博士的新著即将出版,我有幸先睹为快。读了这部著作,有几点感想:

## 一、这部著作的选题具有重要的学术价值

众所周知,非洲统一组织在非洲历史上具有十分重要的地位,对非洲大陆和非洲国家产生了巨大的影响。因此,研究非统组织对于了解非洲历史,尤其是当代非洲具有积极的意义。

其一,非统组织的成立是非洲大陆顺应形势发展的必然产物。"二战"后,非洲大陆掀起了民族解放运动的高潮,大批非洲殖民地走上了独立的道路。1960年成为非洲国家独立的高峰年,17个国家在一年内宣告独立。然而,独立仅仅是非洲国家奋斗目标的第一步,非洲大陆统一和非洲合众国建立才是非洲国家和人民的最终目标。如何从独立转向统一,这是摆在非洲国家面前的新课题。非洲国家领导人在经历了独立后的矛盾、斗争和各种探索后,决定建立非统组织。因此,非统组织是非洲国家在新形势下建立的新型组织,承担着把非洲独立国家引上联合统一之路的历史使命。

其二,非统组织是一个由独立的非洲国家组成的全非性国际组织。毫无疑问,无论在组织的规模、力量还是影响方面,非统组织(在非洲历史上)

都达到了一个全新的高度：其一，它继承和进一步发扬了泛非主义的精神和宗旨，强调全非各族的团结和统一。非统成立大会通过的《非洲统一组织宪章》明确规定了泛非主义的理论基础："我们各国人民在超越种族与民族差别的更大规模统一中加强兄弟情谊和团结愿望"，"希望所有的非洲国家从此统一起来"。其二，非统建立了健全的机构。宪章就组织体制和组织机构作了全面而又具体的规定，而各机构和专门委员会都有明确的工作范围和规章，各司其职而又相互合作，从而形成一个完整的整体。其三，非统对自身运作的机制（比如，宗旨、原则、成员国资格、权利与义务、经费演算、成员国的加入和退出等），都作了明确的规定，从而保证了整个组织的有序运转。其四，非洲统一组织具有比较稳定的经费来源。宪章第23条（预算）对此作出了具体的规定。稳定的经济基础避免了早期泛非主义所经常出现的运动时续时断的现象。其五，由于非统是非洲独立国家为追求共同的目标而建立的"共同的机构"（宪章语），因此，它也具备了相当的权威性。外界经常把非统比喻为非洲的联合国，恰恰说明了这个特点。

其三，非统组织在存在的39年中，对于非洲大陆和非洲国家的发展产生了巨大作用。在非统组织的前期（1963—1979），其主要目标是实现和巩固非洲的整体政治独立，一方面，推进非洲民族解放运动的深入发展，使非洲早日实现非殖民化；另一方面，采取各种措施，巩固新生的非洲民族国家的政权。具体措施包括：推进非洲民族解放运动的深入发展、铲除种族主义统治、反对外来势力干涉、捍卫国家独立和主权、和平解决非洲国家的边界冲突、以和平方式处理成员国之间的关系、妥善解决难民问题等。在非统的后期（1978—2001），由于绝大部分非洲国家的政治独立问题已经基本解决，国家发展问题被提上了议事日程。非统组织在其后期的主要工作，更多表现为引领非洲国家的经济建设与发展。具体措施包括：制定《拉各斯行动计划》、在结构调整无果后调整了非洲经济发展战略并且开始了独立自主的探索进程、有力推动非洲经济一体化进程等。应该说，非统组织对于独立的非洲国家的政权巩固和经济发展都发挥了积极的引导和推动作用。

## 二、作者对于非洲统一组织的研究,采用了一种十分独特的视角,即透视泛非主义与非统组织的内在关系

如果说有一种政治思潮和政治运动对非洲近现代历史产生了无可比拟的巨大的影响,那么它就是泛非主义。作为黑人种族和非洲大陆的民族主义,泛非主义既是一种思想理论,又是一种政治运动。在其诞生后的一百多年里,它随着时代的变化而变化,并在其发展的各个时期都显现出鲜明的特色。泛非主义唤醒了非洲人民的民族意识和民族觉悟,塑造了非洲大陆特有的区域意识和历史使命感。它对于非洲大陆的独立以及此后的非洲一体化进程,发挥了重要的推动作用。作者抓住了泛非主义对于非洲历史发展的巨大推动作用,全面深入剖析了非统组织与泛非主义的内在关系,提出非统组织的成立是泛非主义的成果;非统宪章是泛非主义的体现;巩固非洲国家独立是泛非主义的新发展;促进非洲经济发展是泛非主义的新尝试;非洲联盟的建立是泛非主义的再发展等一系列观点。作者围绕这些观点进行深入的剖析,阐明了非统组织与泛非主义的内在有机联系,从而使读者对于非统组织有了更加深刻的认识。

## 三、这部著作的资料比较丰富

作者收集了大量的历史资料,其中包括关于泛非主义理论、泛非主义运动、非洲民族解放运动、非统组织等的各类文献、文件和历史资料。尤其是非统组织的各类章程、决议、声明、首脑会议和部长会议的文件资料。这些资料的运用,清晰勾画出非统组织的发展进程和各个阶段的活动特点。

通过阅读这部著作,读者可以清楚了解非统组织成立的历史背景和过程;了解非统组织的组织结构和运作规则;了解非统组织在其存在的39年中为了推动非洲大陆的政治经济发展所制定的重要发展战略及其变化;了解非统组织退出历史舞台的原因。当然,这部著作也还有不足之处,比如作者对于国内外非统组织研究的最新学术动态介绍还可以充实等。总之,路征远博士的新著在全面研究和介绍非统组织方面进行了有益的尝试,并且

取得了一定进展。希望他继续努力,对非统组织的研究更加深入一步。我们期待着。

舒运国

2018 年 12 月 3 日

# 目　　录

序 ……………………………………………………………… 1

导论 …………………………………………………………… 1
　第一节　研究意义 ………………………………………… 1
　　一、学术意义 …………………………………………… 1
　　二、现实要求 …………………………………………… 2
　第二节　主要思想 ………………………………………… 4
　第三节　研究情况与基本架构 …………………………… 6
　　一、研究情况 …………………………………………… 6
　　二、基本架构 …………………………………………… 9

第一章　非洲统一组织成立　泛非主义成果 ……………… 12
　第一节　泛非主义历史回顾 ……………………………… 12
　第二节　非洲统一组织成立 ……………………………… 20
　　一、非统的宗旨和原则 ………………………………… 21
　　二、非统机构的设置和运作 …………………………… 21

第二章　非洲统一组织宪章　泛非主义体现 ……………… 25
　第一节　关于非洲统一 …………………………………… 25
　　一、非洲统一思想的演化 ……………………………… 25

二、非统对非洲统一的追求 ……………………………………… 31
　第二节　关于反对帝国主义、殖民主义和种族主义 ……………… 44
　　一、非洲反对殖民主义、帝国主义和种族主义的光辉历史 …… 44
　　二、非统致力于非洲人民政治解放的斗争 …………………… 46
　　三、非统引导非洲走向政治解放的具体策略、机构和成就 …… 49

第三章　巩固非洲国家独立　泛非主义新发展 ………………… 67
　第一节　反对外来势力干涉，捍卫国家独立和主权 ……………… 68
　　一、非统反对外部干涉势力的原则与措施 …………………… 68
　　二、个案分析 …………………………………………………… 69
　第二节　和平解决非洲内部冲突，维护非洲地区和平、安全
　　　　　和团结 ……………………………………………………… 76
　　一、解决成员国间的领土冲突 ………………………………… 82
　　二、解决成员国间其他方面的冲突 …………………………… 92
　　三、解决成员国国内的冲突 …………………………………… 98
　第三节　难民问题 …………………………………………………… 101
　　一、非洲难民问题的产生 ……………………………………… 101
　　二、非统关于难民问题的成就 ………………………………… 104
　　三、非统解决难民问题的主要机构和会议 …………………… 111

第四章　促进非洲经济发展　泛非主义新尝试 ………………… 116
　第一节　非洲的经济状况 …………………………………………… 117
　　一、非洲民族经济初步形成(20世纪60—70年代中期) …… 117
　　二、非洲经济衰退(20世纪70年代后期—80年代中期) …… 118
　　三、非洲经济调整(20世纪80年代中期—21世纪初) ……… 119
　第二节　非统致力于非洲经济发展 ………………………………… 120
　　一、非统与"非洲经济委员会" ………………………………… 120
　　二、非统与"非洲开发银行" …………………………………… 128

三、非统与"石油危机" ……………………………………… 129
　　四、非统与非洲经济结构调整 …………………………… 132
　　五、非统与建立国际经济新秩序 ………………………… 134
　　六、非统与非洲经济一体化 ……………………………… 140

**第五章　非统与联合国及其他发展中国家组织(机构)关系　泛非主义新课题** …………………………………………………… 145
　第一节　非统与联合国 ………………………………………… 146
　　一、非统坚持联合国宪章,支持联合国行动 …………… 147
　　二、联合国对非统的支持 ………………………………… 151
　第二节　非统与"阿拉伯国家联盟" …………………………… 159
　　一、两组织的磨合(1963—1967) ………………………… 160
　　二、两组织的紧密合作(1967—1978) …………………… 162
　　三、两组织关系进入新时期(1978—2001) ……………… 168
　第三节　非统与不结盟运动 …………………………………… 172
　　一、非洲国家积极倡导、支持和坚持不结盟 …………… 172
　　二、不结盟运动对非统的支持 …………………………… 178
　　三、非统成员国坚持不结盟的局限性 …………………… 179
　第四节　非统与中国 …………………………………………… 183
　　一、非统与中国的高层往来 ……………………………… 183
　　二、非统与中国间相互支持与合作 ……………………… 184

**第六章　非统退出和非盟成立　泛非主义再前进** ……………… 186
　第一节　非统退出和非盟成立 ………………………………… 186
　第二节　非洲联盟　泛非主义再前进 ………………………… 191

**结语** ……………………………………………………………… 196

**附录** ·············································································· 208
  Organisation of African Unity ·············································· 208
  Chairperson of the Organisation of African Unity ···················· 211
  Secretary General of the Organisation of African Unity ············ 214
  OAU Summits ······································································ 215
  OAU Members by Date of Admission (53 States) ···················· 217
  Charter of the Organisation of African Unity ·························· 219

**参考文献** ········································································· 231

**后记** ·············································································· 239

# 导　　论

## 第一节　研究意义

### 一、学术意义

2002年7月9日,非洲统一组织(简称"非统"或"非统组织")第三十八届首脑会议宣布,完成从非统向非洲联盟(简称"非盟")为期一年的过渡,非盟正式成立。非盟成立,标志着历时39年风雨的非统退出历史舞台,非统的研究也进入了新时期,即审视非统整个历史,并在此基础上对非统进行了比较全面客观的评价。

21世纪初,囿于自身机构缺陷,为了顺应时代发展需要、迎接全球化挑战、促进非洲新的复兴,非统让位于非盟,退出了历史舞台。在非统第三十八届首脑大会上,南非总统姆贝基指出,非统在领导非洲人民实现民族解放、维护非洲国家主权和领土完整、根除殖民主义和种族主义的斗争中作出了不可磨灭的"巨大贡献"。非统最大的历史作用就是,它为非洲国家确立了并且被非洲人民认同了团结、合作、统一和发展的价值观。尽管非统也有自身的缺陷和不足,但非统对非洲发展和社会进步所具有的作用是不可替代的。

研究非统的意义有:其一,非统退出历史舞台,为全面客观地评价非统提供了可能。由于历史运动的全过程尚未结束,非统尚在活动中,因此,过去学界对非统的分析和预测具有不确定性。比如,有的西方学者认为,非统的内部矛盾使非统很难长期生存,但随着历史发展,其观点的错误已被证明。其二,作为世界最大组织同时又是发展中国家最集中的区域组织,非统的发展规律,对世界政治、经济格局的影响以及其成功的经验和失败的教训,都是值得总结的,这对国际政治、国际关系和现代化理论的研究都将有一定的帮助。其三,总结非统的历史,实质上也是总结非洲国家争取独立、捍卫主权及其维护和平与发展的一段发展历程,这种研究无疑对其他发展中国家的研究具有借鉴意义。

## 二、现实要求

进入21世纪,中非关系有了迅猛的发展。为了更好地适应这一形势,认识和了解非洲显得更加迫切,通过非统来了解非洲的现实需求在增强。非统的历史在很大程度上反映了非洲国家独立发展的历程,因此,全面了解非统的历史,对于进一步了解非洲的历史和现实无疑具有积极意义。

其一,中非政治、经济和文化发展的需要。至2006年11月,非洲53个国家中,有48个与中国建立了外交关系。中非高层互访达800多次;外长级以上中国领导人访非160多次;非洲51个国家524位部长级以上领导人访华676次。[1]

2006年,中国在42个非洲国家承担了176个项目;对原产自28个非洲最不发达国家的190个税目产品实施零关税待遇;对非洲一些发生自然灾害的地区提供了迅速、及时的人道主义援助;免除了31个非洲贫国和最不发达国家109亿人民币的债务;为非洲国家培训了1万余名各类人才。而非洲在人权、台湾问题以及申办奥运会、世博会上都坚决站在中国一边。自1990年以来,非洲帮助中国先后11次在联合国人权会议上挫败西方反华议案,13次在联合国大会总务委员会反对将所谓"台湾重返或参与联合国问题提案"列入联合国大会议程,并多次支持我国抵制台湾地区挤入只有主权国家才能参与的国际机构的图谋。

经济合作与互补成了中非关系的新的强大推动因素。到2006年,中国已是世界第四大经济体,外汇储备跃居世界第一位,超过1万亿美元,已拥

---

[1]《中非关系乘上新世纪的航船》,搜狐新闻,2006年10月27日。

有大批的经济建设人才;同时,也需要进口大量的能源和原材料,如中国已是仅次于美国的世界第二大石油进口国。就非洲来说,正需要利用拥有丰富的资源和庞大的市场,改变自己贫困和落后的状况。①

2005年,中非贸易达到397.4亿美元,成为仅次于美国和法国的非洲第三大贸易伙伴。预计2006年中非贸易将突破500亿美元。2005年年底,中国在非洲的投资业已达到62.7亿美元。

为了提升中非关系,2006年1月12日,中国发表了《中国对非洲政策文件》,提出要在21世纪"与非洲国家建立和发展政治上平等互信、经济上合作共赢、文化上交流互鉴的新型战略伙伴关系"。② 到2006年11月,已经成功举办3次"中非合作论坛部长级会议"。③ 第三届中非合作论坛北京峰会成功举行,会上,胡锦涛主席代表中国政府郑重地宣布将采取8项措施推动中非新型战略伙伴关系发展。④ 会议意义重大,将中非关系推进到全面深入

---

① 非洲大陆素有"世界原材料仓库"的美誉,世界上已探明的50种地下矿产资源非洲都有储藏,其中铂、锰、铱、镉、钌等17种稀有矿物占世界总储量的80%,磷酸盐、黄金、钻石、钒、锗和钴等占世界总储量的一半以上;非洲石油储量仅次于中东和拉美,仅撒哈拉以南地区的石油储量就占世界总储量的12%左右;非洲还有丰富的原始森林、珍稀动植物和旖旎的自然风光。非洲总面积为3 020万平方千米,约占世界陆地总面积的20.2%;非洲有8.7亿人口,近40%的人口年龄在15岁以下。世界49个最不发达国家中,34个在非洲;非洲有超过3.5亿生活在日平均生活费1美元的国际贫困线以下;世界40个缺粮的国家,非洲占了26个;撒哈拉以南非洲有3亿人无法获得改善后的水源。
② 《人民日报》2006年11月13日。
③ 2000年10月10至12日,北京,第一届中非合作论坛会议;2003年12月15至16日,亚的斯亚贝巴,第二届中非合作论坛会议;2006年11月3至5日,北京,第三届中非合作论坛北京峰会。
④ (1)扩大对非洲援助规模,到2009年使中国非洲国家的援助规模比2006年增加1倍。(2)今后3年内向非洲提供30亿美元的优惠贷款和20亿美元的优惠出口买方信贷。(3)为支持和鼓励中国企业到非洲投资,设立中非发展基金,基金总额逐步达到50亿美元。(4)为支持非洲国家联合自强和一体化进程,援助建成非洲联盟会议中心。(5)免除与中国有外交关系的所有非洲重债穷国和最不发达国家截至2005年底到期的政府无息贷款债务。(6)进一步向非洲开放市场,把同中国有外交关系的非洲最不发达国家输华商品零关税待遇由190个税目扩大到440多个。(7)今后3年内在非洲国家建立3至5个境外经济合作贸易区。(8)今后3年内为非洲培训培养15 000名各类人才,向非洲派遣100名高级农业技术专家;在非洲建立10个有特色的农业技术示范中心;为非洲援建30所医院,并提供3亿人民币无偿援款帮助非洲治疗疟疾,用于提供青蒿素药品及设立30个抗疟中心;向非洲派遣300名志愿者;为非洲援助100所农村学校;在2009年之前,向非洲留学生提供的中国政府奖学金名额由目前的每年2 000人次增加到4 000人次。(《人民日报》2006年11月5日。)

合作的新时期。

其二,在发展模式上,近年来,不少非洲国家提出"向东看",要求学习中国的成功经验。基于交流的双向性,本着中非深厚的友谊,这种形势也要求中国必须进一步了解非洲。

其三,近年来,中国进入非洲的人越来越多,不仅有商人,更有旅行观光者,他们很渴望了解非洲。2005年年底,在非洲的中国人超过100万,遍及非洲各个角落;人员不再仅限政府官员和国有企业职员,更有私营企业家和个体老板。

## 第二节 主要思想

从19世纪到20世纪,从新大陆到非洲本土,泛非主义一直是在发展着的,而且在不同时期有着不同的内涵和载体。自非洲统一组织成为泛非主义新的载体以后,为了更好地适应新时代发展要求,为了非洲大陆的解放、团结、和平和发展,泛非主义也被赋予了新的更加丰富的内容。从非统的成立、宪章及原则,从非统不平凡的历程来看,可以说非统39个春秋就是泛非主义荣与辱、成功与失败、无奈与成就相互交织、起伏不定的历史。总的说来,在非统时期,泛非主义是在曲折中得到了发展和丰富。

本书的创新之处,即采用泛非主义的视角来全面地审视、探讨和研究非洲统一组织。主要从以下几方面着手:

首先,非统的成立是泛非主义发展的必然结果。长达400年的奴隶贸易,数以亿计黑人被掳上贩奴船,穿过浩瀚的大西洋到达美洲。大批黑人及其后裔生活和劳作在白人的种植园和矿山。这些黑人处在暗无天日的悲惨境地,肉体从事着没日没夜的超体力劳作,心理遭受种族歧视和怀念家乡的苦痛。这样,以维护黑人的尊严、自由和平等权的早期泛非主义思想就在美国和西印度群岛诞生了。他们中的一些知识分子,如亨利·希尔维斯特-威廉斯、杜波依斯和加维等,组织了声势浩大的诸如"泛非会议""泛非大会"和"返回非洲"等泛非主义运动。

同时,非洲大陆几乎被西方殖民者瓜分殆尽,在西方民主主义思潮的影响下,非洲本土也产生了争取民族解放和独立的民族主义。1945年10月,第五次泛非大会在曼彻斯特的胜利召开,标志着泛非主义运动逐渐结束了漂泊海外回归到非洲大陆。恩克鲁玛、肯雅塔和阿齐克韦等一些非洲大陆的民族主义者成为泛非主义者,也成为会议的实际领导人。

泛非主义从种族色彩浓重的"泛黑人运动"到与非洲的民族主义结合之后,就成了代表整个非洲的民族主义。泛非主义的目标则是争取非洲民族解放、独立和统一。为了实现这一神圣目标,在恩克鲁玛等直接推动下,非洲大陆泛非主义者先后举行了2次"非洲独立国家会议"和3届"全非人民大会"。为了把这些会议决议付诸行动,他们还组成了"加-几联盟""马里联邦"和"加-刚联盟",甚至还组成诸如"布拉柴维尔集团""卡萨布兰卡集团"和"蒙罗维亚集团"等更大的国家集团。这一切行动有力地促进了泛非主义思想在非洲大陆的传播,有力地推动了非洲民族解放运动。这一时期,有29个非洲国家先后获得独立。

1963年5月,非洲已有32个国家获得了独立(不包括南非白人种族主义政权),但要完成非洲民族解放和实现非洲统一的泛非主义目标,还有很长的路要走。泛非主义者们意识到,非洲国家只有联合起来才能变得有力量,才能更好地维护非洲的利益,才能应对复杂多变的国际局势,才能为非洲发展营造出更加有利的氛围,最终实现泛非主义的理想。在泛非主义运动的直接推动下,非统最终成立了。非统的成立,改变了原泛非主义运动无组织、松散的局面,泛非主义运动进入了一个崭新的发展时期。

其次,非统时期,泛非主义有了很大发展。一方面,非统宪章继承了泛非主义的追求非洲统一和解放宗旨。非洲领导人以统一为念,使非统克服了由于"安哥拉事件""西撒问题""乍得问题"等导致的数次存在危机。历经30多年努力,非洲大陆的殖民主义和种族主义统治被根除,最终实现了非洲人民的彻底解放。另一方面,非统带领非洲人民,应对非洲国家面临的新挑战,如非洲国家领土完整和主权独立的维护、成员国之间和内部冲突的处理、难民问题的解决、经济建设的推动,以及与国际其他发展中国家(组织或机构)交往的加强等。非统付出巨大的努力,捍卫了非洲人民的最高利益,为非洲发展创造了良好的国际环境,促进了非洲大陆经济发展和社会进步。同时,泛非主义自己也得到了丰富和发展。

最后,进入21世纪,非统存在面临2个主要难题:一方面,非统因自身的机构缺点,已经不能胜任时代所赋予的使命,已经不适于时代发展需要。非统只是一个松散的国家联盟,没用约束和强制其成员国执行其有关决议和法规的能力,严重地束缚了自身作用的发挥。另一方面,全球化浪潮的推动,泛非主义发展的需要,非洲的边缘化,刺激了泛非主义的勃兴,渴望非洲统一和复兴的愿望越来越强烈。由于以上2个因素推动,非统退出历史舞台,非盟应运而生就是理所当然的事情了。

非洲联盟的成立,标志着泛非主义的再前进。与非统相比,非盟的主要表现有5个特征:宪章内容更加丰富;在结构和职能上,更加完善、具体和易操作;在解决非洲内部冲突和维护非洲和平上,被赋予更大的权力;对非洲经济建设的关注和投入,远远超过非统;"非洲监督机制"具有监督各国的民主、民众参与和实行"良政"情况的功能。

## 第三节　研究情况与基本架构

### 一、研究情况

关于非洲统一组织研究的理论文献很多。这些来自国内外的有关非统的论著、论文使本书整个框架的建立成为可能。国内外关于非统研究成果的特点,大致有以下3个方面:

其一,国外的著述数量多且水平高。国际上,主要以美国、英国和非洲的一些学者专家为主,他们有关非统的论著和论文甚多,成果丰硕。其中,具有代表性的研究非统的专著有6部:

米切尔·沃尔夫斯(Michael Wolfers)的《非洲统一组织中的政治》。在该书中,作者以政治视角,时间集中在1963年非统成立前后,主要探究非统的宪章、秘书处、专门委员会、应急会议和解放委员会等创立过程，表明了政治对于非统成立的巨大推动作用。作者引用丰富的没公开的原始史料，对每一个事件的具体细节都作了深刻入微的剖析。该书开创了非统研究的先河。

齐德尼克·塞文卡(Zdenek Cervenka)的《继续寻求非洲统一——非洲与非洲统一组织》。该书以寻求非洲统一的角度，从非统建立、非统宪章、非统主要机构、非统解放委员会、非统怎样解决成员国间的冲突、刚果（金）危机(1964—1965)、尼日利亚内战(1967—1970)、非统对南非的政策与策略、非统与非阿(拉伯)关系以及非统时期非洲的经济合作等方面，探究了14年来非洲与非统的关系。作者认为，尽管存在严重的缺陷，非统还是取得了让人称赞的成就，非统成就远大于失败；非洲的未来在于非洲与欧洲、外部世界的合作。

阿迈德·西赛(Amadu Sesay)等的《非洲统一组织的二十年》。该书集中在非洲非殖民化、非洲的冲突、经济发展和人权等非洲备受关注的领域，评估了自创立以来非统的能力及其潜能。作者充分肯定了非统20年来取得的成绩。

吉努尔杰·纳尔迪(Gino J. Naldi)的《非洲统一组织：对其作用的一个剖析》。该书寻求在法律的背景下批判性地分析非统在所涉及的主要领域的作用，主要包括非统创制、西撒问题、乍得、难民、非洲人权宪章以及非统与国际经济事件等。

卡勒斯·凡·沃尔瑞文(Klaas van Walraven)的《梦想的力量：非洲统一组织在非洲政治中的作用(1963—1993)》。该书对非统成立、非统的内在功能、非统与反殖民主义斗争以及非统与非洲政治秩序的管理等方面进行了探究，目的是表明非统在非洲复杂政治环境中所起到的积极作用。

伯罕依昆·安德米切尔(Berhanykun Andemicael)的《非洲统一组织与联合国》。这是关于非统与其他国际组织(机构)关系的第一部专著，也是到目前为止这一研究视角唯一的一本著述。作者对非统与联合国共同关心的3个领域，即和平解决非洲国家的冲突、非洲的殖民和种族问题以及非洲的经济和社会发展等，提出了自己的意见和建议，如加强非统与联合国在安全领域的合作，提升非统与联合国非洲经济委员会的合作等。

此外，国外学者还有许多与非统有关的论文，主要包括亚辛·埃尔-艾尤提(Yassin El-Ayouty)和休·C. 布鲁克斯(Hugh C. Brooks)的《非洲与国际组织》、拉尔夫·I. 奥乌卡(Ralph I. Onwuka)等的《世界政治中的非洲：进入20世纪90年代》、泰末斯·M. 肖(Timothy M. Shaw)等的《非洲和国际政治体系》、布鲁斯·E. 阿林豪斯(Bruce E. Arlinghaus)的《非洲安全问题：主权、稳定与团结》、马克·W. 察赫尔(Mark W. Zacher)的《国际冲突与集体安全(1946—1977)》以及亚辛·伊尔-艾尤提的《三十年后的非洲统一组织》等。

国外其他涉及非统内容的著作有：联合国教科文组织《非洲通史(第八卷)》、凯瑟琳·霍斯金斯(Catherine Hoskyns)的《非洲外交实例研究：非统与刚果危机(1964—1965)》、泰瑞·M. 梅斯(Terry M. Mays)的《非洲的第一次维和行动：非统在乍得(1981—1982)》、科林·勒古姆(Colin Legum)等的《持续危机中的非洲之角》、哈佛大学出版社的《独立非洲的边界政治》、泰斯尔·M. 阿里(Taisier M. Ali)等的《非洲内战：根源与解决》以及奥鲁赛贡·奥巴桑乔(Olusegun Obasanjo)的《我的指挥：尼日利亚内战(1967—1970)的一个思考》等。

然而，到目前为止，国内尚没有研究非统的专著，但有一些关于非统的文章，如徐人龙的《中国与非洲统一组织的友好关系》、唐大盾的《论"非统"——兼论非洲的统一与发展》和舒运国的《试析非洲统一组织时期泛非主义的走向——非洲统一组织国家和政府首脑会议文件剖析》等。另外，有关非洲的著作中也有一些内容涉及非统，如陆庭恩、彭坤元主编的《非洲通史·现代卷》、葛佶主编的《简明非洲百科全书(撒哈拉以南)》和陈宗德、吴兆契主编的《撒哈拉以南非洲经济发展战略研究》等。

其二，著作涵盖的内容和时间都不全。一方面，内容不全面。例如，《非洲统一组织的二十年》涉及非统在非洲的非殖民化、冲突、经济发展和人权等几个方面的内容；《继续寻求非洲统一——非洲与非洲统一组织》探索了非统在解决非洲成员国间的冲突、刚果危机、尼日利亚内战、南部非洲、非洲与阿拉伯关系以及非洲的经济合作等方面所起的作用;《梦想的力量：非洲统一组织在非洲政治中的作用(1963—1993)》对非统成立、非统的内部功能、非统与反殖民主义斗争以及非统与非洲政治秩序的管理等方面进行了探究。其他有关非统内容的著作只涉及某些方面,都不尽全面。

另一方面,时间不全。例如,《非洲统一组织中的政治》《继续寻求非洲统一——非洲与非洲统一组织》《非洲统一组织的二十年》《非洲统一组织：对其作用的一个剖析》和《梦想的力量：非洲统一组织在非洲政治中的作用(1963—1993)》等分别研究了非统的 10 年、14 年、20 年、25 年和 30 年的历史。已经退出历史舞台的非统,其 39 个春秋的经历更值得进行全面、深入地研究。

其三,国内外的著述都是把非洲统一组织作为一个纯粹的国际组织来进行探讨的。

## 二、基本架构

以泛非主义视角探讨非洲统一组织,要求论证必须具有缜密的逻辑性、明晰的层次感和充分的说服力。为此,本书基本结构安排如下：

前言,提出论题的必要性,指出其具有学术意义和现实意义;还介绍了主要思想、研究状况和基本结构等。

正文内容包括以下几部分：

第一章：非洲统一组织成立　泛非主义成果。回顾了泛非主义形成和发展的经过,探讨了非统是泛非主义发展的必然结果这一结论。在寻求非洲统一、实现非洲人民政治解放的过程中,在泛非主义的推动下,一些独立的非洲国家创立了非统。

第二章：非洲统一组织宪章　泛非主义体现。非统宪章突出地再现了泛非主义的思想内容,主要表现在：非统追求非洲统一,反对殖民主义、帝国主义和种族主义,旨在实现非洲大陆民族解放。由于非洲国家领导人以泛非主义思想为理念,非统才度过一次次生存危机,非洲终于在 20 世纪最后十年彻底根除殖民主义和种族主义。

第三章：巩固非洲国家独立　泛非主义新发展。秉承泛非主义精神的非统，在反对外来干涉、捍卫非洲国家的主权、平息非洲国家间及内部争端以及解决难民问题等方面都付出了艰苦的努力，作出了不朽的贡献。这些都是在新的时期泛非主义的发展和丰富。

第四章：促进非洲经济发展　泛非主义新尝试。取得了国家独立和民族解放之后，巩固非洲国家的政治解放和改善、提高非洲人民的生活水平，成为非统的当务之急，也是泛非主义的根本目标；但由于非洲历史与现实自身及国际环境的因素，非洲尽管在经济建设中取得了一些成就，总的说来，还远没有实现经济独立，不过，泛非主义为此作出的努力还是值得记取的。

第五章：非统与联合国及其他发展中国家（组织或机构）的关系　泛非主义新课题。为非洲创造一个良好的和平环境和发展氛围，为捍卫非洲的权益，积极与联合国及其他发展中国家（组织或机构）建立务实合作的关系，是泛非主义的新课题。联合国是当今世界最重要的国际组织之一，发展与联合国的关系，有利于非洲政治解放、经济发展以及国际地位提高。基于地理、历史和政治原因，阿拉伯国家联盟是非统的天然盟友。第三世界国家为维护世界和平、安全与发展，发起了不结盟运动，非统与不结盟运动紧密相连、相互支持。非统与其他发展中国家，特别是与中国都建立了成熟、友好的关系，这是建立于中国与非洲友谊之上的。

第六章：非洲统一组织退出和非洲联盟建立　泛非主义再发展。由于自身的先天性不足，非统39年经历了诸多的无奈甚至失败。由于非洲的战乱、贫困以至被世界经济边缘化的态势愈演愈烈，非洲复兴思想开始重新兴起，要求加强联合和统一的愿望越来越强烈，泛非主义有了更强的发展动力，非统退出、非洲联盟诞生则成为必然。对比非统，非盟具有5个特征：宪章内容更加丰富；在结构和职能上，更加完善、具体和易操作；在解决非洲内部冲突和维护非洲和平上，被赋予更大的权力；对非洲经济建设的关注和投入，远远超过非统；"非洲监督机制"具有监督各国的民主、民众参与和实行"良政"情况的功能。这些都是泛非主义再发展的内容体现。

在最后的结语部分,本书将对非统时期泛非主义遭遇的困难和原因进一步进行探讨,并得出造成问题的根本原因:国家民族利益与整个非洲地区利益、地方民族利益与国家利益的抵触所导致的国家民族主义与泛非主义、国家民族主义与地方民族主义之间的冲突。非盟在某种程度满足了泛非主义发展的要求,但是,要实现泛非主义的终极目标,还有很长的路要走。

# 第一章　非洲统一组织成立泛非主义成果

"非洲统一组织是泛非主义思想的产物。"[1]非统秘书长萨利姆·艾哈迈德·萨利姆说过:"过去几年里,我有幸为之服务的非洲统一组织,它的诞生应归功于泛非主义思想。"[2]

追求非洲统一、解放和复兴的泛非主义思想,从新大陆转入非洲以后,就成了整个大陆的民族主义,推动了非统的成立,也成了非统的精魂。

## 第一节　泛非主义历史回顾

在非洲统一组织成立之前,泛非主义的发展主要经历了两个阶段:

第一阶段,从 1900 年至 1945 年。这个时期泛非主义的主要活动有"泛非大会"、"返回非洲"运动和"黑人精神"等。

泛非主义是黑人反对殖民主义和种族主义的产物,它并非诞生于非洲,而是发轫于西印度群岛和美国。由于持续 400 年的罪恶黑奴贸易,美国及西印度群岛生活着大批的非洲黑人后裔。基于肤色的原因,他们遭受了相同的歧视经历,这使得生活在这里的非洲人的后裔认识到他们面对同一个问题,为此他们必须团结起来才能找到解决问题的办法。这一认识唤醒了

---

[1]《科林·勒古姆谈非洲问题》,《西亚非洲资料》第 91 期,第 13 页。
[2] Tajudeen Abdu-Raheem, *Pan-Africanism: Politics, Economy and Social Change in the Twenty-first Century*, London: Pluto Press, 1996, p. 229.

他们了解自己共同的遗产和自己与非洲起源的一些联系的渴望,激发了他们把非洲从帝国主义和殖民主义的压迫中拯救出来的追求。泛非主义的理想就此产生了。①

1900年,一位名叫亨利·希尔维斯特-威廉姆斯(Henry Sylvester-Williams)的西印度律师在伦敦组织了一次泛非会议。出席会议的代表约有30个黑人知识分子,他们主要来自西印度群岛和美国。会议的目的是把会议作为抗议白人殖民者入侵的论坛,唤醒英国的改革者起来保护非洲地区的土著居民,使之免受凌辱,但会议并未提倡非洲人独立。由此,"泛非主义的观念最初是作为一种团结全世界非洲子孙的努力而出现了。"②但由于希尔维斯特-威廉姆斯在1900年会议不久后去世,泛非主义活动冷却了一段时间。

直到1919年以后,威·爱·伯·杜波依斯③召开的"泛非大会运动",先后举行了4次会议④,影响很大。会议提出了黑人参政、议政和自治等政治主张。同一时期,牙买加商人马库斯·加维⑤领导了声势更大、影响更强的"返回非洲运动"。加维主张种族分离,认为黑人只有回到自己的祖国(非洲),才能享有真正的自由、尊严和平等,这得到了近百万黑人积极地响

---

① Adekunle Ajala, *Pan-Africanism*: *Evolution*, *Progress and Prospects*, London: Andre Deutsch, 1973, p. 4.
② [美]维农·麦迪:《世界政治中的非洲》,北京:世界知识出版社1965年版,第94页。
③ 威·爱·伯·杜波依斯(William Edward Burghardt Du Bois, 1868—1963):美国黑人学者、作家。曾任亚特兰大学经济学、历史学教授,美国有色人种进步协会创始人之一,泛非运动创始人。1948至1954年任非洲事务委员会副主席。1950年当选世界和平理事会理事。1961年加入美国共产党。同年迁居加纳,任《非洲百科全书》总编辑。1963年入加纳国籍。著有《黑人灵魂》《肤色与民主》和小说《黑色的火焰》(三部曲)等。(参见辞海编辑委员会编:《辞海》,上海·上海古籍出版社1999年版,第3562页。)
④ 第一次泛非大会:1919年2月,巴黎;第二次大会:1921年8、9月,伦敦、布鲁塞尔和巴黎;第三次大会:1923年11、12月,伦敦、里斯本;第四次大会:1927年8月,纽约。
⑤ 马库斯·加维(Marcus Garvey, 1887—1940):1887年出生于牙买加一个没落黑人中产阶级家庭,1940年在英国伦敦逝世。美国黑人领袖,1919年至1926年,为美国黑人民族主义运动组织者。加维于1914年在牙买加创建"世界黑人进步协会",其宗旨是在非洲建立由黑人治理的黑人国家,并于1916年将协会总部迁至美国纽约。他主办报纸《黑人世界》,介绍黑人英雄故事和非洲文化成就。加维所领导的"返回非洲运动"是20世纪黑人历史上规模最大的群众运动。(参见辞海编辑委员会编:《辞海》,第301页。)

应。1920年8月,在纽约举行了第一次"世界黑人进步协会"(UNIA)。会议不仅成为联合世界各地非洲人及其兄弟的努力中的里程碑,还取得了两个重大成果:其一,通过了《世界黑人权利宣言》——一个内容广泛的泛非主义指导方针的文件;其二,激发了非洲人和他们的后裔行动起来,给予他们用自己的能力站起来和实现非洲大陆的政治解放与统一的信心。[1] 20世纪30年代,在巴黎法语非洲留学生中间,产生了"黑人精神"(Négritude)("黑人自豪感"或"黑人传统精神")。马提尼克岛著名诗人埃迪恩内·莱罗赫亚梅·塞萨雷称之为"黑人精神"。"黑人精神"在非洲的著名提倡者是后来的塞内加尔总统列奥波尔德·桑戈尔。"黑人精神"强调所有非洲人的统一,呼吁他们团结一致,为了取得自己的人权和独立而共同奋斗。

这一时期泛非主义主要内容是:反对西方殖民统治和种族歧视,要求种族平等和实现世界黑人大团结,提倡致力于黑人解放和复兴。其特点为:其一,海外非洲裔是主力军;其二,批判和推翻种族主义是主要内容;其三,尚不成熟,缺乏连续性和一致性。[2] 在这一时期,尽管泛非主义的领导权掌握在来自美国和西印度群岛的黑人手里,但非洲政治家作用逐渐在增强。泛非主义思想被当时非洲许多地区组织吸收,如"大不列颠西非国民大会""西非大学生联合会"和"保卫尼格罗人种全球联盟"等。泛非主义把这些组织联合起来,共同反对种族主义和殖民主义。

第二阶段,从1945年至1963年。第二次世界大战结束,在高潮迭起的世界民族民主运动的推动下,泛非主义运动也进入了重要的发展时期。特别是第五次泛非大会于1945年10月在英国曼彻斯特召开,开辟了泛非主义的新时代。其主要表现:其一,标志着泛非运动从种族色彩浓重的海外"泛黑人运动"逐步向回归非洲过渡。大会倡导者、组织者及参与者主要是

---

[1] Adekunle Ajala, *Pan-Africanism: Evolution, Progress and Prospects*, p. 6.
[2] 舒运国:《试析早期泛非主义的特点》,《西亚非洲》2007年第1期,第6页。

来自非洲本土的非洲人。① 会议中心议题也是非洲。其二,标志着泛非主义运动开始与非洲的民族民主运动相结合,对非洲民族独立运动的历史起到了推波助澜的作用。"在大会上有首次为独立而斗争着的非洲政治党派代表出席,特征突出的代表者是工商联盟和学生组织,如'西非学生联盟'。"大会决议强调需要加快非洲大陆的非殖民化速度。针对"对殖民势力的挑战",大会中说道:"第五次泛非大会的代表相信和平……不过,如果西方世界执意使用武力维系其在非洲统治,非洲人民可能不得不诉诸武力以努力实现自由。"②

第五次泛非会议的胜利举行,其意义深远。第五次大会是泛非运动的一个里程碑。虽然杜波依斯是大会主席,但主动权和领导权却第一次真正掌握在非洲人手中;另一重要的改变就是,非洲这一代年纪较轻的非洲性较强的政治、劳工、农民和学生领袖们,采取了更富于种族性和战斗性的态度,这同过去领导泛非运动的少数有知识的中坚人物所采取的温和态度形成了对照。到1945年,以积极的政治行动赢得自治要求已成为最高的泛非目标。"第五次泛非大会结束时,泛非主义最终已成为非洲群众的意识形态,为非洲人所有,为非洲人所享。它从新世界的非洲后裔的一种改良主义思想发展成非洲大陆的民族主义思想。"③很明显地,到会议结束时泛非主义正式从被西印度群岛和美国非洲人后裔运用的抗议旗帜演变为非洲民族主义者反对殖民统治运动的工具。会议为非洲民族主义指明了方向,并且唤起了非洲政治意识的觉醒。泛非主义正演变成为非洲人的

---

① 在承担第五次泛非大会筹备工作的6名成员中,非洲占了3个,即秘书克瓦米·恩克鲁玛(西非)、任宣传秘书彼得·亚伯拉罕姆(南非)和助理秘书乔莫·肯雅塔(东非)。大会虽然仍由杜波依斯主持,但实际起作用的是恩克鲁玛等年轻一代的泛非领导人,大会关于非洲本土的报告和宣言的起草都出自他们之手;恩克鲁玛的作用更大。与会者共有200多人,绝大多数来自非洲的英属殖民地,其中有几位是未来独立国家总统。(参见 P. 基文·滕坦:《克瓦米·恩克鲁玛与非洲革命》,《世界历史译丛》1980年第6期,第8页。)
② Tajudeen Abdul-Raheem, *Pan-Africanism*: *Politics*, *Economy and Social Change in the Twenty-first Century*, p. 4.
③ 埃德姆·科佐、戴维·查奈瓦:《泛非主义与解放》,[肯尼亚]A. A. 马兹鲁伊、[科特迪瓦]C. 旺济主编:《非洲通史》(第八卷),北京:中国对外翻译出版公司2003年版,第541页。

群众运动。[1]

　　1958年3月6日,加纳取得了独立。加纳作为撒哈拉以南非洲第一个独立国家而获得的领先地位加强了克瓦米·恩克鲁马[2]在泛非运动中的领导地位。在这一年中,第一次由非洲人在非洲举行了为数可观的一系列创立先例的国际会议。无论从哪一方面来说,这些会议都是具有泛非精神的,这表明非洲国家可能出现新的联合。许多关于建立从政治联盟以至一般经济组织的区域性联合的主张,就是在这些会议中产生的。在恩克鲁马的直接推动下,第一次"非洲独立国家会议"和第一届"全非人民大会"先后在阿克拉举行。前一个是政府之间的会议,后一个是人民之间的会议。1958年4月,8个已独立非洲国家的代表[3]参加了第一次"非洲独立国家会议",会议通过一系列决议,表达了支持和捍卫非洲民族解放与独立是已独立的非洲国家义不容辞的责任。第二次"非洲独立国家会议"于1960年6月在亚的斯亚贝巴举行,参加会议的国家增至15个,会议通过了《关于推进非洲统一的决议》和《关于建立非洲经济合作组织的决议》。

　　1958年12月,第一届"全非人民大会"会议通过一系列决议。会议再次谴责了殖民主义、种族主义和帝国主义在非洲的恶行;"要求非洲独立国家以一切可能的办法对正在为反对帝国主义和殖民主义而斗争的附属国人民提供最大限度的帮助,从而使他们迅速获得解放,并且参加非洲自由、独

---

[1] Adekunle Ajala, *Pan-Africanism: Evolution, Progress and Prospects*, p. 11.
[2] 克瓦米·恩克鲁马(Kwame Nkrumah, 1909—1970):生于金匠家庭,特威族人。1927年,从阿克拉师范学校毕业后留校任教。1935至1945年,赴美国深造,其间研究过西方哲学,对印度甘地的非暴力主义、杜波依斯和加维等人的政治主张推崇备至。1945年,在伦敦学习期间,又受到英国工党和费边社改良主义的影响。1947年,回国组建政党,领导黄金海岸民族独立运动,使加纳成为撒哈拉以南非洲第一个赢得独立的国家。从1958年加纳独立至1966年2月,一直担任国家最高领导人。在执政期间,奉行和平中立和不结盟政策,积极支持非洲民族独立运动,主张非洲统一。推行民族化政策,发行加纳货币,由加纳人控制经济和行政权力;经济上由于重视发展重工业,忽视农业,导致国民经济失调。著作有《殖民地走向自由之路》(1946年)、《恩克鲁玛自传》(1957)、《非洲必须统一》(1963)、《良知主义》(1964)和《非洲的阶级斗争》(1970)等。(参见《中国大百科全书·外国历史》,北京:中国大百科全书出版社1990年版,第274页。)
[3] 埃塞俄比亚、利比里亚、利比亚、摩洛哥、苏丹、突尼斯、阿拉伯联合共和国和加纳等国。

立国家的大家庭";强调"在争取自由和独立的斗争中必须建立统一战线"。会议表示支持为民族独立而进行武装斗争,"宣布其最终是成立一个自由非洲国家联邦。"①"第一届'全非人民大会'在泛非运动历史上的意义并不逊色于第五次泛非大会。它不仅标志着泛非运动的中心已从欧美正式回归非洲本土,而且还将泛非运动纳入了争取非洲独立与统一运动的轨道,并为'非洲统一组织'的诞生构架了框架性文件。"②随后,1960 年 1 月,在突尼斯召开的第二届"全非人民大会",通过了《关于非洲统一的决议》。1961 年 3 月,在开罗举行的第三届"全非人民大会",又通过了《关于非洲统一和团结的决议》。

泛非主义回归到非洲大陆以后,不仅其思想理论得到了丰富和发展,而且也被切实运用到反对殖民主义、反对种族主义和帝国主义的民族解放运动中去,并且取得了巨大成果。在民族解放运动中,由于得到泛非主义的指导和已独立国家鼎立支援和帮助,直到 1963 年 5 月,包括利比亚、加纳、苏丹和乌干达等 29 国赢得了独立。③ 1958 年 11 月,加纳和几内亚组成非洲第一个独立国家联盟——"加-几联盟"。1960 年 4 月,苏丹共和国(今马里)与塞内加尔结成"马里联邦"。翌年 8 月,恩克鲁玛与卢蒙巴签署秘密协议,决定成立"加(纳)-刚(果利)联盟"。由于对非洲统一和其他看法不一,1960年和 1961 年非洲形成了更大规模的相互竞争的国家集团,如"卡萨布兰卡

---

① 唐大盾选编:《泛非主义与非洲统一组织文选(1900—1990)》,上海:华东师范大学出版社 1995 年版,第 50—57 页。
② 张宏明:《泛非主义的理论脉络和发展轨迹》,杨光、温伯友主编:《中东非洲发展报告(2000—2002)》,北京:社会科学文献出版社 2002 年版,第 48 页。
③ 29 个独立国家和独立时间分别为:利比亚(1951 年 12 月 24 日)、苏丹(1956 年 1 月 1 日)、摩洛哥(1956 年 3 月 2 日)、突尼斯(1956 年 3 月 20 日)、加纳(1957 年 3 月 6 日)、几内亚(1958 年 9 月 28 日)、喀麦隆(1960 年 1 月 1 日)、塞内加尔(1960 年 4 月 4 日)、多哥(1960 年 4 月 27 日)、马达加斯加(1960 年 6 月 26 日)、扎伊尔[今刚果(金)](1960 年 6 月 30 日)、索马里(1960 年 7 月 1 日)、贝宁(1960 年 8 月 1 日)、尼日尔(1960 年 8 月 3 日)、上沃尔特(今布基纳法索)(1960 年 8 月 5 日)、象牙海岸(今科特迪瓦)(1960 年 8 月 7 日)、乍得(1960 年 8 月 11 日)、中非(1960 年 8 月 13 日)、刚果(布)(1960 年 8 月 15 日)、加蓬(1960 年 8 月 17 日)、马里(1960 年 9 月 22 日)、尼日利亚(1960 年 10 月 1 日)、毛里塔尼亚(1960 年 11 月 28 日)、塞拉利昂(1961 年 4 月 27 日)、坦噶尼喀(今坦桑尼亚一部)(1961 年 12 月 9 日)、卢旺达(1962 年 7 月 1 日)、布隆迪(1962 年 7 月 1 日)、阿尔及利亚(1962 年 7 月 5 日)和乌干达(1962 年 10 月 9 日)。

集团"①"布拉柴维尔集团"②和"蒙罗维亚集团"③等。

由于日趋紧张的"刚果危机"等因素,非洲国家之间的意见分歧逐渐显露出来。1960年12月成立的"布拉柴维尔集团"认为法国在非洲前殖民地对主要的非洲问题应采取一致的立场,即支持法国在撒哈拉沙漠进行核试验;打算建立一个全面的共同市场;支持刚果(利)卡萨武布政府和联合国驻刚果代表团;赞成戴高乐关于在阿尔及利亚举行公民投票的主张;决定设立联合军事司令部;等等。1961年1月成立的"卡萨布兰卡集团"的观点几乎与"布拉柴维尔集团"针锋相对。它主张支持卢蒙巴总理,批评联合国在刚果的维和行动;在阿尔及利亚举行联合国监督之下的公民投票,并设立它们自己的最高军事司令部;反对法国在非洲土地上进行核试验;同意设立非洲协商会以及在政治、经济、军事和文化方面的泛非主义的委员会;等等。

1961年5月成立的"蒙罗维亚集团",是介于"卡萨布兰卡集团"与"布拉柴维尔集团"之间的第三集团。在"蒙罗维亚集团"成立会议上,"布拉柴维尔集团"所有成员国和多数其他非洲国家都有代表出席,唯独"卡萨布兰卡集团"的5个成员国却出人意料地拒绝参加。1962年1月,"蒙罗维亚集团"拉各斯首脑会议以阿尔及利亚还不是一个独立国家为由,拒绝阿尔及利亚的与会,致使"卡萨布兰卡集团"5国依然采取抵制态度,利比亚、突尼斯和苏丹也拒绝参加会议。"这是北非与撒哈拉以南非洲之间可能出现分裂的开端,它进一步危害了大陆范围的泛非组

---

① "卡萨布兰卡集团":于1961年1月成立,成员国有加纳、埃及、几内亚、马里、阿尔及利亚和摩洛哥等6国。主张非洲在政治、经济、文化、技术和防务等方面的全面合作,被认为泛非运动的激进派。
② "布拉柴维尔集团":于1960年12月成立,由喀麦隆、刚果(布)、象牙海岸(今科特迪瓦)、达荷美(今贝宁)、上沃尔特(今布基纳法索)、毛里塔尼亚、尼日尔、塞内加尔、中非、加蓬、乍得和马达加斯加12个法语非洲国家组成。主张协调外交行动和加强区域经济、文化合作;但不急于谋求政治上统一,故被称为泛非运动中的温和派。
③ "蒙罗维亚集团":于1961年5月成立,成员国除"布拉柴维尔集团"12国外,还包括利比里亚、尼日利亚、利比亚、埃塞俄比亚、突尼斯、索马里、多哥和塞拉利昂等8个国家。

织的未来。"①

尽管"卡萨布兰卡集团"与"布拉柴维尔集团"在非洲的一些问题上发生了严重的分歧,造成非洲国家一定程度的分裂,但是正如海尔·塞拉西②宣称的,它们"根本性的和不能弥补的分裂"并不存在,它们在反对殖民主义和种族主义以及非洲最终实现统一等许多问题上还有着完全相同的观点。"中立的"塞拉西皇帝从中积极地斡旋,力求促成泛非运动中不同意识形态的国家集团的和解。到了1962年下半年,一些有利因素的出现使这种和解成为可能。其一,随着1962年7月5日阿尔及利亚的正式独立,是否给予阿尔及利亚民族主义者泛大陆会议席位的问题(过去是造成不和的重要问题)已经被有效地解决了。其二,1961年卢蒙巴被害之后,刚果(金)的紧张和冲突有了缓和的间歇。尽管一些非洲国家对刚果(金)新政府存在着敌意,但是到了1962年年底,这种反对已经没有卢蒙巴活着的时候那么强烈了。其三,更重要的是,自20世纪50年代晚期就困扰泛非主义的派别政治不能容忍泛非运动进一步被削弱。面对这种形势,为了非洲的根本利益,有必要召开会议以永久地解决非洲国家间的分歧已经成为许多非洲国家领导人的共识。由此,通向1963年5月亚的斯亚贝巴非洲国家领导人峰会的道路已铺就。③ 美国学者马克·W.察赫尔认为:"1963年5月非统的成立一般被视为泛非主义发展中的最重要的里程碑。"④

---

① [美]维农·麦迪:《世界政治中的非洲》,北京:世界知识出版社1965年版,第114页。
② 海尔·塞拉西(Haile Selassie Ⅰ,1892—1975):埃塞俄比亚皇帝(1930—1974),非洲政治活动家。1930年11月2日,加冕为皇帝,称海尔·塞拉西一世。即位后,在政治、经济和教育等方面进行了全面的改革。1935年5月,意大利入侵埃塞俄比亚,海尔·塞拉西一世被迫流亡国外。1941年5月,在英国军队的协助下,埃塞俄比亚光复。20世纪60年代,他积极支持非洲和第三世界反对殖民主义和帝国主义斗争,是非洲统一组织成立的积极倡导者,并且还以个人的威望调解非洲各国的关系,促进了非洲人民的团结。1971年10月,曾访问中国。1974年6月28日,埃塞俄比亚爆发革命。同年9月12日,塞拉西一世被废黜。1975年8月27日,死于狱中。(参见《中国大百科全书·外国历史》,第395—396页)
③ Amadu Sesay, Olusola Ojo, and Orobola Fasehun, *The OAU After Twenty Years*, Boulder and London: Westview Press, 1984, p. 3.
④ Mark W. Zacher, *International Conflicts and Collective Security, 1946-77*, New York: Praeger Publisher, 1979, p. 121.

## 第二节 非洲统一组织成立

泛非主义广泛传播,为非统成立奠定了思想基础;非洲大批国家的纷纷独立,为非统成立提供了物质基础;应对国际时局,独立国家联合自强成为当务之急;在恩克鲁玛、塞拉西、阿纳赛尔等一批非洲民族解放运动先驱的积极推动下,非洲 30 个国家元首、政府首脑或政府代表[①]于 1963 年 5 月 25 日齐集埃塞俄比亚首都亚的斯亚贝巴,起草并通过了《非洲统一组织宪章》,成立了非洲统一组织(OAU)[②],从此使非洲国家切实走上团结、统一的道路。

《非洲统一组织宪章》是聘请智利人特鲁科仿造美洲国家组织章程的形式制订的,并著了"蒙罗维亚集团"和"卡萨布兰卡集团"两集团的主张。"非统组织的成立是这一时期泛非运动发展的一大成果。"[③]时任联合国秘书长吴丹把《非洲统一组织宪章》誉为"本世纪的历史性文件"。会议还决定每年的 5 月 25 日为"非洲团结日"。

作为一个区域性国际性组织,非统有明确的宗旨和严密的组织体系。为了实现其宗旨,不仅设立了"国家和政府首脑会议""部长理事会""秘书处"以及"调解、和解和仲裁委员会",还设立了"经济和社会委员会""教育和文化委员会""防务委员会""卫生、保健和营养委员会"以及"科学技术和研究委员会"等 5 个专门委员会和预算原则。非统总部永久设在埃塞俄比亚

---

[①] 当时非洲有 33 个独立国家,埃塞俄比亚、利比亚、布隆迪、喀麦隆、乍得、刚果(布)、刚果(利)、达荷美(今贝宁)、加蓬、加纳、几内亚、象牙海岸(今科特迪瓦)、利比里亚、马达加斯加、马里、毛里塔尼亚、尼日尔、塞内加尔、尼日利亚、索马里、苏丹、坦噶尼喀、突尼斯、阿拉伯共和国联盟、埃及、上沃尔特(今布基纳法索)、阿尔及利亚、塞拉利昂、乌干达、卢旺达、中非共和国等 31 个国家参加了非统的成立会议,成为创始国。摩洛哥因抗议毛里塔尼亚参加会议,没有与会。多哥因发生政变,未能与会,但也签署了《非洲统一组织宪章》,成为非统成员国。南非少数白人种族主义政权被排除在会外。

[②] 非洲统一组织英文缩写之所以采用"OAU"(Oganization of African Unity),而未用"OAS"(Organization of African States),主要是为了避免与"美洲国家组织"(Organization of American States)的英文缩写"OAS"相混淆。(Zdenek Cervenka, *The Unfinished Quest for Unity: Africa and the OAU*, London: Julian Friedmann Pulishers Ltd, 1977, p. 12.)

[③] 陆庭恩:《非洲问题论集》,北京:世界知识出版社 2005 年版,第 539 页。

首都亚的斯亚贝巴。

## 一、非统的宗旨和原则

《非洲统一组织宪章》规定非统的宗旨是：促进非洲国家的统一和团结；协调并加强它们之间的合作与努力改善非洲各国人民的生活；保卫它们的主权、领土完整与独立；从非洲根除一切形式的殖民主义；在对联合国宪章与世界人权宣言给予应有尊重的情况下促进国际合作。为了以上目的，《非洲统一组织宪章》还规定非统成员国加强在以下方面的合作：政治与外交方面的合作；经济合作，其中包括交通运输方面的合作；教育与文化方面的合作；卫生保健与营养方面的合作；科学与技术方面的合作；防务与安全方面的合作。

为了实现非统的宗旨，《非洲统一组织宪章》还规定其成员国必须遵循的原则：各成员国的主权一律平等；不干涉各国的内政；尊重各成员国的主权与领土完整和独立生存的不可剥夺的权利；通过谈判、调解、和解或仲裁，和平解决争端；无保留地谴责一切形式的政治暗杀及对邻国或其他国家进行颠覆活动；彻底献身于完全解放仍未独立的非洲领土；重申对一切集团的不结盟政策。原则前4条一般被现在的国际组织认同和被联合国相应的原则重申；后3条对非洲具有特别的意义，并且被设想作为非洲国家外交关系的指导原则。

《非洲统一组织宪章》规定的非统的宗旨和原则充分地反映了非洲人民的愿望和追求，明确了非统所肩负的历史重任，表达了非洲人民的统一和团结愿望，体现了泛非主义的内容。

## 二、非统机构的设置和运作

宪章规定的非统主要机构有：

### (一) 国家和政府首脑会议

"国家和政府首脑会议"（AHG）是非统的最高机构，根据非统宪章讨论非洲共同关心的重大问题。由国家、政府的首脑或任命的代表组成,每年至少开会一次。首脑会议的一切决议和召开特别会议都需要非统成员国 2/3 多数通过。在任何成员国提出要求并得到 2/3 多数的赞成时,首脑会议得举行特别会议。

首脑会议虽为非统最高机构,但既没有被赋予维护非洲和平与安全的特别责任,也没有权力为这样的目的采取法律的有约束力的决定以及施加强制性的军事或非军事制裁。其职能只是"讨论非洲共同关心的问题,以协调和调整本组织总的政策"。再之,"讨论非洲共同关心的问题",非统又受到其宪章第三条"不干涉各国内政"原则的限制。[①] 这就制约了非统在实际解决非统成员国之间冲突的作用。

首脑会议召开了包括 1 届成立会议、38 届常会和 7 届特别会议等共计 46 届会议。[②]

### (二) 部长理事会

"部长理事会"(CM)由成员国的外交部长或由政府任命的其他部长组成,只对国家和政府首脑会议负责,其主要职责有筹备国家和政府首脑会

---

[①] Amadu Sesay, Olusola Ojo, and Orobola Fasehun, *The OAU After Twenty Years*, p. 6.
[②] "国家和首脑会议"的常会为:1963 年 5 月、1966 年 11 月、1969 年 9 月、1970 年 6 月、1971 年 6 月、1973 年 5 月、1983 年 6 月、1984 年 11 月、1985 年 7 月、1986 年 7 月、1987 年 7 月、1988 年 5 月、1989 年 6 月、1990 年 6 月、1995 年 6 月等 15 届在埃塞俄比亚首都亚的斯亚贝巴,1964 年 7 月、1993 年 6 月等 2 届在埃及首都开罗,1968 年 9 月、1999 年 7 月等 2 届在阿尔及利亚首都阿尔及尔,1965 年 10 月在加纳首都阿克拉,1967 年 9 月在刚果(金)首都金沙萨,1975 年 7 月在乌干达首都坎帕拉,1976 年 7 月在毛里求斯首都路易港,1977 年 7 月在加蓬首都利伯维尔,1978 年 7 月在苏丹首都喀土穆,1979 年 7 月在利比里亚首都蒙罗维亚,1980 年 7 月在塞拉利昂首都弗里敦,1981 年 6 月在肯尼亚首都内罗毕,1991 年 6 月在尼日利亚首都阿布贾,1992 年 6 月在塞内加尔首都达喀尔,1994 年 6 月在突尼斯首都突尼斯,1996 年 7 月在喀麦隆首都雅温得,1997 年 6 月在津巴布韦首都哈拉雷,1998 年 6 月在布基纳法索首都瓦加杜古,2000 年 6 月在多哥首都洛美,2001 年 6 月在赞比亚首都卢萨卡和 2002 年 6 月在南非城市德班。特别会议:1976 年 1 月在亚的斯亚贝巴的关于安哥拉局势的特别首脑会议,1980 年 4 月在尼日利亚城市拉各斯的专门讨论非洲经济问题的特别首脑会议,1987 年在亚的斯亚贝巴关于外债的特别首脑会议,1994 年 8 月在坦桑尼亚城市阿鲁沙关于解散解放委员会的特别首脑会议,1999 年 9 月和 2001 年 3 月两次在利比亚城市锡尔特关于成立非洲联盟的特别首脑会议,2001 年 7 月在阿布贾的关于非洲艾滋病和其他传染病的特别会议。(http://www.africa-union.org/root/au/Documents/Decisions/Decisions htm.)

议;执行首脑会议作出的决定;按照首脑会议的指示,协调非洲内部在国防和安全、政治和外交、经济和社会发展、教育和文化、健康与营养及科学和技术等领域的合作;通过按照非统宪章第二十条建立的专门委员会的法规;创立特别委员会和临时工作团体;等等。

每年至少举行两次会议。通常,第一次会议在每年 2 月份,第二次会议在该年首脑会议召开之前的 9 月份。共召开 80 次常会和特别会议。①

### (三) 秘书处

"秘书处"是常设行政机构,负责执行非统宪章以及成员国签订的其他条约和协定赋予的任务。由 1 位行政秘书长和 5 位副秘书长组成,履行职责时不受他们各自所属国的影响。行政秘书长负责拟定非统的预算。秘书处设在亚的斯亚贝巴,是非统的执行机构,行政秘书长②指导其工作。

另外,虽然"秘书处"是非统的主要机构,但其行政秘书长还直接对部长理事会负责。在未完成 4 年任期的时候,首脑会议可能以更好地发挥非统功效为理由,免去行政秘书长职位。先后有 7 任秘书长。③

### (四) 调解、和解和仲裁委员会

"调解、和解和仲裁委员会"于 1964 年成立,由 21 个成员国组成,用和平方式解决成员国之间的争端是其职责。1967 年,在亚的斯亚贝巴召开第一次会议。

---

① http://www.africa-union.org/root/au/Documents/Decisions/Decisions htm.
② 秘书长前之所以加上"行政"(administrative),是为了限制秘书长权力,害怕履行这个职位的人成为非洲大陆政策的制定者。(Michael Woifers, *Politics in the Organization of African Unity*, London: Methuen & Co Ltd, 1976, pp. 47-48.)
③ 非统秘书长:几内亚人迪亚洛·特利(1964—1972)、喀麦隆人恩佐·恩加基(1972—1974)、喀麦隆人威廉·埃特基(1974—1978)、多哥人埃德姆·科乔(1978—1983)、尼日利亚人彼得·奥努(1983—1985)、尼日尔人伊德·奥马鲁(1985—1989)、坦桑尼亚人萨利姆·艾哈迈德·萨利姆(1989—2002)。

## (五) 专门委员会

成立之初,非统还设立了5个专门委员会,即"经济和社会委员会""教育和文化委员会""卫生、保健和营养委员会""防务委员会及科学、技术和研究委员会"。后来,由最初的5个一度增至6个,最后缩减为3个。此外,根据具体情况,非统又成立了另外一些机构,如1965年5月的非洲"解放运动协调委员会",1993年6月的非统"预防、处理和解决非洲冲突机制"等。

非统有自己的预算机制。预算"由成员国依照其对联合国应缴会费的比例筹集",但任何成员国应缴的会费均不得超过本组织正常年度预算的20%。如此,相对固定可靠的经济支撑,使非统机构能够正常运转,从而在非统成立以前,泛非主义始终处于松散的状态。

非统的官方语言是英语、法语和阿拉伯语等3种语言。非统并未把斯瓦希里语和豪萨语作为自己的官方语言,对此,有人表示异议,甚至提出了强烈的批评。因为当时使用斯瓦希里语的非洲居民有1亿人,且斯瓦希里语是最重要的撒哈拉以南非洲语言,也是世界10大主要语言之一。豪萨语是撒哈拉以南非洲第2种最广泛使用的语言,非洲日常使用豪萨语的有接近5 000万人,而没人能够断定日常使用英语和法语的非洲人真正地达到了5 000万人。[①]

---

① Elenga M'buyinga, translated by Michael Pallis, *Pan Africanism or Neo-Colonialism? The Bankruptcy of the O.A.U.*, London: Zed Press, 1982, pp. 3-4.

# 第二章　非洲统一组织宪章泛非主义体现

非洲统一组织是泛非主义发展的产物,同时,《非洲统一组织宪章》也充分体现泛非主义思想,即追求非洲统一和政治解放。

## 第一节　关于非洲统一

泛非主义最终目标之一是实现非洲统一,由此,非统为实现非洲的团结和统一作出了巨大的努力和贡献。

### 一、非洲统一思想的演化

泛非主义先驱美国黑人马库斯·加维最早提出了建立统一非洲大国的设想。泛非主义的最终目的是建立"泛非联邦"或"非洲合众国"。

非洲知识分子支持非洲统一,早期主要代表有尼日利亚的艾迪耶·戴尼加(Adeoye Deniga)、莱蒂普·索兰克(Ladipo Solank)和黄金海岸(今加纳)的 J. E. 凯斯利·海福德[①]等。戴尼加教授在题为《需要西非联邦》的小册子中,提出了自己关于非洲统一的思想。1920 年 5 月,海福德在阿克拉

---

[①] J. E. 凯瑟利·海福德(Joseph Ephraim Casely Hayford,1866—1930):黄金海岸记者、律师、政治家,主张非暴力理论和泛非主义的民族主义先驱。1915 年,创立黄金海岸民族研究协会,1920 年协助创建英属西非国民大会并任副主席,主张建立英属西非联邦。1929 年,创建黄金海岸青年大会。([英]巴兹尔·戴维逊:《现代非洲史——对一个新社会的探索》,舒展、李力清和张学珊等译,北京:中国社会科学出版社 1989 年版,第 153 页。)

成立了"英属西非国家议会",有来自尼日利亚、塞拉利昂、冈比亚和黄金海岸的代表与会。海福德宣布：同英属西非的知识界一样,我们渴望促进我们人民之间的统一。你们知道统一的重要性……同样的方式,我们人民正在认识到统一的重要性。尼日利亚与冈比亚、冈比亚与塞拉利昂、塞拉利昂与黄金海岸等已经携起手来。在索兰克的领导下,"西非学生联合会"于1924年成立。"西非学生联合会"的旅馆变成了来自全非洲的学生与来自安第列斯群岛、美国的学生交流他们思想的中心。随着1930年海福德的逝世和随之英属西非国家议会的衰落,"西非学生联合会"实际承担了后来者的作用,为未来的西非提供了重要的领导人。[1]

1945年的第五次泛非大会在谋求非洲大陆政治解放的同时又明确提出非洲统一的主张。激进的泛非主义者恩克鲁玛是这一思想的忠实继承者。"对恩克鲁玛的泛非主义思想有很大影响的是帕德莫尔,他也是个泛非主义者,而且更注重以西非为核心实现统一的目标。"[2]在《非洲必须统一》一书中,恩克鲁玛系统地提出了建立非洲统一国家的方案："一个统一的非洲,即非洲大陆的政治和经济的统一——必须实现三个目标：第一,我们必须拥有一个以大陆为基础的全面经济计划……第二,我们必须确立一个统一的军事防务策略……第三,我们必须采纳一个统一的外交政策和手腕。"即实现非洲大陆的"经济、国防和外交的一体化"。[3]

"在泛非主义作为解放运动的历史上,从1950年到1965年可以称为恩克鲁玛时代。恩克鲁玛通过讲话、行动和榜样,动员非洲解放运动及独立国家的领导人起来为泛非主义的事业而斗争。他在加纳独立的当晚宣称：如果加纳的独立不能和非洲大陆的完全解放联系起来,这种独立是没有意义的。"[4]在这种思想的指导下,1958年4月,在恩克鲁玛的直接推动下,第一

---

[1] Adekunle Ajala, *Pan-Africanism: Evolution, Progress and Prospects*, pp. 7 - 9.
[2] 陈仲丹:《加纳》,成都：四川人民出版社2000年版,第146页。
[3] K. Nknumah, *Africa Must Unite*, London: Heinemann Educational Books Ltd, 1963, pp. 218 - 220.
[4] 埃德姆·科佐、戴维·查奈瓦:《泛非主义与解放》,[肯尼亚]A. A. 马兹鲁伊、[科特迪瓦]C. 旺济主编:《非洲通史》(第八卷),第541页。

次"非洲独立国家会议"在阿克拉成功举行,会议宣布"我们要进一步强调并声明我们之间的团结、我们对非洲未独立国家的人民的支持以及我们同所有国家的友谊。我们决心在国际事务中保持我们的目标和行动的统一"①。同年9月,阿尔及利亚共和国临时政府成立,恩克鲁玛率先承认。10月,几内亚独立,恩克鲁玛给予大批援助,帮助几内亚走出经济困境。12月,在阿克拉召开第一届"全非人民大会",并且围绕争取非洲独立与实现非洲统一这一主题通过了一系列决议,号召非洲各独立国家为建立"泛非联邦"或"非洲合众国"的泛非主义最终目标而奋斗。1960年和1961年的第二、三届"全非人民大会"又通过了《关于非洲统一的决议》和《关于非洲统一和团结的决议》。

在恩克鲁玛的推动下,1958年,非洲第一个国家联盟"加-几联盟"成立。1960年,"马里联邦"成立;同年,恩克鲁玛又与当时刚果(金)政府总理帕特里斯·卢蒙巴签署了一个秘密协议,决心结成"加-刚联盟"。1961年,"卡萨布兰卡集团"成立,恩克鲁玛也做了许多切实有效的工作。1962年,由于新老殖民主义的干涉,非洲有"巴尔干化"的危险,面对这一严峻形势,恩克鲁玛已不再提倡建立地区性联盟,而要求立即实现非洲统一。1963年5月,恩克鲁玛在非统成立大会上疾声呼吁:"我们现在的目标是实现非洲统一。机不可失,一定要现在就联合,要不就灭亡。我相信凭着我们的决心和共同努力,我们会在这里为非洲大陆各国的联合奠定基础。""人民赋予我们这一神圣使命,我们不能辜负他们的信任。如果我们对待非洲统一问题表示一点点犹豫或迟缓,我们就是辜负了人民对我们的期望。"②但是,恩克鲁玛的主张只得到塞古·杜尔③等极个别人的支持。会议决定最终成立一个相对松散的

---

① 唐大盾选编:《泛非主义与非洲统一组织文选(1900—1990)》,第99页。
② 唐大盾选编:《泛非主义与非洲统一组织文选(1900—1990)》,第284、292页。
③ 塞古·杜尔(Sekou Touré,1922—1984):几内亚政治家,几内亚国家党总书记和共和国总统(1961—1984)。出身贫苦农民家庭。1947年创建几内亚民主党(1978年改名几内亚国家党)并任主席。1955至1957任科纳克里市长。1957年,杜尔出任几内亚半自治领地的政府委员会副主席。同年,发起成立黑非洲工人总联合会,任总书记。执政期间,将主要公用事业国有化,实行国家垄断贸易制,强调要走几内亚自己的社会主义道路,强调民族团结和实现逐步放宽对私营工商业的限制等措施以繁荣经济。对外主张不结盟,强调非洲统一,改善同西方国家的关系,并加强同阿拉伯友好国家的联系。(参见《中国大百科全书·外国历史》,第254页。)

组织——非洲统一组织。1964年,在非统第一届首脑会议上,恩克鲁玛再次提出建立"非洲合众国"建议,依然得不到与会的非洲领导人的响应。

在一个被纷争复杂化的大陆,非洲统一主题已经支配着所有政治的讨论。大陆统一被看作反对帝国主义和新殖民主义势力的武器,被看作建立真正独立的工具,也被看作维护那种独立的一个未来保证。① 《非洲的自由》认为,只有依靠统一我们才能确保非洲真正地治理非洲,只有依靠统一我们才能确信非洲的资源为非洲谋福利。② "随着非洲国家的独立,大多数非洲国家的领导人宣布忠于泛非主义思想……然而,实际上,这些国家所面临的内部问题使大多数政治家视泛非团结为一长期的目标,而不是在最近的将来就能实现的东西。"③ 其实,非洲国家领导人几乎无一例外地都主张非洲统一,只是在具体如何实现统一的观点上,存在着很大的不同。恩克鲁玛观点激进,要求尽快建立政治、经济和军事的全方位的"非洲合众国"或苏联式的"非洲国家联盟";而坦桑尼亚总统朱利叶斯·尼雷尔④、尼日利亚总统纳姆迪·阿齐克韦⑤、肯尼亚总统乔莫·肯雅塔和阿拉伯埃及共和国总统加麦

---

① Martin Minogue, Judith Molloy, *African Aims & Attitudes Selected Documents*, Cambridge: Cambridge University Press, 1974, p. 190.
② Adekunle Ajala, *Pan-Africanism: Evolution, Progress and Prospects*, p. 47.
③ [英]罗兰·奥利弗、安东尼·阿特莫尔:《1800年以后的非洲》,李广一等译,北京:商务印书馆1992年版,第376页。
④ 朱利叶斯·尼雷尔(Julius Kambarage Nyere, 1922—1999):非洲政治家、坦桑尼亚联合共和国首任总统(1964—1985)。生于酋长家庭。1953年当选坦噶尼喀非洲人协会主席。1954年将该组织改为坦噶尼喀非洲民族联盟(简称坦盟)。1955和1956年,两度赴联合国争取坦噶尼喀的自治和独立。回国后到各地领导坦盟组织动员人民投入争取"乌呼鲁"(自由)的运动。1960年9月坦噶尼喀建立责任政府,尼雷尔任首席部长。1961年,出任首任总理。1962年,当选总统。1964年坦噶尼喀和桑给巴尔合并后,又出任坦桑尼亚总统。执政期间,对内奉行自力更生原则,宣称要实行"乌贾马村"运动(农户集中居住,发展集体生产),推行一系列旨在巩固民族独立、增进民族团结和发展民族经济的措施;对外积极参加第三世界人民反对殖民主义、种族主义和霸权主义的斗争,坚持不结盟原则,并多次访问中国,积极发展坦中友好关系。1985年11月,辞去总统职务。主要讲话和著作收入《自由和统一》《自由和社会主义》和《自由和发展》等几个文集。(参见《中国大百科全书·外国历史》,第714—715页。)
⑤ 纳姆迪·阿齐克韦(Nnamdi Azikiwe, 1904—1996):尼日利亚首任总统。伊博族人。在美国获得文学硕士和理科硕士学位。1934年至1940年,参加尼日利亚青年反殖民主义运动。1963至1966年,任尼日利亚总统。尼内战期间,避居国外。后回国组织政党,参选总统失败。著作有:《复兴的非洲》(1939年)和《齐克讲话选集》(1961年)等。(参见现代国际关系研究所世界人物研究室编:《现代非洲名人录》,北京:时事出版社1987年版,第156页。)

尔·阿卜杜勒·纳赛尔①等多数非洲领导人则主张逐步实现非洲统一。

纳赛尔认为,非洲国家之间更强大的联合和更紧密的合作,对加强它们作为发展中国家的外交影响和经济力量是十分有利的。②纳赛尔建议建立一个非洲共同市场,敦促在科学和文化领域合作,还表达了渴望建立一个非洲间的组织。纳赛尔最后断言非洲统一不可能在一夜之间实现。③尼雷尔说过:"联合起来,甚至结成集团,我们就不会那么软弱了。我们有能力在许多方面互相帮助,每个国家都能从中受益。作为一个联合起来的集团,我们可以从完全不同的地位出发面对富国。虽然它们为了本国经济的健康发展可能不需要我们中的某一个,但是它们不能与我们全体切断关系。"④但是尼雷尔支持的是逐步统一,他以自己惯有的明晰而又简洁的语言讲明了这个道理。他说,一个人盖房子,不是从屋顶开始,而是先打好地基,然后一砖一瓦盖起大厦,最后才盖屋顶。在建好房屋的时候,就会加上屋顶,即非洲的统一。1959年,纳姆迪·阿齐克韦也说过:"在全部的非洲统一能够实现以前,必须采取一些实际可行的措施。""已经为他们的主权斗争了许多年的一些国家的政党,是不可能将他们的主权交给一个含糊不清的组织的,而仅仅由于我们觉得需要在一起工作。"换句话说,他不支持任何超国家组织来实现非洲统一。这些认识形成了后来尼日利亚处理非洲统一的理论基础。⑤

---

① 加麦尔·阿卜杜勒·纳赛尔(Gamal Abdel Nasser, 1918—1970):埃及总统(1956—1970)。出身于职员家庭。1945年,秘密组织了自由军官组织。1952年7月23日,领导自由军官组织发动革命,推翻法鲁克王朝。1954年,任代总统兼总理。1956年,颁布宪法,当选为总统。1958年任阿拉伯联合共和国总统。1967年,领导埃及人民抗击以色列入侵失败。1970年9月28日,病逝。执政期间,同帝国主义进行不懈的斗争。1956年,把英国军队赶出埃及,把苏伊士运河公司收归国有,击败英法和以色列发动的侵略埃及战争。纳赛尔奉行中立和不结盟政策,拒绝承认以色列,积极支持亚非国家,特别是阿拉伯国家和非洲的民族解放运动,出席1955年万隆会议,是不结盟运动创始人之一。他主张实行"阿拉伯社会主义"和阿拉伯团结联合,一生致力于阿拉伯民族解放运动和亚非人民反帝事业,并作出了重要贡献。著作有《革命哲学》和《埃及的解放》等。(参见《中国大百科全书·外国历史》,第699页。)

② [英]罗伯特·斯蒂文思:《纳赛尔传》,北京:世界知识出版社1992年版,第255页。

③ Adekunle Ajala, *Pan-Africanism: Evolution, Progress and Prospects*, p. 62.

④ S. K. B. 阿桑特、戴维·查奈瓦:《泛非主义与地区一体化》,[肯尼亚]A. A. 马兹鲁伊、[科特迪瓦]C. 旺济主编:《非洲通史》(第八卷),第533页。

⑤ Adekunle Ajala, *Pan-Africanism: Evolution, Progress and Prospects*, p. 23.

1960年，尼日利亚前总理阿布巴卡尔·塔法瓦·巴勒瓦声明："建立一个合众国吗？开始谈论任何诸如此类的事情肯定为时过早。尼日利亚刚刚获得独立，它丝毫不想把自己的主权交给任何其他人。"肯雅塔也表达了同样观点："我想首先看到的是统一的联邦的东非，然后才是整个非洲的统一。"①

事实上，非统的创立是"卡萨布兰卡集团"和"蒙罗维亚集团"之间相互妥协的产物。"激进"的"卡萨布兰卡集团"把全非洲政治的一体化看作确保非洲独立和解放的唯一切合实际的道路，而为了保持现状的"保守"的"蒙罗维亚集团"想要的只是在统治阶层中一些形式的联盟和自愿的合作。"温和"的国家希望在非统的旗帜下依靠该地区国家来提升它们的合作、在一定的领域相互协调它们的政策和行为以及减少彼此间的冲突，从而保持它们的完全独立和领土完整。

"卡萨布兰卡集团"和"蒙罗维亚集团"这两个集团的分歧不是仅仅关于非洲一体化战略的不同，而是更多在历史观、政治观的本质上区别。两个集团的不同是，"卡萨布兰卡集团"认为非洲落后是殖民主义、种族主义和帝国主义造成的恶果，"蒙罗维亚集团"则不这样或不完全这样认为；"蒙罗维亚集团"把帝国主义只看作殖民主义，而"卡萨布兰卡集团"则重视帝国主义更多的阴险的含义和更深层的根源；"卡萨布兰卡集团"支持发动和动员非洲大众反抗帝国主义的统治，而"蒙罗维亚集团"则支持与帝国主义合作以反对进步的非洲领导人和他们的社会主义盟友；"卡萨布兰卡集团"支持通过建立一体化取得大陆的进步性的转变，而"蒙罗维亚集团"则支持通过国家间的合作取得逐渐的变革。以上两集团的斗争最后是以支持"保守"的"蒙罗维亚集团"而结束。"蒙罗维亚集团"在1963年5月的非统成立大会上构成了绝对的多数。大会更多地采纳"蒙罗维亚集团"想法。非洲国家集团间的两分的境况一直盛行，这相当大地限制了非统在非洲和国际事务中的作用。② "非

---

① Colin Legum, *Pan-Africanism: A Short Political Guide*, London and Dunmow: Pall Mall Press Ltd, 1962, p. 65.
② K. Mathews, "The Organisation of African Unity in World Politics", in Ralph I. Onwuka, Timothy M. Shaw, *Africa in World Politics: Into the 1990s*, Basingstoke: Macmillan, 1989, pp. 35 – 36.

洲统一组织"名称中的"统一",则是妥协的产物,即"逐步统一"。

## 二、非统对非洲统一的追求

不论怎样,非洲国家领导人已认识到统一的重要性,并已达成"统一"的共识,不仅建立组织的名称中有体现,而且在《非洲统一组织宪章》有了表达,即"为促进我们各国人民之间了解和国家间的合作,以使我们各国人民在超越种族与民族差别更大规模的统一中为加强兄弟情谊和团结的愿望的共同决心所鼓舞",以及"希望所有非洲国家从此统一起来,以确保各国人民的繁荣与福利";还把"促进非洲国家统一与团结""协调并加强它们之间的合作与努力以改善非洲国人民的生活"写进《非洲统一组织宪章》里,而且是其宗旨的最显要的位置,即宗旨的第一、二条。宪章的生效需要2/3成员国的批准后,"在有关本宪章的解释方面可能发生的任何问题,均由本组织的国家和政府首脑会议的2/3多数决定。"非统机构的运行以及任何决议的通过,也需2/3成员国多数的支持,如非统首脑会议和部长理事会会议的举行要经过2/3多数成员国的批准,等等,这一切都体现了"统一"的原则。

非统是一个很松散的国家联盟。它完全按照协商一致的原则和形式,没有权力要求任何成员国受它的政策约束,只能影响和说服它们,它也没有联合国的否决权。说到底,如果没有这种"统一",非统不用说为非洲的解放、独立、和平与发展作出自己巨大的贡献,就是自己存在39年的岁月也是不可思议的事情。

"安哥拉事件""西撒问题""乍得问题""联合国秘书长的人选"以及"反对一切外来干涉"问题等系列事件,对非统构成了严峻的挑战,几乎造成非统的分裂和瘫痪,但是非统成员国都本着宪章的精神,帮助非统克服了重重危机,维护了非洲的团结和统一。

**个案分析**

1. "安哥拉事件"(3派力量的承认问题)

安哥拉位于非洲大陆西海岸,非洲西南部,南纬5—18度,东经11—24

度,北面是刚果共和国,东与赞比亚接壤,南邻纳米比亚,东北部与刚果民主共和国毗连,西面濒临大西洋。海岸线长 1 650 千米,陆地边界 4 837 千米,国土面积 1 246 700 平方千米,国土面积世界排名第 22 位。

安哥拉原来被称作葡属西非,它本来是葡萄牙最具经济价值和最富庶的殖民地。1475 年,葡萄牙人迪奥戈·康为了探寻去印度的海上航线,率领由 7 艘船只所组成的舰队,发现了安哥拉的全部海岸。1491 年,另外一支葡萄牙舰队也驶抵安哥拉。1575 年,葡萄牙人开始占领刚果以南的地区,并且建立了罗安达城,同时还征服了几个土著部落,使白人慢慢地移民安哥拉。从 1640 年到 1648 年间,荷兰人曾经攻占这里的一些重要港口,后来又被葡萄牙人收复。在 1884 年至 1885 年举行的柏林会议上,安哥拉被划为葡萄牙殖民地。1922 年,葡萄牙派军队占领了安哥拉全境。从 1951 年开始,安哥拉改成葡萄牙的一个海外省,由葡萄牙政府派遣总督前来治理。

20 世纪 50 年代以后,在争取民族独立的斗争中,"安哥拉人民解放运动"("安人运")、"安哥拉民族解放阵线"("安解阵")和"争取安哥拉彻底独立解放全国联盟"("安盟")先后成立。从 1961 年 2 月 4 日开始,"安人运"展开武装斗争。

历经长期的武装斗争,安哥拉实现了独立,但旋即又陷入了一场持久惨烈的内战之中。安哥拉内战对非洲大陆的其他地区影响很大。内战直接原因主要是外来干涉:美国和苏联支持不同的派别,并不停地干涉安哥拉内政。美国、南非支持"安解阵"和"安盟",而苏联、古巴支持"安人运"。这样,由两个超级大国幕后操纵的两派,在安哥拉展开了一场久拖不决的内战。

其实,早在葡萄牙未退出安哥拉之前,"安解阵""安盟"和"安人运"等 3 派力量就争斗不断。由于没有一个组织能够在安哥拉的反殖民斗争中居于支配和领导地位,各组织之间不但不能协调对敌,而且还发生互相残杀的事件。

在安哥拉的民族解放运动中,非统的主要作用是寻求实现不同的派系之间的和解。然而,由于非统缺少应变能力以维护自己的权威,其努力归于失败。1963年,非统第一届首脑会议认为,"安人运"与"安哥拉流亡革命政府"之间持久自相残杀的敌对状态,是安哥拉解放斗争的一个严重的障碍,会议选派了一个由阿尔及利亚、刚果(利)、几内亚、尼日利亚、乌干达和塞内加尔等6国代表组成的友好使团,到利奥波德维尔去进行调解。但调解未能实施,使团建议只承认和支持"安哥拉流亡革命政府"。

非统为调解安哥拉解放运动组织之间的矛盾付出了巨大的努力,只需说非统解放委员会花费9年时间去说服"安解阵"和"安人运"签署一个协议就足够了。在1972年非统首脑会议上,"安人运"的阿戈什蒂纽·内图和"安人盟"的霍尔敦·罗伯托在会场里互相拥抱,得到了与会的非统成员国首脑们的鼓掌称赞。但是这个协议是短命的。"安人运"最严重的危机就是在1974年8月它分裂成3个派别。通过肯尼斯·卡翁达、尼雷尔和马里安·恩古瓦比等3位总统的努力,在布拉柴维尔会议上恢复了"安人运"的统一。

为了争取独立的顺利实现,在扎伊尔、坦桑尼亚、赞比亚和刚果(布)等国首脑的帮助下,非统解放委员会运用所有外交措施,使安哥拉"安人运""安解阵"和"安盟"等3方力量立即停火,并于1975年1月3日至5日,在肯尼亚蒙巴萨举行会议。会议的联合公报称:"本着同样的谅解和统一的精神,3个解放运动决定从现在起,将在一切方面,特别是在非殖民化方面,进行合作,以保证领土完整和国家重建。"①

从1975年1月15日起,安哥拉3个解放组织和葡萄牙政府在葡萄牙的阿沃尔举行一系列谈判,最后签署了《阿沃尔协定》,该协定承认安哥拉人民的独立权利,承认这3个解放运动组织是安哥拉人民的合法代表。安哥拉于1975年11月11日实现了独立。

20世纪70年代,美、苏加紧对安哥拉各派的支持,从而激化了安哥拉内部的派系斗争,并且这一斗争演变成在外部势力操纵下的代理人战争。自1975年2月,"安解阵"在美国的支持下,向"安人运"发起军事进攻。随

---

① 潘光主编:《当代国际危机研究》,北京:中国社会科学出版社1989年版,第228页。

之,为了对抗"安解阵",苏联对"安人运"加强了军援。"安人运"招募了数千名逃离安哥拉的加丹加军队,古巴向其派遣了230名军事顾问。同时,各个组织拼命加强了自己的军事和政治地位。"安解阵"占领了北部,"安人运"最后在罗安达和姆本杜族的腹地取得了牢固的立足点,"安盟"则在中南各省和在安哥拉最大的部族集团奥文本杜人中获得了支持。7月9日,安哥拉内战呈扩大之势。为对付"安人运","安解阵"和"安盟"走向联合。8月,"安人运"把其他两派赶出首都,并继续进攻其他地区,内战全面爆发,安哥拉过渡政府彻底解体。同时,南非军队占领了靠近西南非洲边界的水电站。紧接着,长期支持"安解阵"的扎伊尔也卷入内战,战乱再次升级。

1975年11月11日,敌对双方分别宣布安哥拉独立,并建立各自的政府。1976年初,苏联和大多数非洲国家都承认了"安人运"的"安哥拉人民共和国"。同年2月,"安人运"控制了安哥拉几乎所有的重要中心,只有"安盟"在东南部农村地区继续坚持武装反抗斗争。从20世纪80年代起,"安盟"开始加强反对政府军和古巴驻军的军事行动。由于得到了美国、南非和一些阿拉伯、非洲国家的支持,到20世纪80年代末,"安盟"和政府一方构成了势均力敌的局面。

非统极大地关注安哥拉局势的发展,并积极推动安哥拉敌对派别早日握手言和。在1975年7月坎帕拉非统第十二届首脑会议[①]上,非统呼吁安哥拉3派联合,并组织了由乌干达、加纳、几内亚、利比亚、摩洛哥、尼日利亚和索马里等7国参加的调解委员会,奔赴安哥拉进行调解。会后,时任非统主席的乌干达总统阿明任命索马里、阿尔及利亚、布隆迪、加纳、肯尼亚、莱索托、摩洛哥、尼日尔和上沃尔特等9国组成一个关于安哥拉的询问和调解的实况调查委员会,自己任该委员会主席,委员会对安哥拉进行为期10日的考察。1975年11月1日,在"非洲统一组织局"[②],讨论了委员会的《关于安哥拉非统调解委员会的报告》,"安解阵""安盟"和"安人运"也应邀参加了

---

[①] 由于抵制乌干达总统阿明,坦桑尼亚、赞比亚、博茨瓦纳等3国没有与会。会议接纳新独立的莫桑比克、圣多美和普林西比、佛得角和科摩罗等4国为非统成员国。实际与会的国家43个。
[②] "非洲统一组织局":在两届非统首脑会议中间,时任非统主席处理非统问题的地方。

该讨论。"非统局"再次提出建立一个全国性的统一政府、3个解放运动的军事力量的合并和暂停武装力量的敌对状态等建议。

1975年11月5日,阿明总统通过召开非统国防委员会会议继续着他的外交活动。除了谴责南非的侵略行径和表达对向交战中的安哥拉民族主义运动运送武器的严重关切,国防委员会还建立了由埃及、几内亚、肯尼亚、利比亚、尼日利亚和乌干达参加的一个特别军事咨询委员会,其目的是帮助非统时任主席、非统秘书长与安哥拉全国性的统一政府保持经常的接触。特别军事咨询委员会负责评估派遣一个非统维和力量去安哥拉的必要性、派遣一个非洲政治军事代表团去帮助全国性统一政府建立一支国家军队和一个行政机构的必要性以及安哥拉国家独立的紧急需要等。

在"安解阵""安盟"和"安人运"之间的冲突中,非统内部出现意见分歧。在1976年1月关于安哥拉局势的特别首脑会议上,非洲国家就卷入了安哥拉内战辩论。[①] 1976年1月10日,关于安哥拉问题的非统特别首脑会议在亚的斯亚贝巴召开,这是非统历史上的第一次。由于主张承认"安哥拉人民共和国",全面支持"安人运"的国家(22个)与主张3派联合、建立民族团结政府的国家(22个)两派都固执己见、相持不下,会议没有取得成果,只保留议程。非统时任主席国乌干达与会议主持国埃塞俄比亚保持中立。

其实,早在这次会议之前,两个草案已放在了非统首脑会议的面前。第一个草案是由博茨瓦纳、喀麦隆、象牙海岸、埃及、冈比亚、加蓬、上沃尔特、肯尼亚、利比里亚、莱索托、马拉维、摩洛哥、毛里塔尼亚、卢旺达、中非共和国、塞内加尔、塞拉利昂、斯威士兰、多哥、突尼斯、扎伊尔和赞比亚等22国共同发起,表达了对安哥拉境况的严重关切,把任何对安哥拉的威胁视为直接对非洲安全和统一的威胁,重申决心在非洲统一的框架内解决安哥拉问题,谴责所有干涉非洲的外部势力,主张建立有3个民族解放组织参加的全国性统一政府。第二个草案是由阿尔及利亚、贝宁、布隆迪、佛得角、科摩

---

① Mark W. Zacher, *International Conflicts and Collective Security, 1946－77*, New York: Praeger Publisher, 1979, p.151.

罗、刚果、加纳、几内亚、几内亚比绍、赤道几内亚、利比亚、毛里求斯、马达加斯加、马里、莫桑比克、尼日尔、尼日利亚、圣多美和普林西比、索马里、苏丹、乍得和坦桑尼亚等22国联合提出，强烈谴责了南非法西斯主义者及其同伙的侵略恶化了安哥拉局势，危及了安哥拉邻国及整个非洲的安全，把"安人运"看作自1956年以来抵抗殖民主义的唯一民族解放组织，要求非统成员国表示对"安人运"能够创造安哥拉和解气氛的信任。草案显然地把"安解阵"和"安盟"领导人排除在外，但给他们的追随者留有了妥协的余地。[①] 但是在特别首脑会议上，由于两种严重对立立场的存在，成员国没能找到解决冲突的答案。

许多国家的代表对会议的僵持局面很失望。但是，如果把这次非统首脑会议没有通过任何决议看成"彻底失败"将是错误的。来到亚的斯亚贝巴的非洲领导人的确清醒地意识到非统的局限性，即非统不是一个能把大多数国家的观点强加于少数国家和拥有惩罚措施的超国家组织。首脑会议上虽然没通过任何关于安哥拉局势的决议，成员国却达成反对任何非洲外来干涉的共识。特别首脑会议的几个星期之后，非统接纳安哥拉为其成员国[②]，决定支持"安人运"政府。最深层的原因主要是"南非进行了反对'安人运'的干涉，才使得'非洲统一组织'中占2/3的多数国家转而支持承认'安人运'"[③]。南非白人政府数次入侵安哥拉，又支持"安盟"打内战，不仅激起了非洲国家的同仇敌忾，也使"安盟"失去了非洲国家的同情和支持，"安人运"就顺理成章地得到大多数非洲国家的认同。但是，安哥拉新政府把"安盟"排除在外，其负面作用也是可见的。"安盟"坚持不懈的斗争，安哥拉内战一直继续到20世纪90年代中期。

非统一直致力于安哥拉内战的早日结束。1988年5月，第二十四届首

---

① Zdenek Cervenka, *The Unfinished Quest for Unity: Africa and the OAU*, pp. 145-146.
② 1976年7月2至6日，在毛里求斯路易港举行的非统第十三次首脑会议正式接纳安哥拉为其成员国。
③ [英]科林·勒古姆等：《八十年代的非洲——一个危机四伏的大陆》，吴期扬译，北京：世界知识出版社1982年版，第40页。

脑会议发表宣言,支持安哥拉为恢复南部非洲的和平与安全而同南非进行谈判。1989年6月,在扎伊尔等非洲19国调停下,"安人运"和"安盟"两方在对峙14年之后首次达成实现停火和民族和解的《巴多利特协议》,但协议很快就遭破坏,战事再起。1993年11月,在联合国安排和美、俄和葡等3国参与下,安哥拉双方在卢萨卡恢复和谈。翌年11月,双方签署了《卢萨卡和平协议》,就组建军队、政府机构等关键问题取得了共识。1996年起,安哥拉真正开始走出内战阴影。

1997年4月,以"安人运"为主体、有"安盟"成员参加的安哥拉民族团结和解政府成立。1998年上半年起,由于安盟拒不履行和平协议,安哥拉国内局势紧张,和平进程陷入僵局。11月中旬,安哥拉内战重新爆发。安哥拉和平进程实已夭折。1995年,联合国向安派遣7 000人的维和部队;1997年7月,改设联合国安哥拉观察团;1999年2月,在安政府要求下,联合国安理会决定终止联安观察团。2002年2月,"安盟"领导人萨文比被政府军击毙。4月4日,安哥拉政府与安盟签署停火协议。安哥拉结束长达27年的内战,实现全面和平,开始进入战后恢复与重建时期。

2."西撒问题"(承认或反对"阿拉伯撒哈拉民主共和国"问题)

撒哈拉沙漠西部,濒临大西洋,海岸线长约900千米。西撒哈拉是典型的风沙地貌,全境除少数绿洲以外,几乎全是沙漠。西部沿海地区地势低平,海拔在200米以下;东部地区地势较高,海拔约450米。东北省海拔800米为全区最高地区。高原上有深谷,以萨吉耶哈拉干河谷为最大,又称萨吉耶哈姆拉盆地。全境无一条常年性河流。北邻摩洛哥,东、南接阿尔及利亚和毛里塔尼亚。

历史上7世纪时即有阿拉伯人进入该地。15世纪中叶,葡萄牙人和西班牙人侵入。1885年,西班牙将布朗角到博贾多尔角一带划为它的保护地。1934年,西撒哈拉沦为西班牙殖民地。1958年,西撒哈拉改为西班牙的海外省。

1973年初,"萨基亚哈姆拉和里奥德奥罗人民解放阵线"(简称"波利萨里奥解放阵线"或"西撒人阵")成立。"西撒人阵"宣告"为争取西撒的完全独立而斗争",开展了武装反对西班牙殖民主义的斗争。1976年2月27日,西班牙撤离,西撒人民取得反对殖民统治的胜利。

然而,随着西班牙的撤出,西撒问题非但没有得到解决,反而变得更加纷繁复杂起来。摩洛哥和毛里塔尼亚都对西撒提出领土要求。摩、毛两国根据1974年10月两国达成的瓜分西撒的秘密协定,于1976年4月,由摩占领了西撒北部约17万平方千米的地区,由毛占领了西撒南部约9万平方千米的土地。阿尔及利亚不能容忍西撒被其邻国瓜分或吞并,宣布《马德里协定》[①]无效,谴责摩、毛的行为,积极支持"西撒人阵"。"西撒人阵"坚决反对摩、毛对西撒的分治,于西班牙最终撤离的次日(1976年2月27日)成立"阿拉伯撒哈拉民主共和国"(Sahrawi Arab Democratic Republic),并在阿尔及利亚的廷杜夫建立根据地。1977年5月,摩、毛两国订立《共同防务条约》,结成对付"西撒人阵"的军事同盟。以阿、"西撒人阵"对摩、毛的两方斗争终于公开化了。"西撒人阵"同摩、毛两国的战事不断。

"西撒争端直接影响到阿拉伯世界的团结,并几乎导致非洲统一组织的分裂,成为旷日持久的热点和国际社会关注的中心之一。"[②]摩洛哥试图阻止一个"阿拉伯撒哈拉民主共和国"的出现,这在非洲国家间的冲突中是独一无二的。另外,这威胁着非统的两项基本原则,即铲除非洲大陆的殖民地原则和殖民地人民自决的原则。

毛里塔尼亚迫于西撒战争造成的军事和经济压力,于1979年8月与"西撒人阵"签订了和平协定,放弃对西撒的领土要求。毛退出之后,摩随即占领了原毛的占领区。从1980至1985年间,摩在西撒构筑6道防御墙,派约10万军队驻守;投资10多亿美元,修建基础设施;还建立起各级行政管理机构。从此,西撒战争进入新的阶段,摩与"西撒人阵"之间的战斗日益加剧。同时,"西撒人阵"的力量壮大很快,武装人数有1万多人,还拥有火炮、坦克甚至导弹等先进武器。

---

[①] 1975年11月14日,西班牙、西撒和摩洛哥等3方签署了结束西班牙在西撒殖民统治的《马德里协定》。
[②] 葛公尚主编:《万国博览·非洲卷》,北京:新华出版社1999年版,第1130页。

## 第二章 非洲统一组织宪章 泛非主义体现 / 39

自西撒爆发大规模冲突以来,国际社会积极努力谋求和平解决争端。非统组织几乎每一届首脑、部长理事会会议都把西撒争端列为议题之一,有时还把它作为中心议题。1972年,非统部长理事会表达了自己将与争取摆脱西班牙殖民统治的人民团结在一起。同时,理事会的部长们要求西班牙为西撒人阵更好地行使自决的权利创造一个自由和民主的气氛。这个自决的基本原则分别在1973年和1974年的部长理事会上再次得到重申。① 从那以后,西撒问题就成了非统首脑会议和部长理事会不变的一大议题。

1976年6月,西撒争端再次成为非统部长理事会路易港会议关注的重大问题。会议上,贝宁共和国领导人提出了一个亲"西撒人阵"的提案。提案寻求提高"西撒人阵"的地位,特别要求非统给予为恢复他们的国家主权进行合法斗争的西撒人民无条件的支持。② 非统首脑会议完全地搁置了西撒问题。主要原因是受到了来自摩、毛两国的压力,它们威胁说:如果非统首脑会议通过这个亲"西撒人阵"提案,它们就离开非统。1976年7月2至6日,非统第十三届路易港首脑会议通过关于决议,要求有关各方遵照非统和联合国宪章找到解决西撒问题的办法,举行解决西撒问题的非统特别首脑会议。③ 会议安排于1977年4月25日在卢萨卡举行。然而,由于一些国家首脑不能脱身与会的托辞和摩拒绝参加非统的活动原因,会议没能举行。④

1977年7月2日至5日,利伯维尔非统第十四届首脑会议依然搁置了任何关于西撒冲突的讨论,但决定在卢萨卡召开非统首脑特别会议讨论西撒问题。原定于1977年10月5至10日的卢萨卡会议仍然没能举行。举行非统特别首脑会议的努力一再失败,似乎摩、毛在西撒冲突中占了上风。同时,这也暴露出非统控制冲突力量的不足。召开会议成了完完全全的僵局。

1978年7月18至22日,非统第十五届喀土穆首脑会议通过了《关于西

---

① OAU Documents, CM/Res. 272(XIX), CM/Res. 301(XI), CM/Res. 344(XXIII).
② ARE, July 1976, p. 4081, in Amadu Sesay, Olusola Ojo, and Orobola Fasehun, *The OAU After Twenty Years*, p. 53.
③ OAU Document, AHG/Res. 81(XIII).
④ Amadu Sesay, Olusola Ojo, and Orobola Fasehun, *The OAU After Twenty Years*, pp. 53–54.

撒问题的决议》，重申非统有责任遵循在与非统和联合国宪章的原则一致的情况下，寻求公正、和平地解决西撒问题的办法。决议重申举行非统特别首脑会议以讨论解决西撒问题，还成立由非统时任主席和其他5国元首（尼日利亚、几内亚、科特迪瓦、坦桑尼亚和马里）组成的特别委员会，亦称"贤人委员会"，对西撒冲突进行研究和调停等。① 随着1979年毛撒出西撒，非统形成一个广泛共识，即摩对待领土的行动没有遵守非统反对殖民地的政策，这推动很多非洲国家承认"西撒人阵"的合法地位。

在1979年7月17至21日非统第十六届蒙罗维亚首脑会议的辩论中，反对摩洛哥的情绪明显地被表达出来。会议以33票的多数通过西撒以公民投票实现自决权的决议。会议还通过了"贤人委员会"报告，内容有3个要求：要求在西撒实行全面停火；要求西撒人通过"普遍的自决权"；要求在联合国的合作下，由"贤人委员会"负责"根据一人一票的原则监督组织公民投票"。摩称该报告"非法"并拒绝与"贤人委员会"合作。不过，非统国家首脑们并未就西撒问题作出激进的决定，他们支持部长理事会关于要求在1979年年底以前举行专门"贤人委员会"会议的决议，该会议是为了制订西撒公民投票和监督投票方式。

其实，当"贤人委员会"于1979年12月初在蒙罗维亚召开会议时，摩国王哈桑二世就缺席。不过，他再次威胁如果"阿拉伯撒哈拉民主共和国"得到承认，摩就退出非统。在会议结束时，委员会提出再现非统过去立场的一些建议：其一，摩应该从有争议的地区撤出；其二，在联合国军队的监督下停火。摩国王称这个决议具有非法的污点并且对摩来讲不具应尽义务的特质。

1980年7月，"西撒人阵"提出加入非统的申请。同年7月1至4日，非统第十七届首脑会议在塞拉利昂弗里敦举行。会议就"西撒人阵"申请加入非统问题进行了激烈的辩论。莫桑比克总统萨莫拉·马谢尔用刻薄语言进攻摩洛哥，把哈桑二世国王的领土政策描述成殖民主义者和帝国主义者，并

---

① OAU Document, AHG/Res. 92(XV).

要求承认"西撒人阵"和允许"阿拉伯撒哈拉民主共和国"进入非统。然而，由于大多数国家不想因为西撒问题危及非统的生存，由于允许"阿拉伯撒哈拉民主共和国"进入非统需要成员国 2/3 的多数等原因（支持西撒的非洲国家有 26 个），这次首脑会议并没有正式允许西撒成为非统的成员。会议决定由本届首脑会议主席负责组织"贤人委员会"谈判解决。

"贤人委员会"于 1980 年 9 月 9 至 12 日在弗里敦举行会议。摩、西撒的代表第一次进行了面对面的接触。然而，会议很让人失望，谈判没有取得突破。会议的建议只是非统过去立场的再现：1980 年 12 月，实现停火和公民投票。双方停火和公民投票再一次没有得到有效地执行，战争仍在继续中。

造成非统处理西撒冲突机构瘫痪的原因有：其一，非统缺乏能够开展有效调解作用的物资财富。非统并不能为维持和平部队筹集和提供资金。其二，非统宪章缺乏诸如强制制裁等能够迫使争端双方达成和平解决的内容和规定。其三，冲突在摩洛哥产生了太多的情感因素。这个争端是关于摩政治领域的右派和左派之间的意见完全一致的唯一重要的问题。因此，对于摩国王来讲，从西撒撤出或达成确保西撒人民自决的解决办法都可能使他失去领地和王位。

1981 年 8 月 24 至 26 日，非统西撒实施委员会在内罗毕举行第一次会议。会议达成的协议包括就西撒自决问题举行公民投票，呼吁冲突各方在实施委员会主持下通过谈判实现停火，同意派一支联合国或非统的维持和平部队去西撒负责临时的公正的管理工作，在联合国和非统实施委员会的主持下进行公民投票。另外，协议规定在西撒建立一个得到平民、军队和警察支持的临时委员会。协议还规定为了停火，应由联合国和非统提供经济支持和组建一支维持和平部队。最后，非统实施委员会负责宣布西撒公民投票的结果。

1981 年 6 月 24 至 28 日，非统第十八届内罗毕首脑会议通过了《关于撒哈拉问题的决议》，欢迎摩洛哥国王在会议上提出同意在西撒哈拉举行公民投票的建议。决议建议立即停火；决定成立一个由肯尼亚、几内亚、尼日利亚、坦桑尼亚、苏丹、马里和塞拉利昂等 7 国组成的实施委员会，制订执行停火和组织公民投票的方案;实施委员会运用一切必要措施确保西撒人民通过全体和自由的投票享有自决权。① 翌年2月,实施委员会在听取了摩、"西撒人阵"、阿、毛等有关方面的意见后,就在西撒停火和停止敌对行动达成一项包含12点内容的计划,委托非统执行主席与有关各方协商,确定全面停火时间,为组织公民投票创造条件及向西撒派驻维持和平部队和军事观察团监督停火。

尽管内罗毕和平计划内容很细致,但由于摩洛哥和"西撒人阵"两方对该计划反映它们特殊利益的要义的解释不同,它没有使西撒冲突得到解决。

在非统实施委员会的和平计划处于僵局的3个月之后,1981年11月24日,联合国大会通过了一个关于西撒冲突的非常具有决定性的决议。西撒当事方摩洛哥和"西撒人阵"被首次点名。为了确定立即停火和按照西撒人民自决原则达成一个普遍自由的公民投票的和平协定,联合国决议敦促双方进行谈判。

就是在这种条件下,为了打破僵局,实施委员会于1982年2月初再次在内罗毕召开会议。授权非统执行主席肯尼亚总统莫伊负责有关方面协商,确定西撒冲突实现全面停火的日期,但是争端双方的立场强硬。摩坚持,西撒问题是一个国家主权和领土完整的问题,西撒历来就是它的领土,不容谈判。"西撒人阵"则针锋相对,始终坚持西撒问题是一个非殖民化问题,主张通过公民投票实现民族自决,在公民投票之前摩军队和行政机构应撤出西撒。阿全力支持"西撒人阵"的要求。如此,3次内罗毕会议均未能为西撒冲突带来和平。

鉴于非统和联合国关于解决西撒问题的努力一再失败,接纳"阿拉伯撒哈拉民主共和国"进入非统从而迫使摩回到谈判桌前似乎是留给亲"西撒人阵"集团的唯一选择。② 1982年2月22至28日,在非统第三十八届部长理事会亚的斯亚贝巴常会会议上,按照惯例考虑非统预算问题。"阿拉伯撒哈

---

① OAU Document,AHG/Res. 103(XVIII)。
② Amadu Sesay, Olusola Ojo, and Orobola Fasehun, *The OAU After Twenty Years*, p. 59.

拉民主共和国"代表被安排在尼日利亚和卢旺达代表团中间的位子上就座，由此标志着"阿拉伯撒哈拉民主共和国"正式进入非统。哈桑二世指控非统时任秘书长埃德姆·科乔滥用职权，并希望秘书长尽快恢复非统的法律。为了抗议让"阿拉伯撒哈拉民主共和国"的代表参加会议，包括摩在内的19个国家走出会场。自1963年5月创立以来，非统被置于最严重的分裂危机之中。令人惊奇的是，摩并没有像它一直威胁的那样退出非统。反而是在西方势力的暗中支持下，哈桑二世发动外交运动以阻止定于1982年8月在的黎波里举行的非统首脑会议。

1982年第十九届非统首脑的黎波里会议没有举行，这是非统面临的最严重的危机，因为非统最高级会议有史以来第一次没有开成。只得到2/3非统成员国的支持，没有达到首脑会议的召开需要非统3/4的成员国支持数。

原定于1982年8月在利比亚召开的非统第十九届首脑会议，由于成员国在西撒和乍得问题上的严重分歧，两次延期举行，推迟有近一年时间。后在非洲国家的共同努力下，并在"西撒人阵"宣布"自愿""暂时"不参加会议的情况下，终于于1983年6月8至12日在亚的斯亚贝巴举行。除利比亚未与会之外，包括摩在内的49个成员国均派代表出席了会议。会议通过了关于西撒的决议，呼吁摩和"西撒人阵"冲突双方直接谈判，以便实现停火，为西撒哈拉人民自觉举行和平公正的公民投票创造必要条件。决议要求1981年6月在内罗毕成立的西撒问题实施委员会尽快举行会议，并在冲突各方协作下，确定实现停火和在1983年12月组织投票的办法和其他细节。[①] 同年12月，在西撒组织公民投票，但遭到摩的拒绝，实施委员会也无限期休会。

1984年11月12日，在亚的斯亚贝巴非统第二十届首脑会议上，"阿拉伯撒哈拉民主共和国"成为非统成员国，摩随之宣布退出非统，扎伊尔也决定中止参加会议。会议虽把西撒哈拉问题作为议题，但是未就西撒问题通过任何决议。为了避免分裂，非统放弃了解决西撒问题的努力。从此，西撒争端又重新成为联合国的重要议题之一。"西撒哈拉事件不仅激起了非洲

---

① OAU Document，AHG/Res. 104(XIX).

国家的意见分歧和解决问题的停滞,而且还威胁了非统自身的存在。幸运的是在首次较大的危机中非统幸免于难,但这个问题仍然没有得到解决,非统现在不再是解决西撒哈拉事件的国际组织。……纵然这个事件又重新转回到联合国来解决,非统为现行的解决西撒事件的框架的形成起到了很大的作用是特别要记住的。"①

摩洛哥与西撒哈拉人民解放阵线的武装冲突一直持续至1991年。当地独立武装组织波利萨里奥阵线统治着该地区以东大约1/4的荒芜地区,其余大部分均为摩洛哥所占领。截至2012年,有47个联合国成员国承认该武装政权所领导的"阿拉伯撒哈拉民主共和国"为独立的阿拉伯国家之一。

## 第二节 关于反对帝国主义、殖民主义和种族主义

反对帝国主义、殖民主义和种族主义是泛非主义的重要思想,正是在这种思想的指导下,非洲人民掀起了前赴后继的民族解放运动和反种族主义制度的斗争。非统不但继承了这一思想,而且付诸实施,积极支持和推动非洲人民的政治解放运动。

### 一、非洲反对殖民主义、帝国主义和种族主义的光辉历史

从1885年瓜分非洲的"柏林会议"②起,欧洲列强仅用36年的时间把非洲瓜分殆尽。埃塞俄比亚和利比里亚两国名义上保持独立,但实际上

---

① Azzedine Layachi, "The OAU and Western Sahala: A Case Study", in Yassin El-Ayouty, *The Organization of African Unity after Thirty Years*, Westport: Praeger Publishers, 1994, p. 27.
② 柏林会议(1884—1885):帝国主义列强在柏林召开的瓜分非洲会议。由德国首相俾斯麦召集,英国、法国、德国、比利时、葡萄牙、意大利、奥匈帝国、丹麦、荷兰、俄国、西班牙、瑞典、挪威、土耳其和美国等15国参加。会议集中讨论和制定了列强瓜分非洲的一般原则。比利时国王利奥波德二世施展外交手腕和利用列强之间矛盾,以"刚果自由邦"名义,正式把刚果河流域变为比利时国王的私人领地。会议制定了列强分割非洲领土共同遵守的原则("有效占领原则"),签订了包括38条内容的《总决议书》。柏林会议后,列强掀起了瓜分非洲的狂潮。到1912年,列强已占领非洲96%的土地。非洲基本上被各帝国主义国家瓜分完毕。(参见《中国大百科全书·外国历史》,第175页。)

也沦为半殖民地。第一次世界大战后的20年间,西方国家在非洲的殖民统治得到进一步的加强。非洲完全变成了西方列强的矿产资源和农业经济作物供应地。

非洲人民有着反抗外来侵略的光辉历史。有自上而下图强求新的改革,如埃及穆罕默德·阿里改革、西非索科多国家诸哈里发相继领导的改革、埃塞俄比亚提奥多二世改革、马达加斯加赖尼莱亚里沃尼改革、突尼斯贝伊和摩洛哥莱·哈桑改革等。有反侵略的斗争,如1789至1801年埃及人民反对法国和英国入侵战争、1831至1847年阿尔及利亚喀德尔领导的抗法战争、19世纪下半叶西非奥马尔父子领导的反法战争、19世纪下半叶西非阿散蒂人民抗英战争、1879年南非祖鲁人的反侵略战争、19世纪80至90年代马达加斯加的抗法战争、1882至1889年西非萨摩里领导的反法武装斗争、19世纪末贝宁贝汉津领导的抗法武装起义、1896年埃塞俄比亚抗意战争和摩洛哥人民反法战争等。反殖民奴役斗争有:1871年阿尔及利亚反法武装起义、1881至1899年苏丹马赫迪、阿卜杜拉领导的反英大起义,1882年阿拉比反英武装斗争,1906年东非马及马及反德武装起义,1915年尼亚萨兰(今马拉维)奇伦布韦领导的反英武装起义,以及1921至1926年摩洛哥里夫族人民反对西班牙和法国的武装起义等。还有非洲农民以宗教形式反对殖民统治,主要在赤道以南非洲,著名的教派和组织有:"埃塞俄比亚运动""守望楼运动"和"基班固运动"等。

直到第二次世界大战结束,非洲反对殖民主义争取民族解放的斗争形势才有大的改观,非洲出现一系列新独立民族国家。1951至1958年,利比亚、苏丹、摩洛哥、加纳和几内亚先后获得独立,到了1960年,非洲在由一个庞大的殖民地过渡到独立国家大陆的进程迈出了最大的一步,共有17个国家获得政治独立,1960年被称为"非洲独立年",主要集中在法国、意大利和比利时的殖民地;1961至1962年,又有英国、比利时和法国的7个殖民地获得了独立。到非统成立时,非洲独立国家已达到32个。

非洲取得这些伟大成果的原因固然很多,比如,第二次世界大战结束,虽然德、意、日法西斯被打败,但英、法等西欧资本主义国家也同时受到严重的削弱,国际力量对比朝着有利于民族解放的方向发展,为非洲创造了良好的外部环境等,但是,泛非主义的发展却是其中不可或缺的重要因素。1945年,在世界风起云涌的民族解放运动的影响下,泛非主义从特色浓重的种族主义转变为全非洲的民族主义,从多年海外的漂泊到深深地扎根于非洲大陆。非洲民族知识分子、非洲问题成了泛非主义的领导和主要议题。以追求非洲独立和统一的泛非主义有力地推动了非洲人民的斗争。

## 二、非统致力于非洲人民政治解放的斗争

"非洲统一组织泛非主义活动中最持久最有效的是对殖民统治下的非洲民族解放运动的一致支持。"[1]非统的成立标志着非洲人民反对殖民主义、种族主义的斗争进入崭新时期。"反对种族歧视的斗争与反对帝国主义和殖民主义的斗争有着不可分割的联系;不取消殖民制度,就无法消除种族歧视。非洲人根据切身经验知道,'种族主义是殖民主义的产物之一,而国家的独立是消灭种族歧视的前提。'(1958年12月《第一届全非人民大会决议》)"[2]非统是泛非主义发展的结果,反对帝国主义、殖民主义和种族主义,争取非洲的解放、独立和发展是泛非主义的思想内容。

同时,非统成立时,非洲还有1/3的国家和地区仍然处于殖民主义和种族主义的统治之下,已获得独立的非洲国家认为,它们的独立、自由和安全与那些未解放的非洲兄弟休戚相关,非洲大陆存在着的殖民统治和少数白人种族主义政权是对整个黑人种族的侮辱。利用集体力量支持非洲人民的解放事业,使整个非洲彻底摆脱殖民主义和种族主义的奴役和压迫,是非统面临的最为迫切最为艰巨的课题。由此,非统将"从非洲根除一切形式的殖

---

[1] 埃德姆·科佐、戴维·查奈瓦:《泛非主义与解放》,[肯尼亚]A. A. 马兹鲁伊、[科特迪瓦]C. 旺济主编:《非洲通史》(第八卷),第545页。
[2] [苏联]H. H. 波特欣等:《种族歧视在非洲》,何清新、林立、杨松年等译,北京:世界知识出版社1962年版,第12页。

民主义""彻底献身于完全解放仍未独立的非洲领土"作为宗旨和原则,并且通过建立与之相关的决议和机构,积极地引导全非洲的民族解放斗争。非统还把每年的"5月25日"定为"非洲解放日"。

为了贯彻非统宪章,1963年非统成立大会通过了《关于殖民化的决议》。此外,非统首脑会议先后通过了支持莫桑比克、安哥拉、赤道几内亚、南罗得西亚(今津巴布韦)和西南非洲(今纳米比亚)等地民族解放运动的决议或声明。① 在非统成立10周年时,非统首脑会议又通过了《关于总政策的庄严宣言》,强调"关于殖民化的问题,自从我们的组织成立以来,我们特别注意整个非洲的解放问题",还申明"决心把形形色色的殖民主义和种族主义从非洲铲除掉","武装斗争是为实现解放所必须采取的主要形式"。②

反对种族主义和种族隔离是非统一贯鲜明的立场。在1963年的成立大会上,非统通过了决议:"协调和加强非统成员国间的努力,结束南非政府罪恶的种族隔离政策和清除各种形式的种族歧视是非统一致的确定的迫切需要。"③1969年4月16日,中非、东非14国领导人通过了《关于南部非洲问题的卢萨卡宣言》,指出:"谈论非洲的解放要做两件事情。第一,至今仍然处于殖民统治之下的人民应有权决定他们自治的机构;第二,南部非洲的人民应摆脱被种族主义宣传所毒化的环境,并得到作为人——不论是白种人、棕种人、黄种人或黑种人——的机会。"支持南部非洲人民摆脱种族主义的统治。④ 非统成立大会以及第一、二、四、八、十二、十三、十四、十五届首脑会议,都通过了谴责种族主义的决议和声明。⑤ 在纳尔逊·曼德拉获释之前,非统已经着手调整斗争策略。1989年8月1日,非统南部非洲问题特别

---

① OAU Documents,AHG/Res. 8(Ⅰ),AHG/Res. 9(Ⅰ),AHG/Res. 35(Ⅱ),AHG/Res. 55(/Rev1(Ⅵ),AHG/Res. 65(Ⅷ).
② 唐大盾选编:《泛非主义与非洲统一组织文选(1900—1990)》,第197页。
③ http://www.africa-union.org/CIAS/Plen.2/Ren.2.
④ 葛佶主编:《简明非洲百科全书(撒哈拉以南)》,北京:中国社会科学出版社2000年版,第766页。
⑤ OAU Documents,AHG/Res. 5(Ⅰ),AHG/Res. 6(Ⅰ),AHG/Res. 50(Ⅳ),AHG/Res. 65(Ⅷ).

委员会依据非洲国民大会交给前线国家认可的谈判方针和原则,通过了《哈拉雷宣言》。该文件申明了非国大与南非政府谈判的指导方针和前提条件:南非政府必须无条件释放政治犯,解除对所有组织和个人的禁令和限制;从黑人城镇撤出全部军队,取消《紧急状态法》和限制政治活动的一切法令,停止一切政治审讯和由于政治原因而判处的死刑。宣言呼吁在南非建立非种族主义的多党制和混合经济,切实实行人权法案。这一宣言得到不结盟国家首脑会议和联合国大会的支持,成为一个国际性文件,使新上台的德克勒克政府处于强大的国际压力之下。① 1994 年,新南非诞生表明非洲政治解放使命的最终胜利完成。

在国际舞台上,非统通过自己努力动员赢得了世界性的对非洲存在的殖民主义、种族歧视制度的谴责和对民族解放运动道义上、物资上的支持。在联合国,它使其承认非洲解放斗争的合法性。联合国第 2555 号决议要求其所有专门机构给解放运动物资援助。部分由于非统压力,联合国没有承认单方面独立的罗得西亚少数白人政权,又为纳米比亚成立一个理事会来取代非法的南非殖民当局。联合国及其教科文组织、劳工组织都建立了反种族隔离委员会。1972 年 1 月 28 日至 2 月 4 日,安理会首次在非洲(非统总部所在地亚的斯亚贝巴)举行会议。非统提请联合国大会注意殖民地的情况。1970 年,为了得到"北大西洋公约组织"②、斯堪的纳维亚国家、瑞士等的声援,非统向它们展开了外交攻势。最重要的是,非统谋求劝阻它们不再继续支持和武装殖民主义政权。1981 年 5 月 20 至 27 日,在巴黎召

---

① 李安山:《曼德拉》,北京:学苑出版社 1996 年版,第 297 页。
② "北大西洋公约组织"(North Atlantic Treaty Organization):简称"北约组织"。1949 年 4 月 4 日,根据《北大西洋公约》成立以美国为首的军事联盟。到 1982 年 5 月 30 日,"北约组织"成员国有:美国、加拿大、英国、法国、荷兰、比利时、卢森堡、意大利、葡萄牙、丹麦、挪威、冰岛、希腊、土耳其、联邦德国和西班牙等 16 国。"北约组织"实行"集体防御"政策。覆盖地理面积 2 273 万平方千米。总兵力 500 余万人。美国把"北约组织"作为加强自身的实力地位、控制西欧、与苏联争夺世界霸权的主要工具。"北约组织"总部设在布鲁塞尔。部长理事会和防务委员会是最高决策机构。自成立以来,主要活动:组建联盟(1949—1955)、扩充军备(1955—1967)和推行"实力加谈判政策"。法国于 1966 年 3 月宣布退出北约军事一体化组织。(参见《中国大百科全书·外国史》,第 109 页。)

开了制裁南非的国际会议。由于非统决定性的作用,莫桑比克的"莫桑比克解放阵线"、安哥拉的"安哥拉人民解放运动"、津巴布韦的"爱国阵线"、纳米比亚的"西南人民组织"以及南非的"非洲人国民大会"和"泛非主义者大会"的合法性得到了国际的承认和接纳。① 1990年,曼德拉获释后,英国单方面取消了对南非的制裁,非统立即对英国的这种行为进行了猛烈的抨击,在第五十一届部长理事会上,非统称英国作出了一个不幸的决定。

1994年5月,以"非国大"为主的多民族平等、民主和统一的新南非诞生了。新南非成立对南非、整个非洲和世界都是一桩具有重大意义的历史事件,标志着整个非洲反种族主义取得最终的胜利。时任国家主席江泽民在贺电中说:"南非人民经过长期英勇斗争,终于结束种族隔离制度。这是人民解放事业中一个历史性的里程碑。这一胜利不仅使南非人民摆脱了种族主义压迫,而且为人类文明社会根除种族主义立下了丰功伟绩。"②非洲人民最终获得彻底解放,泛非主义思想指导下的非统功不可没。

### 三、非统引导非洲走向政治解放的具体策略、机构和成就

#### (一) 策略与方法

非统所采取的非殖民化和反对种族主义政策受到当时环境的严重影响。在非殖民化的探索中,非洲国家的弱小限制了非统有效措施的采取。由此,非统经过一番艰苦地探索,采纳了以下3个措施:道义上劝告、外交上声援、经济上制裁和军事斗争,支持和领导非洲人民争取民族解放的斗争。

1. 道义上劝说

在建立之初,非统把道义上劝说作为争取非洲解放的中心策略,主要是由于以下几个因素:非洲国家军事弱小,缺乏行之有效的行政机制和经济基础来对抗殖民主义和种族主义政权,没有统一的军事指挥机

---

① 埃德姆·科佐、戴维·查奈瓦,《泛非主义与解放》,[肯尼亚]A. A. 马兹鲁伊、[科特迪瓦]C. 旺济主编:《非洲通史》(第八卷),第547—548页。
② 沐涛:《南非对外关系研究》,上海:华东师范大学出版社2003年版,第172页。

构(起初,恩克鲁玛为解放未独立国家而建立泛非军事指挥部的建议,就遭到温和非洲国家断然拒绝),以及最主要的是绝大多数保守和温和非洲国家对西方国家心存幻想。凭自己的经验,它们认为,如果像英国那样的大国能被说服给予它的殖民地独立地位,那么像葡萄牙那样弱小和贫穷的国家当然不需更多的劝说。通过劝说、谈判和逐渐从殖民宗主国移交政治权利等综合措施,到1963年大多数前英国殖民地国家获得了独立。独立运动领导人于是就认为这些策略也适用非洲大陆余下未解放地区,相信通过联合国施加道义压力和通过对话就能加快非殖民化步伐。

除此政治偏好,许多保守的领导人借诉诸武力以及殖民主义对非洲有益的观点构成了非统理论原理。例如,在非洲有相当影响力的尼日利亚前总理塔法瓦·巴勒瓦在宣告尼独立时竟说:"我们很感激英国……我们知道它第一作为我们的主人,然后作为领导,并且最后作为伙伴,但是一直作为朋友……我们感激它带来银行业、商业的现代方式和新工业。"作为"蒙罗维亚集团"前领导人和在非统有巨大影响力的人物利比里亚前总统杜伯曼也认为,英国对利比里亚长时间家长式的统治的确对利比里亚作出了可触及的长期的经济贡献。①

2. 制裁(政治、经济)

国际组织通常考虑并时常运用制裁以达到所期待目的。非统也不例外,同样地努力使用制裁以迫使在殖民主义和种族主义的国家发生它所期望的变化。非统之前的国家间组织,例如,"全非洲人组织"在20世纪50年代晚期和60年代早期就已经号召立即实施集体和单独的政治和经济制裁来反对南非联邦政府。非洲领导人期望通过对殖民主义和种族主义政权经济、外交孤立迫使它们非殖民化和给予所有民族平等。

3. 武装斗争

早在1960年,特别是在激进阵营的个别国家,就已经开始非道义上劝

---

① Amadu Sesay, Olusola Ojo, and Orobola Fasehun, *The OAU After Twenty Years*, p. 15.

告的策略。例如,阿尔及利亚进行持续不断的解放战争,并且于1962年7月5日最终赢得了独立。然而,在成立之初,由于非洲国家信赖和平非殖民化的手段,非统并没有强调把武装斗争作为非洲民族解放运动的策略。1963年,非统仅是间接地提到武装斗争,积极地号召所有成员国向解放运动提供物资援助。如此低水平地动员其成员国的军事资源,很显然地说明了非统没有打算从事对殖民主义和种族主义政权的直接武装斗争。更确切地说,非统将依赖不同国家的民族主义自由战士去应对军事对抗,如民兵斗争。不管怎样,非统毕竟设立了"非洲解放委员会",其目的是协调对解放运动的援助。在武装反对殖民主义和种族主义斗争中,非统的作用部分是通过解放委员会发挥的。

### (二) 机构与措施

1. 非洲解放委员会

"通过非洲解放委员会,非洲统一组织在殖民化的问题上取得了相当大的成功。"[1]为了加快非洲的民族解放,1963年,非统建立了"非洲解放运动协调委员会"(简称"解放委员会"或"九国委员会"),总部设在坦桑尼亚首都达累斯萨拉姆,由坦桑尼亚人任主席,享有相当大的自主权。[2] "解放委员会"机构组成分4个部分:信息、管理和整体政策常设委员会,经济常设委员会,国防常设委员会和执行秘书处。其中,执行秘书处是解放委员会的中心机构。有4个地区分处:卢萨卡(1971年)、科纳克里(1974年)、马普托(1977年)和罗安达(1978年)。[3] "解放委员会"每年召开两次会议,第一次会议通常是有关经济和物资援助事宜,第二次会议是讨论策略和回顾不同的解放运动组织的成就和不足。其成员由最初的阿尔及利亚、埃及、埃塞俄比亚、几内亚、

---

[1] 埃德姆・科佐、戴维・查奈瓦:《泛非主义与解放》,[肯尼亚]A. A. 马兹鲁伊、[科特迪瓦]C. 旺济主编:《非洲通史》(第八卷),第547页。
[2] OAU Document,CIAS/Plen. 2/Rev. 2
[3] Klaas van Walraven,*Dreams of Power*:*The Role of Organization of African Unity in the Politics of Africa 1963 - 1993*,Aldershot:Ashgate Publishing Limited,1999,p. 239.

尼日利亚、塞内加尔、坦桑尼亚、乌干达和扎伊尔等9国,1965年增加到11国,1980年增加到21国,最后达到23国。1995年8月15日,"解放委员会"被正式宣布解散,标志着非统终于完成了"根除一切形式的殖民主义"历史使命。

"解放委员会"有自己独立的预算,其被援助基金也在不断增加。被委员会掌管的特别基金开始于1963年,并在自愿的基础上由非统成员国捐献。一年后,1964年的非统开罗首脑会议决定在联合国成员费用的基础上征收固定的费用。1972年,第九届非统首脑会议还决定把解放委员会管理的特别援助基金增加50%,强调要大力加强对葡属殖民地安哥拉、莫桑比克和几内亚比绍等武装斗争的援助。1973年1月,阿克拉第二十一次"解放委员会"会议通过了《关于争取非洲解放新战略的阿克拉宣言》,要求各国向解放运动提供更多的物资、财政援助,向解放运动的干部提供训练设施,并决心使非统第二个10年成为武装斗争争取决定性胜利的10年。

"解放委员会"的职责是负责计划和协调非洲独立国家对非洲未独立地区解放斗争的援助;负责为非洲民族解放运动提供所有形式的帮助,尤其是经济、军事和外交方面的帮助。[1] 具体表现:

其一,对解放运动给予正式承认。这种认同对于解放运动有三大好处,既使它们斗争合法化,有权以观察员身份参加非统机构,也得到国际承认并得到更多的援助。然而,这种承认通常是十分严格的:如果这个解放运动组织被觉察到其在进行解放斗争中进行分裂活动或者斗争毫无成效,那么解放委员会就会收回对它的承认。1963年,解放委员会给予霍尔敦·罗伯托领导的"安哥拉民族解放阵线"(FNLA)独有的承认。然而,在1964年这个承认被收回,原因是那时存在一个更有效的群众运动组织——"安哥拉人民解放运动"(MPLA)。得到委员会不同程度承认和支持的解放组织主要有:"莫桑比克解放阵线"(FRELIMO)、"几内亚和佛得角非洲独立党"(PAIGC)、"安人运""安解阵""西南非洲人民组织"(SWAPO)、"非洲人国

---

[1] Gino J. Naldi, *The Orgnization of African Unity: An Analysis of Its Role*, London and New York: Mansell, 1989, p. 29.

民大会"(ANC)、"津巴布韦非洲民族联盟"(ZANU)、"津巴布韦非洲人民联盟"(ZAPU)、"科摩罗民族解放运动"(MOLINACO)、"圣多美和普林西比解放委员会"(CLSTP)、"阿扎尼亚泛非主义者大会"(PAC)和"吉布提解放运动"(MLD)等。[①]

"解放委员会"面临的最大问题是：如何处理在同一个国家同时出现几个类似的解放组织。在这种情况下，委员会通常会派遣实况考察团以确定哪个解放运动组织得到委员会的最大支持，以及哪个解放运动组织的民兵游击战最积极活跃。

其二，担当竞争的解放运动组织间调解人。委员会在调解和承认解放运动组织时经历了很大的困难，特别在处理安哥拉和罗得西亚问题上。委员会要求相互竞争的解放运动组织在统一战线下联合起来。1966年，委员会决定给予以下组织优先支持：进行反对殖民国家斗争的组织，已建立统一行动阵线并在某时其斗争已取得效果或其胜利已对邻国的斗争产生了积极影响的组织。

其三，努力协调对解放运动的援助。例如，把非统解放基金拨发给解放运动组织。然而，不是所有的基金都是通过委员会转交解放运动组织的。因为提供大量援助解放运动基金的非洲外部来源愿意直接把资金交给解放运动组织。同样地，有一些非洲国家，尽管是非统或"解放委员会"的成员国，但愿意与被它们认为卓有成效的或同它们有相同的意识形态的解放组织保持双边关系。

此外，捐献者愿意和解放运动组织直接接触，并且期望得到取得解放斗争胜利后的解放运动组织对自己的支持。例如，安哥拉是最好的例子，扎伊尔〔今刚果（金）〕总统蒙博托支持"安解阵"，大部分原因是他希望能够取得对在"安解阵"统治下的安哥拉内部事务的巨大影响力。同样地，赞比亚支持"安盟"胜过"安人运"，主要关心的是本格拉铁路的命运，它是攸关赞比亚生命的出口通道，赞比亚的铜矿砂和其他产品的出口完全依靠这条铁路线。

---

[①] Michael Woifers, *Politics in the Organization of African Unity*, pp. 188-189.

"安盟"核心组成者奥万博族人实际控制着该铁路通过的地区。

其四,协调各国和所有殖民地的解放斗争。在殖民地人民的沉重打击下,1974年葡萄牙殖民帝国的垮台对委员会工作产生了深远影响,委员会的设想在几内亚比绍、莫桑比克和安哥拉权力交接谈判中起到重要外交作用。在几内亚比绍独立之前,在其事实调查团报告的基础上,委员会拟订了一个经济援助几内亚比绍的计划。1974年,委员会时任主席喀麦隆外长文森特·伊凡(Vincent Efan)带领一个委员会代表团访问了瑞典、挪威、芬兰、东德、匈牙利和南斯拉夫等国,目的是寻求对准确阐明几内亚比绍经济需要"行动计划"的援助。通过与"莫桑比克解放阵线"紧密合作,委员会为莫桑比克的过渡期制订了时间表,这直接推动了1975年6月25日莫桑比克获得完全独立。执行秘书处人员花费许多时间与"安人运""安解阵"和"安盟"等三方代表们开会,是为了即将到来的关于安哥拉独立与葡萄牙的谈判找到一个共同行动纲领。1976年1月5日,三方最终成功地签署了所谓的《蒙巴萨协定》。

由于"津巴布韦非洲民族联盟""津巴布韦非洲人民联盟"和"津巴布韦解放阵线"(FROLIZI)同意与津巴布韦"非洲人国民大会"合并成一个行动组织并且接受"非洲人国民大会"的名称,委员会又帮助它们制订了1974年12月10的《卢萨卡协定》。在1975年1月达累斯萨拉姆会议上,委员会为了南部非洲解放采取了新策略,该策略随之被该年4月非统部长理事会特别会议批准,这就是著名的关于南部非洲的《达累斯萨拉姆宣言》。在《达累斯萨拉姆宣言》被采纳一个月后,委员会召开了由其成员国大使参加的为期5天的特别会议,为了讨论为预防在罗得西亚和纳米比亚的武装斗争发生事故而作的计划。

在推动了非统成员国向特别基金支付款项、对新独立国家给予更多援助和给解放运动输送更多武器装备等方面,"解放委员会"发挥了积极作用。委员会全力支持"西撒人阵",反对摩洛哥和毛里塔尼亚对西撒哈拉的领土要求;全力支持津巴布韦"爱国阵线";通过与"巴勒斯坦解放运动"(PLO)反对各自敌人(南非和以色列)的合作增加,它们的紧密关系也得到更进一步的加强。委员会把"巴勒斯坦解放运动"视为盟友,因为"巴勒斯坦解放运动"能够劝使阿拉伯国家切断与南非的关系,用阿拉伯国家援助基金填充委员会的金库,支持"西南非洲人民组织"等解放组织购买大批武器弹药。

在1994年8月15日的阿鲁沙会议上,"解放委员会"被正式解散。委员会在协调非洲独立国家向争取民族独立的各解放组织提供活动基金和后方训练基地,促进各解放组织之间的团结和合作,争取国际社会对非洲民族解放运动的声援和支持,对宗主国施加压力并使它们尽快从殖民地撤走等方面,都起到了重要的作用,作出了重大的贡献。

2."前线国家"

非统与一些非洲国家建立了"前线国家"。1969年4月,第五次东中非国家首脑会议通过了《卢萨卡宣言》,规定了反对南非种族主义立场和支持南部非洲人民反对种族主义、殖民主义斗争的原则。这一宣言一直为非洲国家特别是南部非洲国家所遵循,被公认为是共同斗争的一个纲领性文件。为开展斗争,自1974年下半年起,南部非洲独立国家领导人经常不定期地举行会议,就有关反对南非种族主义、支持本地区未独立国家争取民族独立等问题进行磋商,协调相互立场和行动。由于参加国地处非洲反对南非种族主义和争取民族独立与解放斗争的前线,人们习惯地称这些国家为"非洲前线国家"。

"前线国家"是在尼雷尔和卡翁达的发起推动下组成的,由坦桑尼亚、赞比亚、博茨瓦纳、安哥拉、莫桑比克、津巴布韦、纳米比亚、尼日利亚和南非等国组成。[①] 在支持南部非洲民族解放斗争和推动解决南部非洲问题上,"前线国家"起着重要作用。

虽然不是非统正式机构,却是非统和"解放委员会"的得力助手,因为"前线国家"不仅把解放委员会募集的资金转交给解放运动组织,为解放运动争取外援,而且还是它们的武器、生活用品、资金、医药卫生用品和军事训练场所的提供者。"前线国家"还积极地促进解放运动的内部团结,例如,促成南罗得西亚"非洲民族联盟"和"非洲人民联盟"组成联合统一战线,并建

---

① 《世界知识年鉴》,北京:世界知识出版社1993年版,第891页。

议非统承认其作为南罗得西亚唯一合法解放运动组织。"前线国家"还利用各种外交手段迫使殖民当局接受谈判,协助南部非洲民族解放运动组织通过和平方式获取国家独立。事实上,从 1974 年以后,非统把引导罗得西亚合法独立的义务交给了"前线国家"。这些国家特殊的战略地位和它们与民族解放运动中的不同集团分享着相同的意识形态,使"前线国家"对南部非洲民族解放运动具有巨大的影响力。一些"前线国家"在非统解放策略的制定中也起到突出的作用。例如,坦桑尼亚不仅是"非统解放委员会"的总部所在地,而且还提供了该委员会执行秘书人选。[1]

### (三) 个案分析

#### 1. 葡萄牙殖民地

葡萄牙殖民奴役非洲历时 560 年(1415—1975)。18 世纪葡萄牙在非洲的殖民地有佛得角、几内亚比绍、圣多美和普林西比、安哥拉和莫桑比克等,包括差不多 1 300 万人口和超过 200 万平方千米的领土面积。其中,安哥拉和莫桑比克最为重要,是葡在非洲的掠夺侵略中心。

"在第二次世界大战后的 30 年里,在非洲,葡萄牙帝国对于欧洲殖民体系无意抵抗非洲民族主义的猛烈进攻这一通例,已证明是一个例外。""葡萄牙人如同刚果的比利时人一样,但决心更为坚定,更不关心非洲其他地区的事态发展……(1962 年)葡萄牙就宣布'我们不像其他许多国家在非洲那样,我们要像往常那样执行一体化政策。为了达到这一目的,我们必须一如既往。我们不希望变革。'"[2]第二次世界大战后,葡变本加厉地敲诈和剥削殖民地人民;反对非洲人的任何政治活动,并继续把非洲人的自治、自决和独立的要求视为"破坏活动"。把它所谓的"海外省"(殖民地)视为自己领土不可分割的部分,拒绝给予它们独立,严厉镇压殖民地的解放运动。"1961年……葡在撒哈拉以南非洲已经建成最强的陆军,在同南非和罗得西亚少

---

[1] Amadu Sesay, Olusola Ojo, and Orobola Fasehun, *The OAU After Twenty Years*, p. 25.
[2] [英]罗兰·奥利弗、安东尼·阿特莫尔:《1800 年以后的非洲》,李广一译,北京:商务印书馆 1992 年版,第 287、289 页。

数白人政权非正式的但却是有效的联盟之下,10万以上的葡军队和警察对付几千人的非洲游击队。"①

葡萄牙当局冒天下之大不韪、无视非洲激昂的民族民主运动浪潮以及顽固地坚持在非洲的殖民统治,其根本原因是葡是西欧最穷国家。葡在19世纪时还是相当落后的农业国,既拥有不少殖民地,又依附于别的更强大的帝国主义国家,故有"四等强国"和"西欧病夫"的称号。1970年,有30%以上的葡人口是文盲。葡的工业微不足道,生活水平并不比许多非洲国家高多少。它同其他殖民大国不同,殖民地的利益是其经济实体的中心而不是边缘。

安哥拉、几内亚比绍和莫桑比克分别于1961年2月4日、1963年1月31日和1964年9月25日先后爆发了反对葡萄牙殖民统治的武装起义。作为一个国内生产总值(GDP)还低于许多非洲国家的国家,葡萄牙是难以承受在非洲战争中的庞大支出的。支撑葡萄牙承受13年之久的非洲殖民地战争的真正力量却是来自北大西洋公约组织。1970年,非统首脑会议采纳的《非殖民化决议》说:葡萄牙政权之所以能够继续和加强它的种族屠杀的殖民战争,是因为有来自北约组织成员国的持续巨大援助,特别是美国、西德、法国和英国等。②

非统要求其成员国抵制与葡贸易,对葡进行政治和经济制裁。非统认为葡是北约组织的爪牙,呼吁美、英等西方国家停止直接或间接地对葡萄牙的援助。③ 从1963年到1974年的11年间,非统对葡的政策大部分遵循它当时对南非、罗得西亚和纳米比亚(西南非洲)的模式,集中在联合国发动外交进攻。尽管如此,有一个根本的区别。在葡殖民地的武装斗争超越了在南非、罗得西亚和纳米比亚的所有形式的抵抗。在几内亚比绍由"几内亚和佛得角非洲独立党"和在莫桑比克由"莫桑比克解放阵线"各自领导的游击战争的进步,为非统非殖民化政策的胜利提供了许多需要的真实的证据。

---

① [美]理查德·吉布逊:《非洲解放运动:当代反对白人少数统治的斗争》,复旦大学国际政治系编译组译,上海:上海人民出版社1975年版,第272—273页。
② OAU Document, Resolution on Decolonization, CM/Res. 234(V).
③ OAU Document, CIAS/Plen. 2/Rev. 2

作为此报偿,非统给予"几内亚和佛得角非洲独立党"和"莫桑比克解放阵线"头等优先的支持。再者,在1972年拉巴特非统首脑会议上,由于摩洛哥国王哈桑二世向"非统解放委员会"捐赠100万美元,从此,非统对它们的军事和经济援助增加了一倍。到那时,"几内亚和佛得角非洲独立党"控制了几内亚比绍绝大部分国土,占领围绕首都周围一小块飞地的葡军队付出的代价在持续增长。1973年年底,"莫桑比克解放阵线"军事行动已扩展到莫桑比克的泰特省,对南非极其重要的工程(卡布拉·巴萨水电站)的完成构成了威胁。

自1970年11月22日葡萄牙进攻几内亚以后,非统对葡殖民地的民族解放运动支持有了进一步加强,非统成员国与葡的关系已进入战争状态。1970年12月9日,在拉各斯非统部长理事会紧急会议上,即使是温和成员国的尼日利亚也要求对葡采取惩罚性行动。会议同意建立一个向几内亚提供财政、军事和技术援助的专门基金,以成员国能够也给予双边的援助、非统必须增加对反对葡殖民主义的解放运动援助和非统应该负责管理协调成员国之间关于防务和安全的合作等为条件。葡对莫桑比克沃伊亚姆村(Wiriyamu Village)全体居民的大屠杀,引发了对葡殖民政策的致命一击。沃伊亚姆村的屠杀摧毁了对葡非洲政策的可信性的最后一点残余。

最终,在殖民地人民武装斗争的沉重打击下,葡在非洲的殖民政策宣告破产,葡属非洲殖民地先后取得独立:1974年9月9日的几内亚比绍、1975年6月25日的莫桑比克、1975年7月5日的佛得角、1975年6月12日的圣多美和普林西比和1975年11月11日的安哥拉先后取得解放。

2. 南非种族隔离

南非地处南半球,有"彩虹之国"之美誉,位于非洲大陆的最南端,陆地面积为1 219 090平方千米,其东、南、西三面被印度洋和大西洋环抱。南非最早的土著居民是桑人、科伊人及后来南迁的班图人。1652年,荷兰人开始入侵,对当地黑人发动多次殖民战争。19世纪初,英国开始入侵;1806年,夺占开普殖民地,荷裔布尔人被迫向内地迁徙,并于1852年和1854年先后建立了"奥兰治自由邦"和"德兰士瓦共和国"。1867年和1886年南非发现钻石和黄金后,大批欧洲移民蜂拥而至。

南非种族主义统治由来已久。到了19世纪末,南非存在着两种种族歧视制度:一种是德兰士瓦共和国和桔河自由国布尔人的制度;一种是好望角殖民地和纳塔尔英国人的制度。前者维护农奴制和奴隶制;后者则用资本主义以前的剥削方式适应资本主义发展需要。但这两种制度都是以种族主义为基础的,所不同的只是布尔人的制度公开宣布种族主义为其正式信条,而英国人的制度则用伪善的言辞加以粉饰。

英布战争(1899—1902)虽然使布尔人在大英帝国的强大武力面前屈服,然而英国知道要在南非维持其控制力,必须同布尔人谋求妥协,即不再加以掩饰地推行种族主义制度。1909年,英国自由党政府批准的《南非法案》,是一部种族主义宪法,英国政府脱下了长期披在自己身上的"南非非洲人利益的保护伞"伪装,是将非洲人基本政治权力拿去同布尔人做政治交易的产物。这实际上将英布战争前两个布尔人共和国的种族歧视政策推广到开普和纳塔尔地区,以法律形式肯定、扩大和巩固了布尔人的种族歧视政策。

自《南非法案》通过之日起,在122万平方千米的南非国土上,开始了以中央联邦政府立法和法律为基础的种族歧视时代。从1909年以后,特别是自1948年南非政权落入以丹·马兰①为首的奉行极端种族主义政策的荷兰裔国民党手中,"这时,所有关于实行最低限度改革的观点,哪怕是暂时的观点,也从政治舞台上消失了。"②在不到90年(1909—1994)的时间里,南非白人政权先后制定300多项种族歧视和隔离的法律,如《矿山和工厂法》(1911)、《土地土著法》(1913)和《通行证法》(1945)等49项种族主义法律,其中,最重要的是《土地土著法》和《通行证法》。1913年11月27日,南非国

---

① 丹·马兰(Daniel Fransois Malan, 1874—1959):南非白人政治家,曾任政府内务、教育和卫生部长以及总理等职。一生狂热地鼓吹"白人至上"和"种族隔离"政策。1948至1954年,马兰在担任总理期间曾使南非立法机关制定和通过了诸如《镇压共产主义条例》《集团居住法》和《人口登记法》等一系列歧视黑人的法律和法令,不遗余力地全面地推行种族隔离制度。
② [英]巴兹尔·戴维逊:《现代非洲史——对一个新社会的探索》,第309页。

民议会通过了《土地土著法》,规定占人口73%的黑人只能居住在占国土总面积13%的贫瘠的保留地内,禁止他们在白人区内从事农业劳动。1945年通过的《通行证法》,规定了黑人必须携带名目繁多的证件,违者遭拘役和被罚劳役。1948年,以马兰为首的国民党上台,开始用"种族隔离制"一词来表达实施的种族主义政策。在国民党执政30多年里,南非政府修改和制定了《禁止杂婚法》(1949)、《镇压共产主义条例》(1950)、《班图教育法》(1953)和《集团居住法》等。同时,还推行"黑人家园"(Black Homeland)制度,这是南非当局强化种族隔离制度的中心环节。其目的是剥夺黑人的南非国籍和一切政治权力,进一步加强地域上的种族隔离,使白人在南非的种族主义统治永久化。

为了对付有色民族的反抗,白人政府除了制定多如牛毛的种族主义法律以外,还随意逮捕、审讯、监禁甚至杀戮人民。最臭名昭著的有1960年3月的"沙佩维尔事件"[①]和1976年6月的"索韦托事件"[②]。"政治和社会压迫的所有武器,进一步加强了这一经济体系。最勇敢的反抗者不是被杀,就是受到监禁或流亡国外。即使这样,这一制度仍不准备作出任何让步,或者变得宽容一些。它的领导人从未想过要就此罢休,这暴露出他们近乎疯狂的弱点,后来这种弱点变得十分突出。"[③]

从成立起,几乎每次非统首脑会议和部长理事会等会议都通过了有关反对种族歧视和种族隔离的决议或把反对种族歧视和种族隔离作为议题,几乎对南非每一个有关种族隔离的行动都进行了谴责,并且呼吁联合国等

---

[①] "沙佩维尔事件":1960年3月21日,南非当局屠杀黑人的惨案。当时德兰士瓦省沙佩维尔(Sharpeville)的黑人为反抗南非当局的残暴统治和通行证法,举行大规模群众示威。南非当局立即出动大批军警,使用飞机、装甲车、机关枪和催泪弹实行镇压,打死打伤300多名黑人。这一暴行激起黑人更大反抗,反对通行证法的斗争迅速在南非各地展开,并获得世界各国人民的同情和声援。(参见辞海编辑委员会编:《辞海》,第2390页。)

[②] "索韦托事件":南非当局镇压阿扎尼亚人民的惨案。1976年6月16日,南非约翰内斯堡市郊索韦托区的数千名黑人学生,为反对当局强行规定用南非荷兰语讲课,举行大规模示威游行,斗争迅速扩展其他地区。南非当局出动大批军警进行镇压,打死170余人,打伤千余人。惨案发生后,在世界各地引起很大震动,联合国安理会举行紧急会议,谴责南非当局这一严重罪行。(参见辞海编辑委员会编:《辞海》,第391页。)

[③] [英]巴兹尔·戴维逊:《现代非洲史——对一个新社会的探索》,第418—419页。

国际组织和社会对南非进行制裁,并通过非统解放委员会对"非洲人国民大会"①和"泛非主义者大会"②等南非民族解放运动组织进行经费和物资援助。

在国际组织中,非统是反对种族隔离制度的重要力量。实际上,1963年亚的斯亚贝巴所通过的决议涉及了成员国的一些责任,但更多地提及联合国。一方面,决议热烈地赞同和支持联大表决通过的第1761(17)号决议;另一方面,非统决定"派遣一个由外交部长组成的代表团向安理会通报南非存在的爆炸性状况"。因此,非统希望运用安理会以实现在南非的目标。

为了铲除非洲大陆的种族主义政策,非统采取了多种战略。例如,要求国际社会对南非进行贸易制裁和武器禁运。1963年,非统首脑会议通过决议要求联合国成员国使用以下措施迫使南非放弃种族主义政策。如与南非政府断绝或不与其建立外交关系;对悬挂南非国旗的船只封港;制定法规禁止其他国家的船只进入南非港口;抵制进口所有南非的物资和不向南非出口物资,包括武器和军火;拒绝所有属于南非政府和在南非共和国的法律下注册的飞机使用他们国家的设施进行着陆和经过。非统也对其成员国作了同样要求,并且还委派了一个由利比里亚、马达加斯加、塞拉利昂和突尼斯等4国外长组成的代表团通告安理会非洲独立国家是怎样看待南非状况的。值得注意的是,非统也要求石油生产国"作为一个紧急事件停止向南非

---

① "非洲人国民大会":简称"非国大",南非民族团结中主要执政党。主张建立统一、民主和种族平等的南非,领导了南非反种族主义斗争。创立于1912年,1925年改为现名。曾长期主张非暴力斗争。1961年被南非当局宣布为"非法"组织。1961年决定开展武装斗争,成立名为"民族之矛"的军事组织,纳尔逊·曼德拉任司令。非国大在极其困难的条件下坚持斗争,获得国内外的广泛同情和支持,逐渐成为南非影响最大的黑人解放组织。20世纪80年代后,调整斗争策略,在南非制宪谈判中发挥了关键作用。1994年4月在南非首次不分种族人选中获胜,并始执政。1997年12月,举行第五十次全国代表大会,曼德拉辞去主席职务,选举产生以主席塔博·姆贝基为首的新领导集体。(参见葛佶主编:《简明非洲百科全书(撒哈拉以南)》,第612—613页。)

② "泛非主义者大会":简称"泛非大",黑人民族主义政党。1959年4月由非国大一部分反对奉行非暴力的成员组成。主张开展武装斗争,推翻白人统治,实现非洲人的自决权,建立泛非社会主义民主国家。1960年被南非当局宣布为"非法"组织。1961年建立军事组织"波戈",开展武装斗争。1990年恢复合法地位。目前在城市青年和农村黑人激进组织中较有影响。1996年12月,斯坦利·莫霍巴当选为该党主席。(参见葛佶主编:《简明非洲百科全书(撒哈拉以南)》,第613页。)

提供石油及其制品"。1963年11月,阿拉伯石油生产国采纳了这个建议,使用"石油武器"来反对以色列的支持国。1963年8月7日,安理会S5388决议采纳了非统的主张,这是非统在联合国进行持续进攻南非的外交活动的开始。

在国际舞台上,非统开展了孤立南非的运动,取得了一些成果。例如,1964年,非洲国家成功地把南非驱逐出"国际劳工组织"(ILO)。1976年,南非同样地被踢出"国际原子能机构"(IAA)。孤立南非影响最深远的尝试发生于1974年,南非代表被阻止参加当年的联合国大会。当然,如果没有英国、法国和美国在联合国安理会所投的"保护性的否决票",南非已经失去自己的联合国成员国席位。除了在国际舞台孤立南非政府之外,非统还迫使体育运动会抵制种族隔离政权。例如,非统禁止非洲国家与南非之间直接的运动和文化的联系。此外,非统寻求禁止南非参加全球性运动会的禁令。

1964年5月,开罗非统首脑会议呼吁西方大国"停止对比勒陀利亚政府的投资和商务关系,因为这是对它坚持种族隔离政策的鼓励"。1965年,阿克拉非统首脑会议挑选对南非的武器输送作为禁运政策的第一个目标。会议敦促所有国家制定一个关于禁止向南非输送武器的严格法规,并且特地要求法国立即结束向南非输送军事装备。会议还提醒西方强国:"它们与南非政府的经济合作,实际上是鼓励南非政府加快实施种族隔离政策。"在1968年非统首脑会议上,非洲领导人通过无保留地谴责英国、美国、法国、西德和日本,表达了自己的愤怒,因为它们"与南非政权持续的政治和军事合作"已使南非坚持自己的种族政策成为可能。因为出售军火及帮助南非生产弹药和毒气,西德(联邦德国)、意大利和法国等3个国家受到了谴责。

一个关于非殖民化和种族隔离的重要非洲政策是《关于南部非洲问题的卢萨卡宣言》。1969年4月16日,布隆迪、中非共和国、乍得、刚果、埃塞俄比亚、肯尼亚、卢旺达、索马里、苏丹、坦桑尼亚、乌干达、扎伊尔和赞比亚等14国参加了在卢萨卡召开的东中非会议,发表了《关于南部非洲问题的卢萨卡宣言》。其目的是:解释非洲国家联合反对南非政府种族主义者政策的原因,概括非洲在南非的非殖民化和清除种族歧视的目的,以及驳斥南非声称种族隔离政策是一个内部事情别国无权干涉的论调。《宣言》宣称南非共和国是一个独立的国家,但是同时清楚地认识到"从任何一条法律根据来讲,南非的内政属于南非人民自己的事";它指出种族隔离政策超出了"内政"的限度,并且是国际社会所关注的事情。《宣言》是非统刻意避免任何与比勒陀利亚政权直接接触政策的开始。促使南非发生改变的非统压力一直是通过联合国和与南非保持着密切关系的那些西方国家实施的。《宣言》希望:"通过谈判而不是摧毁"最终打开"缓和"之门。《宣言》被1969年亚的斯亚贝巴非统首脑会议批准。1969年11月20日,联合国大会通过了第2505(24)号决议,欢迎《宣言》并建议所有国家和人民给予注意。

1970年11月6日,象牙海岸(今科特迪瓦)总统费利克斯·乌弗埃-博瓦尼①提出"与南非对话"的建议。乌弗埃-博瓦尼要求干脆承认南非白人政权,抛弃黑人自由战士,同时,还鼓吹通过外交上的接触,同南非开展贸易以及通过非洲人和世界上对于南非白人统治者的善意舆论压力,来促使南非种族隔离政策渐趋温和。建议得到了上沃尔特、达荷美、尼日尔、多哥、加蓬、中非共和国、莱索托、马达加斯加、斯威士兰和马里等国的支持。但是每个国家首脑都强调:"当我们谴责种族歧视和种族隔离时,除军事斗争之外,必须用另外的方法来达到我们的目的。"由此,非统内部展开了关于"对话政策"的争论。

1971年5月,戈翁和塞拉西会面并规定了处理"对话政策"的非统法则。在同年8月的联合公报上,他们声明不是建立在《关于南部非洲问题的卢萨卡宣言》所要求的尊重人类平等和尊严基础上的对话是毫无意义的。

---

① 费利克斯·乌弗埃-博瓦尼(Félix Houphouët-Boigny, 1905—1993):科特迪瓦政治家、独立运动领导人,共和国总统。出身于酋长之家。1946年任象牙海岸民主党主席和非洲联盟领导人,为象牙海岸和法属非洲地区的独立积极进行活动。第二次世界大战期间和战后,历任法属西非大会议员、象牙海岸领地议会主席、法国国民议会议员和法国内阁国务部长等职。1959年任象牙海岸自治共和国总理。1961年任第一任总统,以后6次连选连任。主张通过对话与和解实现民主统一和实行一党制;对外加强同西方合作,促进西非地区经济合作和非洲统一。(参见《中国大百科全书·外国历史》,第951—952页。)

在1971年6月21至23日召开的非统亚的斯亚贝巴第八届首脑会议上,支持与反对"对话政策"两派摊牌了。其实,这早在同年6月11日的部长理事会上就开始了。首脑会议以28票赞成、6票反对、4票弃权,通过了由阿尔及利亚和坦桑尼亚等8国起草的《关于对话问题的宣言》。该宣言拒绝与南非对话,把对话描述为"南非及其盟国用来分化非洲国家、迷惑世界看法、解除南非孤立和接受南非现状的花招"。宣言还多次反复强调坚持对非统宪章原则的承诺,声明《关于南部非洲问题的卢萨卡宣言》是非洲反对种族隔离、种族歧视和殖民主义的唯一基础。如果真的有对话,这应该是南非少数白人政权与被压迫和被剥削着的人民之间的对话。该宣言表明,从那时起,任何追求与南非对话政策的国家将是违背非统宪章原则和大多数非统成员国的意见。[1]

非统组织面对可能出现的裂痕,采取了非常坚决态度。最后,马拉维、象牙海岸没和南非对话。非统最终平和地解决了关于"对话政策"问题。1972年2月23日,《关于南部非洲问题的卢萨卡宣言》原文被当作联合国第九十三(137)号文件发布。[2]

1973年5月,第十届非统首脑会议通过了关于南非的决议,反复表达对"南非少数种族主义者政权在南非国家的镇压人民的措施"和"南非军事力量的加强对非洲的和平与安全构成了威胁"的担心;谴责了北约组织对南非持续的经济和军事援助,因为这种"援助使比勒陀利亚政权能够保持甚至拓展它的种族隔离政策";拒绝了"保持与南非的经济、金融和文化联系能够导致种族隔离政策的废止"的主张。1975年,坎帕拉非统第十二届首脑会议通过了制裁南部非洲少数白人政权的决议,明确表达了对西方强国的失望,认为它们对南非和罗得西亚政权的存在负有直接责任;还进一步要求"所有的非统成员国对西方强国与日本采取单个和集体的行动,以求说服它们立即停止它们持续给予南非少数种族主义者政权的大量支持"。[3]

---

[1] Martin Minogue, Judith Molloy, *Africa Aims & Attitudes Selected Documents*, pp. 278-280.
[2] Zdenek Cervenka, *The Unfinished Quest for Unity: Africa and the OAU*, pp. 116-119.
[3] OAU Document, CM/Res. 422(XXV).

1976年6月16日,爆发了南非当局镇压人民的"索韦托事件"惨案。[①]同年7月,在路易港召开的非统第十三届首脑会议就作出反应,通过了《关于南非索韦托屠杀的决议》。决议把"索韦托事件"视为对世界道德的挑战,并谴责因扶持和武装南非对大屠杀负有责任的西方强国。在所有非统通过的决议之中,这个关于南非的决议是篇幅最长的一个。决议多次重复非统把南非人民从种族主义者的压迫中解放出来的承诺。决议使用非常强烈的语言谴责了南非的贸易伙伴,尤其是美国、英国、法国和西德等国。

虽然从20世纪70年代末起,非统关注的主要问题已从非洲民族解放运动转到经济建设上来,但对仍处于种族主义者统治下的南非和纳米比亚人民的斗争,依然保持着高度的关切和热烈的支持。1978年,非统第十五届首脑会议声明保证对南部非洲解放运动支持和援助。1980年,非统第十七届首脑会议通过了关于南非问题的5项决议。1981年,第十八届非统首脑会议通过了关于南非的决议,呼吁对南非经济制裁,实行石油禁运,决定1982年为制裁南非的国际活动年。1984年,非统第二十届首脑会议通过了《关于支持南部非洲解放力量的声明》。1986年,非统第二十二届首脑会议通过了《关于南部非洲局势的声明》等53项决议。该声明强烈谴责南非当局镇压无辜黑人群众并对邻国进行恐怖活动,谴责美、英等国拒绝对南非实行制裁;要求非统成员国中断同南非的海空联系,呼吁国际社会对南非实行全面和强制性制裁;决定成立南部非洲问题国家首脑常设委员会,为消除种族隔离制度和加速纳米比亚独立谋求办法。1987年,非统第二十三届首脑会议通过《关于南部非洲极为严重和爆炸性局势声明》,再次呼吁对南非实行全面严厉制裁,并保证支持"前线国家"和南部非洲解放运动。1988年,非统第二十四届首脑会议也作了类似的呼吁。

---

① "索韦托事件"惨案:1976年6月,南非约翰内斯堡市郊黑人居住区索韦托的学生举行罢课,抗议南非种族主义政府强行规定黑人学校必须使用南非荷兰语讲课,排斥当地非洲人语言。南非政府悍然派大批军警,血腥镇压示威游行学生,打死170人,打伤1 000多人,逮捕1 000多人。惨案激起了广大非洲工人的怒火,他们举行连续的声势浩大的罢工以声援学生。(参见陆庭恩、彭坤元主编:《非洲通史·现代卷》,上海:华东师范大学出版社1995年版,第732页。)

1989年9月,德克勒克继任南非总统,启动了国内民主化进程,并且对外实施"新外交",积极谋求改善与国际社会的关系。针对这一变化,1991年6月,非统第二十七届首脑会议发表声明指出,南非确实发生了积极变化,但在哈拉雷和联合国通过的有关声明中所确定的先决条件尚未得到完全满足之前,保持对南非的制裁十分重要。声明表示,会议授权非统主席和解放组织磋商,并在非统南部非洲特别委员会的范围内,继续审视南非局势,并指出,如果南非政府继续采取废除种族隔离制的积极变革措施,非统将重新审视对南非的制裁问题。声明强调,非洲各国人民将继续进行反对种族隔离的斗争;继续支持南非的解放运动,直到种族主义制度少数白人统治被彻底清除。

　　1992年6月,非统第二十八届首脑会议根据非国大等反种族隔离组织的要求和建议,通过了有关决议,强烈谴责屠杀黑人的"博伊帕通惨案"①,要求安理会召开紧急会议讨论南非危机问题并采取相应的措施制止那里的暴力行为;要求国际社会和非统成员国在成立黑人和白人联合临时政府之前不要同南非建立官方关系。1994年,新南非政权成立后,立即被非统接纳为正式成员,曼德拉总统出席了非统第三十届首脑会议。正如非统秘书长萨利姆所言,非统议程的第一项就是关于非洲尊严的非洲彻底解放问题。30多年来,非统为了自由发动了一场持久的和坚忍的斗争,并采取了军事斗争和外交行动双重策略。南非1994年4月27日首次民主选举和1994年5月11日首次民主的非种族的政府宣誓就职真正地结束了非殖民化的篇章。②

---

① "博伊帕通惨案":1992年6至9月,非国大及其盟友南非共产党、"南非工会大会"为迫使南非当局软化在制宪问题上的立场,有效地制止暴力冲突和加快和平进程,开展了被称为"群众行动运动"的全国性罢工和示威游行。运动有400万人参加,占南非工人总数的2/3。6月17日,200多名身份不明的武装分子冲进约翰内斯堡附近博伊帕通地区,杀害了无辜群众48名,这就是"博伊帕通惨案"。惨案使多党制宪谈判搁浅。(参见沐涛:《南非对外关系研究》,第136页。)
② Salim A. Salim, "The OAU and the Future", in Tajudeen Abdul-Raheem, *Pan Africanism: Politics, Economy and Social Change in the Twenty-First Century*, pp. 229–230.

# 第三章　巩固非洲国家独立　泛非主义新发展

在历时一个多世纪的历史进程中,"泛非主义"的内涵并非静止或一成不变的,而是随着形势的变化而一直处在动态变化中的。① 1945年以后,泛非主义由黑人种族主义转变到整个非洲的民族主义,其内涵由包括撒哈拉以南非洲扩展到涵盖整个非洲。泛非主义的新发展,在非统及其活动中得到了充分的印证。尼日利亚学者埃德坎勒·阿加拉认为:"自1963年以后,非统是泛非主义编年史中唯一的组织。""随着非统的成立,泛非主义新时代开始了。为了取得更密切的合作,非统采取了一些具体的实用的措施。这种努力几乎集中于经济、政治、社会和教育等领域。"②

在非统期间,泛非主义已从捍卫黑人民族尊严、引领非洲人民争取政治解放和国家独立,转变为保卫新兴国家政权、处理国家间的矛盾和引导新生国家政权的对外政策等。"泛非主义的道德准绳给成员国提供了一整套原则,增强它们实现非洲统一与团结的愿望。这样,最初被视为'思想和感情运动'的泛非主义使得非洲人民的感情、力量和愿望具体化,并把它们包含在非洲统一宪章内。"③非统宪章原则的7条中有6条是泛非主义新的内涵(不包括第六条)。本章将就非统时期泛非主义的新发展进行探讨。(其中第七条将在本书第四章内阐述。)

---

① Yves Benot, *Ideologie des Independences Africaines*, p.130.
② Adekunle Ajala, *Pan-Africanism: Evolution, Progress and Prospects*, pp.43,49.
③ 埃德姆·科佐、戴维·查奈瓦:《泛非主义与解放》,[肯尼亚]A.A.马兹鲁伊、[科特迪瓦]C.旺济主编:《非洲通史》(第八卷),第544页。

## 第一节 反对外来势力干涉,捍卫国家独立和主权

非洲非常珍视来之不易的国家独立和主权。为反对外来势力干涉,捍卫非洲主权和独立,非统做了许多工作,取得了令人瞩目的成绩。

### 一、非统反对外部干涉势力的原则与措施

独立以后,非洲人民依然面临捍卫国家独立和维护国家主权的挑战,主要原因有:其一,独立之初,综合国力弱小,抗御各种破坏国家稳定和主权的能力十分有限。其二,对西方国家存在着很大的依赖性。新独立非洲国家原来都是西方国家殖民地,与原宗主国在经济、文化等方面有着千丝万缕的联系;尽管不得不承认非洲国家政治的独立,但是西方国家依然利用保留着原有的经济、文化甚至政治特权达到控制非洲的目的。其三,"冷战"时期,以美、苏为首的两大阵营在非洲地区争夺非常激烈。两极争斗,非洲国家大受其害。

外部势力干涉非洲事务主要手段有明和暗两种,表现形式有军事政变、经济和政治孤立、扶植反对派和直接的军事进攻。

虽然为了保证非洲大陆独立,非统宪章宗旨中规定"保卫它们的主权、领土完整与独立",但是在非统成立之初,非洲国家对外部势力干涉非洲的态度还是不尽相同。其一,少数非洲国家,如安哥拉、贝宁、佛得角、刚果人民共和国、埃塞俄比亚、几内亚比绍、莫桑比克、圣多美和普林西比等8国的态度是强烈支持苏联集团和古巴在非洲大陆当前所有冲突中所起的作用;其二,另外一些非洲国家,如科特迪瓦、埃及、利比里亚、摩洛哥、塞内加尔、索马里、苏丹、多哥、突尼斯和扎伊尔等10国的态度是谴责苏联和古巴所有形式的干涉活动,并支持西方大国取而代之;其三,大多数非洲国家坚持不结盟的原则,反对任何外来势力干涉非洲内部事务。

随着美国和比利时对刚果(金)、法国和美国对尼日利亚以及美国、苏联和南非对安哥拉干涉事件的不断发生,非统成员国逐渐取得一致,即反对一

切外来干涉。1976年7月,非统第十三届首脑会议强调非洲加强团结,非洲问题应由非洲人自己来解决,反对大国干涉。1977年7月,非统第十四届首脑会议通过了塞内加尔等国联合提案《关于反对外来干涉非洲国家内部事务的决议》和《制止和镇压雇佣军的公约》。1978年7月,非统第十五届首脑会议通过决议"强烈谴责对非洲大陆内部事务的任何外来干涉"和"反对并谴责在非洲的一切外国军事基地同非洲以外的国家缔结盟约",强调排除外来干涉,在非统范围内来计划和考虑关于建立泛非部队的决议。特别是《关于反对外来干涉非洲国家内部事务的决议》,不仅建议非洲国家遵守不结盟政策和恪守非统宪章,而且呼吁非洲之外的国家不要干涉非洲内部事务和取消在非洲的军事基地。① 1990年,非统第二十六届首脑会议通过《关于非洲政治、社会、经济形势和世界发生根本变化宣言》,强调非洲有权根据自己的文化社会价值观和各国实际情况,保障发展和满足人民基本需要,自主地决定其民主制度。② 1992年,非统又通过了"非洲同发达国家关系的决议",明确要求工业化国家不要干涉非洲内部事务。

## 二、个案分析

### (一) 刚果(金)(20世纪60年代美国、比利时干涉)

刚果民主共和国,简称刚果(金),旧称扎伊尔(法语:Zaïre),是非洲中部的一个国家。国土面积约234.5万平方千米。

1世纪,班图人到此定居。13世纪,建立库巴王国。14世纪下半叶,刚果王国兴起。15世纪起,遭到西方殖民者入侵。1885年,被划为比利时国王的"私人采地",称刚果自由邦。1908年,改称比属刚果。1960年6月30日,独立,定名刚果共和国,简称刚果(利)。1964年,改用现名。1966年,首都改名金沙萨。1971年,改名扎伊尔共和国。1997年,恢复国名为刚果民主共和国至今。

---

① 葛佶主编:《简明非洲百科全书(撒哈拉以南)》,第774页。
② OAU Document,AHG/Decl. 1(XXVI).

1960年6月30日,刚果摆脱了比利时殖民统治,正式宣告独立,成立"刚果共和国",简称"刚果(利)",帕特里斯·埃默齐·卢蒙巴[①]任总理,但军队仍由比利时军官控制。同年7月6日,刚果士兵游行示威,要求刚果军队由刚果人领导,撤换所有的比利时军官。7月8日,比借机武装入侵刚果,并伙同英、法唆使莫瓦泽·冲伯集团建立了"加丹加共和国",鼓动卡隆吉集团成立"开赛矿业国"。7月15日,由美国操纵的"联合国军"进入刚果,立即与比殖民主义者勾结,解除了刚果政府军的武装,卢蒙巴政府被政变推翻。[②] 1963年,冲伯出任刚果共和国总理。由于受美国和比利时的指使,冲伯集团杀害了卢蒙巴;再加上冲伯集团招募大批白人雇佣军,遭到非洲国家的唾弃。1964年7月14日,非统外长会议一致决定,不准冲伯参加7月17日在开罗举行的非统国家首脑会议。

　　1964年9月10日,亚的斯亚贝巴非统部长理事会紧急会议通过决议,认为外国雇佣军的存在就是对刚果的入侵,美、比起到主要作用;决议案呼吁所有外国势力停止对刚果事务的干涉。为更好地实施该决议,会议采纳了马里的建议,建立一个以肯雅塔任主席,由喀麦隆、埃及、埃塞俄比亚、加纳、几内亚、尼日利亚、索马里、突尼斯和上沃尔特等国代表组成的特别委员会,帮助和鼓励刚果政府为恢复国家和解的努力,寻求所有可能的办法使刚

---

[①] 帕特里斯·埃默齐·卢蒙巴(Patrice Emergy Lumumba, 1925—1961):刚果(金)首任总理,前刚果民族运动党主席,民族英雄。1925年7月2日,生于卡南加,巴特拉族人。青年时就开始从事政治活动,常发表文章,宣传民族独立思想,谴责比利时殖民统治。1958年10月,创立刚果民族运动党,并当选为主席,曾领导群众性的反比利时暴动。1958年12月,出席在加纳召开的全非人民大会,被选为大会总务委员会委员。1959年1月,因领导反比利时的民族斗争被捕。1960年1月,参加比利时-刚果(金)关于刚果(金)独立的圆桌会议,坚决反对比利时的分裂阴谋。1960年6月,刚果(金)独立,任首任总理兼国防部长。1961年1月17日,在加丹加被冲伯集团杀害。同年3月第三届全非人民大会宣布他为"非洲的民族英雄"。(参见现代国际关系研究所世界人物研究室编:《现代非洲名人录》,第62—63页。)
[②] 美国是杀害卢蒙巴的真正元凶。由于刚果(金)是核武器两大关键原料——铀和钴的主要产地,由于1960年上台后卢蒙巴总理坚决的反帝、反殖、亲苏态度,美国决定除掉卢蒙巴。美国驻刚果大使出面用100万美元收买了时任国民军总参谋长蒙博托。蒙博托把卢蒙巴软禁在总理府。1961年1月17日,卢蒙巴被害,年仅35岁。1961年1月19日,离下台仅有5天的美国总统艾森豪威尔得知卢蒙巴的死讯,高兴地对下任总统肯尼迪说:"在我的任内,他终于死了。"(参见《为了核原料　干掉卢蒙巴》,《上海译报》2005年7月21日,第11版。)

果与其邻国恢复正常关系,特别是布隆迪王国和刚果(布)。① 1964年9月23日,关于刚果问题的特别委员会主席肯雅塔证实,一个由几内亚、加纳、尼日利亚、埃及和肯尼亚代表组成的非统代表团将奔赴华盛顿,要求约翰逊总统停止向刚果输送战略物资。② 然而,约翰逊总统以代表团没有刚果政府的代表为借口,拒绝与非统代表团进行会谈。

1964年10月,开罗第二届不结盟国家会议支持非统有关刚果的努力,呼吁停止武装敌对活动和外国干涉,要求驱逐外国雇佣军。还通过决定,不准冲伯代表刚果参加会议。冲伯在美国的策动下不顾与会国家的反对,企图混进会场,被扣押了3天。③ 1964年11月24日,美、比出兵刚果,强占基赞加派所在地,刚果重新沦为殖民地,这在全世界激起了抗议怒潮。非洲对美、比联合干涉的反应是爆炸性的:没有其他的场合有如此高涨的反西方的感情。即使最温和的亲西方的非洲领导人也公开指摘美、比联合干涉是一个"帝国主义者、不公正的干涉"。④ 11月25日,33个非洲国家驻联合国代表举行紧急会议,强烈谴责美、比的侵略行为。11月27日,非统刚果特别委员会举行会议并发表公报,强烈谴责和抗议美、比、英对刚果的军事干涉,建议立即从刚果撤除一切雇佣军,停止外国一切军事干涉。

1964年12月16至20日,非统部长理事会第四次特别会议在纽约联合国总部召开,通过决议再次重申了1964年9月10日的ECM/Res.5(Ⅲ)的非统决议,要求西方国家立即停止对刚果的干涉,呼吁安理会谴责最近外国军事力量对刚果的干涉。⑤ 1964年12月,非统第三次部长理事会又发表声名,严词谴责美、比干涉刚果内政的非法行径,并呼吁所有外国军队撤出刚果,刚果的事由刚果人民决定。在非统的推动下,联合国安理会召开紧急会

---

① OAU Document, ECM/Res.5(Ⅲ).
② Catherine Hoskyns, *Case Studies in African Diplomacy Number 1: The Organization of African Unity and the Congo Crisis*, Oxford: Oxford University Press, 1969, p.25.
③ Catherine Hoskyns, *Case Studies in African Diplomacy Number 1: The Organization of African Unity and the Congo Crisis*, p.28.
④ Zdenek Cervenka, *The Unfinished Quest for Unity*, p.91.
⑤ OAU Document, ECM/Res.7(Ⅳ).

议,讨论刚果局势,许多国家再次谴责了美、比的暴行。1967年9月,非统第四届金沙萨首脑会议讨论了刚果(金)的雇佣军问题。

**(二)尼日利亚内战**

尼日利亚是一个多种族多宗教的国家。1960年,尼日利亚获得独立,该国历史上地区间和各族间的矛盾很深,北部地区的豪萨人在中央政府和军队中占统治地位,东区(伊博人占人口的60%以上)因发现石油,成为全国最富的地区,因此中央与地方在权力分配问题方面产生了矛盾。1966年1月,伊博人青年军官发动政变,杀死联邦政府和北区、西区的总理以及大部分少校以上军官;陆军总司令约翰逊·阿吉伊-伊龙西掌握了政权,成为军政府首脑。7月,豪萨人军官发动政变,杀死阿吉伊-伊龙西和大批伊博人军官,陆军参谋长雅库布·戈翁中校(北方人,安加人,基督教徒)接管了政权。东区军事长官伊梅卡·奥杜梅格伍·奥朱古对戈翁的领导地位持有异议,更反对当时戈翁要将全国划分为许多州的主张,担心伊博人地位受到损害。9月,北方各地发生大规模屠杀伊博人的事件。

1967年5月27日,戈翁宣布全国划分为12个州,原东区分为3个州,伊博人占优势的中东州既无石油资源又无出海口。5月30日,奥朱古宣布东区退出联邦,成立比亚法拉共和国。以戈翁为首的联邦军政府于7月6日向比亚法拉发动军事进攻,内战爆发。1970年1月12日,比亚法拉战败投降,尼日利亚恢复了统一。

尼日利亚内战不仅给尼造成了巨大的财产损失,伊博族死亡人口达到200多万,最主要的还是给尼人民留下了很久难以弥合的内伤。

尽管尼联邦军政府把反对比夫拉的战争严格地看作自己国家的内部事务,但是有3个因素使尼内战受到非洲甚至整个世界的极大关注:其一,英国、苏联、捷克斯洛伐克、埃及、法国、葡萄牙和一些没有被披露的国家向尼内战双方提供大批武器;其二,有撒哈拉以南非洲国家承认比夫拉的独立,它们是坦桑尼亚(1968年4月13日)、加蓬(1968年5月8日)、象牙海岸(1968年5月14日)和赞比亚(1968年5月20日)等;其三,饥饿和所谓的

"种族灭绝"给伊博族人造成了严重的人道主义灾难。①

尼内战虽是由其内部部族和地区的矛盾引起的,但是世界一些大国也为了各自的利益或多或少地参与进去。由于把尼看作英国的势力范围、正专注于越南战争和不准备重复过去卷入刚果的不成功经验,美国政府一直保持所谓的中立外交。但是,由于"比夫拉政权"的有效宣传,美国公众认为伊博族发生了饥饿和"种族灭绝"等人道主义危机,要求政府支持"比夫拉政权"。其中,最著名的人是作为1968年联邦总统提名者的尼克松。②

为了维护自己在英联邦内部支持国家统一的立场,英国在整个尼内战中都始终支持尼联邦政府,包括道义支持、经济援助和提供武器。但是,由于"比夫拉政权"成功的宣传,一些英国民众、大多数新闻记者和国会议员却真正地站在比夫拉一边,英国提供尼政府的武器装备随之有所减少,甚至拒绝出售轰炸机等。

苏联很早就觊觎尼日利亚丰富的自然资源,并急切通过尼挤进西部非洲。苏联向尼政府出售价值6 000万美元武器——其占尼政府所需武器的大部分,公开站在尼政府一边。但尼联邦政府能够接受苏联提供的武器是基于纯粹商业的没有军事、政治和意识形态的承诺。③ 在东欧,捷克斯洛伐克向尼政府提供过武器。

法国是公开支持"比夫拉政权"的唯一世界大国。主要原因有:其一,在政治上,不论是国土面积还是人口,尼都是西非乃至整个非洲的大国,法国一直担忧尼在所谓的"法语非洲国家"的影响力。因此,法国为了自己的利益试图通过肢解尼和降低尼在"法语非洲国家"的影响,从而使法国在"法语非洲国家"保持着特殊的政治的、经济的和军事的利益。其二,在经济上,1967年阿以战争期间,由于没有稳定的石油供给,法国蒙受了沉重打击;再

---

① Zdenek Cervenka, *The Unfinished Quest for Unity*, pp. 97 - 98.
② A. H. M. Kirk-Greene, *Crisis and Conflict in Nigeria*: *A Documentary Sourcebook 1967 - 1970*, Vol. 2, Oxford: Oxford University Press, pp. 334 - 335.
③ Olusegun Obasanjo, *My Command*: *An Account of the Nigerian Civil War 1967 - 1970*, London: Heinemann Educational Books Ltd, 1980, pp. 149 - 151.

者,法国一直准备排挤英国控制尼石油资源。"在以后的 30 个月里,伊博人……也得不到除法国以外的任何一个欧洲国家实质上的援助。法国这样做的目的并不是受感情的支配而是因为它需要石油。"① 在战争爆发之前,奥朱古为了得到外币和军事装备竟然把"比夫拉"的石油资源抵押给了一些法国公司。②

法国对比夫拉的道义和物资上的支持一直持续到战争结束。在尼内战期间,法国一直玩弄着典型的双重游戏。内战初期,尽管法国外交部长声明保持局外的中立场,但是法国的情报机关非常积极地为比夫拉一边奔忙着。法国向比夫拉派出两批雇佣军队。1968 年 7 月,法国外交委员会发表声明支持比夫拉的民族自决,并继续给予比夫拉大规模的军事援助。

法国还促使非洲一些国家支持比夫拉。加蓬和象牙海岸等国主要受到法国的影响和压力,采取站在比夫拉一边立场。

西德也向内战双方都提供武器。瑞士甚至更愿意支持比夫拉。以色列为了抵御阿拉伯和伊斯兰的影响,也支持比夫拉,并通过坦桑尼亚和加蓬向比夫拉提供武器弹药。在南欧,西班牙和葡萄牙更是公开和明确地支持比夫拉,目的是扼杀非洲人的抱负。破碎的尼日利亚将削弱非洲的力量和阻止撒哈拉以南非洲铲除殖民主义与种族主义的联合努力。南非和罗得西亚也出于同样的目的支持比夫拉。③

坦桑尼亚的态度让人匪夷所思。尼雷尔在《我们为什么承认比夫拉?》一文中认为,国家统一应建立在多数民众的意愿之上,而伊博族人的意愿是脱离尼联邦政府而独立。统一不能靠武力来维持,坦桑尼亚支持比夫拉反对尼政府军事进攻,实现真正的民族自决。④ 尼雷尔说:"这件事并不是一些

---

① [美]戴维·拉姆:《非洲人》,张理初、沈志彦译,上海:上海译文出版社 1998 年版,第 408—409 页。
② Olusegun Obasanjo, *My Command: An Account of the Nigerian Civil War 1967-1970*, p. 152.
③ Olusegun Obasanjo, *My Command: An Account of the Nigerian Civil War 1967-1970*, pp. 153-154.
④ A. H. M. Kirk-Greene, *Crisis and Conflict in Nigeria: A Documentary Sourcebook 1967-1970*, pp. 211-213.

封建部族中的少数人强迫或愚弄那些多数伊博人脱离尼日利亚。也不是占有奴隶的东尼日利亚人反对北尼日利亚的林肯提出的解放奴隶法案所引起的。实际上这是东尼日利亚人恳请与其他地区,尤其是与北方地区一样,承认是尼日利亚同胞并享有全国都有的义务和权利的事业。"[1]他还确信,在相当大的范围里,组成尼中央政府的北方豪萨人正对比夫拉地区的伊博人进行一场大屠杀。奥卢塞贡·奥巴桑乔则认为,也许似乎合乎情理的是作为一个易动情感的尼雷尔实际上是在阿齐克韦的劝说下才支持比夫拉的,而阿齐克韦则是一个具有美好的名声和品德的非洲政治家。[2] 然而,一般认为在非洲享有盛誉的阿齐克韦,虽是伊博族人,还是积极站在尼联邦政府一边,劝说奥朱古放弃独立,维护国家统一。

非统坚决反对外来势力干涉尼内部事务。在比夫拉人宣布独立3个月后的1967年9月,非统坚定地支持尼中央政府,谴责非统任何成员国任何脱离中央的分裂活动,认为尼内战纯属尼的内部事务。在尼内战事件上,非洲国家反对脱离强烈的倾向无疑地影响了外部势力的态度,挫伤了非洲大陆以外国家对比夫拉的支持。[3] 1967年、1968年和1969年连续3年非统首脑会议都重点讨论了尼内战问题,认为这纯属是尼内政,强调支持尼的统一,通过了支持尼统一的决议案;并且组成由喀麦隆、刚果、扎伊尔、埃塞俄比亚、加纳、利比里亚和尼日尔等7国元首参加的"顾问委员会",积极调解尼内战。

非统明确反对外来干涉的立场,是代表正义的大多数非洲国家的集体意志,具有强大的力量,使那些对非洲心怀叵测者有所顾忌而有所收敛,有效地遏制了一些大国染指非洲事务、干涉非洲和控制非洲的势头,帮助尼营造了解决其内部事务的有利氛围。

---

[1] [南非]A. P. J. 范伦斯伯格:《非洲当代领袖》,秦晓鹰、殷罡译,重庆:重庆出版社1985年版,第393页。
[2] Olusegun Obasanjo, *My Command: An Account of the Nigerian Civil War 1967-1970*, p. 155.
[3] Mark W. Zacher, *International Conflicts and Collective Security, 1946-77*, pp. 131-132.

埃德坎勒·阿加拉认为,尼内战以尼保持了领土完整和统一结束是泛非主义的胜利,其原因有2个:其一,泛非主义阻止了危机的升级。如果没有非统的存在,尼内战肯定会在东西方冲突的背景内被提升到联合国层面;其二,大多数非洲国家在尼危机中所采取的立场是泛非主义的实证。如果尼被分裂了,这将开辟了一个糟糕的危险的先例,在下一个10年里这将把非洲大陆变成一团混乱。[①] "尼日利亚和苏丹的内战,尽管都充满血腥,但都以宪法上取得和解而告结束。这样阻止了分立主义的发展。这种情况也为非洲的未来指出了重要的方向。"[②]

## 第二节 和平解决非洲内部冲突,维护非洲地区和平、安全和团结

自独立以后,由于领土问题、国内不同部族利益矛盾,非洲大陆不断出现冲突和战争。为了维护非洲和平、安全和团结,非统付出极大的努力。解决非洲内部冲突,非统所运用的原则是在非洲框架内并且和平解决。

其一,非洲国家渴望在非洲框架内解决国家间争端,这一点要从非洲历史中寻找其根源。西方列强对非洲进行了近500年殖民掠夺与压迫,给非洲人民留下了心灵上难以弥合的创伤,造成了非洲政治家对外部势力的极度不信任。另一点缘于非洲对西方世界国际法原则的保留态度。凭借非统,非洲领导人希望他们能够为国家间的行为制定自己的标准,这些标准不是派生于殖民国家的惯例和法律,而是源于非统宪章原则。在这方面,非统制订了为冲突双方所遵守的一般原则。解决非洲内部矛盾,非统禁止使用法律判决形式,因为使用这种形式就暗示了非统充当一个超国家的政权实体,非统一直拒绝采纳这一地位。在非洲框架内解决所有非洲国家间冲突的原则是由塞拉西作出首次官方宣布的。由此,这在许多非统决议中都有同样的表达,如关于阿尔及利亚与摩洛哥问题、关于刚果问题和关于尼日利

---

① Adekunle Ajala, *Pan-Africanism: Evolution, Progress and Prospects*, pp. 278 - 279.
② [英]科林·勒古姆等:《八十年代的非洲——一个危机四伏的大陆》,第34页。

亚问题等非统文件决议。①

其二,在非统成立前,非洲国家就坚持以和平方式解决其内部冲突。"阿拉伯国家联盟"14个成员国中有6个非洲国家,其盟约第五条规定制止其成员国使用武力解决其争端。重申以和平手段解决国际争端原则的最重要文件还有1955年的《万隆宣言》。尽管非洲参加万隆会议的只有埃及、埃塞俄比亚和利比里亚等3个国家以及黄金海岸和苏丹两个自治殖民地,但是万隆原则很快地被非洲思想所吸纳。② 泛非主义者赞同《万隆宣言》,支持和平解决非洲国家间的争端。1958年,第一次"非洲独立国家会议"宣言宣布:"按照联合国宪章,通过如谈判、调停、仲裁和司法等和平方法以及有关方面自己选择的任何其他和平方法来解决一切国际争端。"1961年蒙罗维亚会议通过《关于解决非洲十二国之间可能出现冲突的决议》,重申"争端应通过和平手段加以解决"③。

一般而言,国际和地区组织都声明其目标不仅是制止而且是和平解决其成员国的任何冲突,这对它在国家关系中控制使用武力解决争端是很有必要的。非统宪章就解决非统成员国间的争端问题规定了原则和方式:"通过谈判、调解、和平或仲裁,和平解决争端。""成员国保证以和平方式解决它们之间的争端。为此决定成立调解、和解与仲裁委员会。该委员会组成与服务条件由首脑会议另行通过的议定书规定。此项议定书应视为本宪章的一个组成部分。"这说明"调解、和解与仲裁委员会"是一个自主实体。1964年,该委员会成立。

相当引人注目的是,非统解决争端并不使用"调解、和解与仲裁委员会",尽管该委员会被塞拉西视作非统存在的理由。在1967年"调解、和解与仲裁委员会"会议开幕式上,塞拉西说:"调解、和解与仲裁委员会"作为非

---

① OAU Documents, ECM/Res. 1(Ⅰ), ECM/Res. 7(Ⅳ) and AHG/Res. 58(Ⅵ).
② Zdenek Cervenka, "The Role of the OAU in the Peaceful Settlement of Disputes", in Yassin El-Ayouty, Hugh C. Brooks, *Africa and International Organization*, Hague: Martinus Nijhoff, 1974, p. 48.
③ 唐大盾选编:《泛非主义与非洲统一组织文选(1900—1990)》,第109、145页。

统4个主要的机构之一,在非统宪章中占有特殊的地位。没有比这个被托付着用和平解决争端的工作更贴近我们的心的,它是一个具有伟大意义的工作,因为没有安全与和平的条件,非统宪章所有的目标和抱负都不可能实现。[①] 然而,"调解、和解与仲裁委员会"行动却是非常迟缓。1965年10月,非统阿克拉首脑会议组成了由21个成员参加的委员会。直到1967年,该委员会才在亚的斯亚贝巴召开第一次会议。

"调解、和解与仲裁委员会"议定书列出了3种解决争端的方法,非洲只运用了调解与和解这两种方法,没有使用法律手段"仲裁"争端或不把争端交由国际法庭裁决。主要有4个原因:首先,非洲人民特别珍视来之不易的国家主权,非常痛恨外来干涉。其次,只有绝对相信自己的合法地位,这些国家才愿意把争端交给法院裁决。它们所持的观点是,既然拿自己极其重大的利益冒险,这就不能简化为一个法律解释的简单问题。再次,国际法法规的不确定性导致许多国家宁愿依靠它们的谈判地位而不依靠法院仲裁。最后,大多数非洲国家认为现行的国际法规是西方国家的实践成果,没有反映出所有国家的普遍利益,不情愿地通过自己还没有认同的标准来解决冲突。[②]

非统运用了各种方法来控制其成员国之间的冲突。主要有正式和非正式两种类型,所有的类型都是政治的而不是法律、经济和强制的。正式类型包括"会议外交""专门委员会"和"优秀官员委员会"等3种。非正式类型主要是"总统斡旋"等。[③]

其一,"会议外交"是用来寻求和平解决冲突的很有效的方法,包括非统首脑会议和部长理事会。这两个会议为非洲各国元首和部长提供了定期会晤的机会,使冲突双方元首或部长可以就冲突的关键点进行面对面的探讨、协商或协调,利用他们之间的友谊,有利于找到和平解决冲突的有效措施。另外,其他国家的元首或部长也能很好地发挥献策或协调的作用。1964年2

---

① Zdenek Cervenka, *The Unfinished Quest for Unity*, p. 201.
② Zdenek Cervenka, *The Unfinished Quest for Unity*, pp. 64 - 65.
③ Amadu Sesay, Olusola Ojo, and Orobola Fasehun, *The OAU After Twenty Years*, p. 36.

月,在达累斯萨拉姆召开非统外交部长特别会议,非统运用非洲外交部长的集体信誉,成功地制止了索马里与埃塞俄比亚、索马里与肯尼亚冲突的扩大。

其二,调解冲突"专门委员会"一般由挑选的非统成员国首脑或其代表组成,是一个具有非洲特色的冲突控制组织。该委员会组成人员的来源国家主要有3个特征,即保持中立国家、非统时任主席国和靠近冲突地区的国家。1966年,由塞拉西皇帝、杜伯曼总统、凯塔总统、尼雷尔总统和纳赛尔总统组成的"专门委员会"解决了加纳与几内亚争端,该争端是由于加纳拘禁几内亚一个代表团引发的。1973年,非统亚的斯亚贝巴首脑会议组成了由尼日利亚、塞内加尔、利比里亚、几内亚和马里等5国元首参加的"专门调解委员会",试图说服索马里总统巴雷·西亚德与该委员会合作,共同寻求一个妥协方案。

"咨询委员会"是"专门委员会"的替换形式。在尼日利亚内战中间,非统组织了由喀麦隆等6国组成的"咨询委员会"去尼日利亚,尝试对尼内战双方进行调解。在之前的1972年,由塞拉西带领的一个"非统专门特别调解委员会"成功地取得了塞内加尔与几内亚间的和解。

其三,一些老一代非洲政治家运用自己的影响力成功地阻止了非洲国家间冲突的升级。尊重老人智慧和著名人物是非洲传统。相比一个由专业的和解者、调解者和仲裁人组成的国际团体,非洲国家显示出更多地依赖单个政治家或一群政治家的集体建议。"优秀官员委员会"由来自成员国的人员组成,选拔该委员会组成人员的准则是:来自被认为有影响力的国家,在同僚中间有着良好声誉的非洲领导人。按照第一个准则,尼日利亚为这个委员会效力了许多次,而塞拉西和杜伯曼基于他们的威信多次被选为该委员会成员。例如,来自尼日利亚的官员是调解关于埃塞俄比亚与索马里争端的"优秀官员委员会"的主席。[1]

"总统斡旋"和"优秀官员委员会"关系密切,重要区别在于"总统斡旋"是一个非洲国家元首个人发起担当一个公正的调解人,而"优秀官员委员

---

[1] Amadu Sesay, Olusola Ojo, and Orobola Fasehun, *The OAU After Twenty Years*, pp. 37-38.

会"是由非统组织的。然而,"总统斡旋"时常被非统赋予合法的地位。1964年阿尔及利亚与摩洛哥冲突的化解被认为是"总统斡旋"首次和经典的事件。塞拉西和凯塔进行了干预并且成功地确保了两国边界的和平。就在阿、摩两国停火之后,非统对他们推动和平的能力给予了正式支持。1970年,塞拉西同样促使尼日利亚与象牙海岸、坦桑尼亚和赞比亚等争端方取得和解。在1970年2月尼日利亚内战结束后,加蓬是承认"比夫拉共和国"的4个非洲国家中唯一一个拒绝与尼日利亚恢复关系正常化的国家。1971年,在多哥总统纳辛贝·埃亚德马和喀麦隆总统阿赫马杜·阿希乔斡旋下,加蓬与尼日利亚最终取得和解。

在解决非洲内部冲突的过程中,由于非洲的现实情况和非统自身先天性的缺陷,如只是松散的联盟,没有约束能力等,非统有许多地方表现出弱小、无奈甚至失败,但是本着实事求是辩证地看待这些问题的原则,就其能力所及范围而言,非统还是成果非凡,如下所言:"在调解非洲内部争端的领域,非统能够宣称自己取得了很大的成功。尽管非统不是总能把集体意志强加于不服从的成员国或即使没能成功地调解所有的争端,非统前任秘书长迪亚洛·特利在1970年的声明中坚定地保证:'自从非统创立以来,没有非洲内部国家间的争端成为一个国际领域的讨论话题。'"[①]"非统为维护非洲团结和地区的和平发挥了独特的作用,因而被联合国誉为'最佳和平维护者'。"[②]

表3-1 非统对国家间和国家内部冲突的调解记录(1963—1993)[③]

| 年份 | 当 事 方 | 结果 |
| --- | --- | --- |
| 1963 | 阿尔及利亚—摩洛哥 | 成功 |
| 1964 | 埃塞俄比亚/肯尼亚—索马里 | 成功 |

---

① Immanuel Wallerstein, "The Role of the Organization of African Unity in Contemporary African Politics", in Yassin El-Ayouty, Hugh C. Brooks, *Africa and International Organization*, p. 23.
② 徐人龙:《非统组织的历史作用》,《西亚非洲》2003年第2期,第43页。
③ Klaas van Walraven, *Dreams of Power: The Role of the Organization of African Unity in the Politics of Africa 1963–1993*, p. 295.

(续表)

| 年份 | 当 事 方 | 结果 |
| --- | --- | --- |
|  | 刚果(利)内部和刚果(利)—刚果(布)/布隆迪 | 失败 |
| 1965 | 加纳—象牙海岸/上沃尔特/尼日尔 | 成功 |
|  | 索马里—肯尼亚 | 失败 |
| 1966 | 几内亚—加纳 | 成功 |
|  | 卢旺达—布隆迪 | 成功 |
| 1967 | 埃塞俄比亚/肯尼亚—索马里 | 成功 |
|  | 卢旺达—刚果(利) | 成功 |
| 1967—1970 | 尼日利亚内战 | 失败 |
| 1971 | 几内亚—塞内加尔 | 成功 |
| 1972 | 坦桑尼亚—乌干达 | 成功 |
|  | 赤道几内亚—加蓬 | 成功 |
| 1973 | 埃塞俄比亚—索马里 | 失败 |
| 1974—1975 | 马里—上沃尔特 | 成功 |
| 1976 | 肯尼亚—乌干达 | 失败 |
| 1977 | 扎伊尔(沙巴危机) | 失败 |
|  | 安哥拉—扎伊尔 | 失败 |
|  | 坦桑尼亚—乌干达 | 失败 |
|  | 埃塞俄比亚—苏丹 | 成功 |
|  | 乍得—利比亚 | 失败 |
| 1977—1978 | 埃塞俄比亚—索马里 | 失败 |
| 1978 | 扎伊尔(沙巴危机) | 失败 |
|  | 安哥拉—扎伊尔 | 成功 |
|  | 布隆迪—卢旺达 | 成功 |
|  | 几内亚—象牙海岸 | 成功 |
|  | 几内亚—塞内加尔 | 成功 |
| 1978—1979 | 坦桑尼亚—乌干达 | 失败 |
| 1979 | 贝宁—加蓬 | 成功 |

(续表)

| 年份 | 当事方 | 结果 |
|---|---|---|
| 1979—1982 | 乍得内战 | 失败 |
| 1980 | 利比亚—突尼斯 | 成功 |
| 1983—1984 | 乍得内战和乍得—利比亚 | 失败 |
| 1985—1986 | 布基纳法索—马里 | 失败 |
| 1986 | 乍得内战 | 失败 |
| 1986—1987 | 多哥—加纳/布基纳法索 | 失败 |
| 1987—1988 | 乍得—利比亚 | 成功 |
| 1989—1991 | 毛里塔尼亚—塞内加尔 | 成功 |
| 1990 | 苏丹内战 | 失败 |
| 1991— | 索马里内战 | 失败 |
| 1992—1993 | 卢旺达内战 | 成功 |
| 1993 | 布隆迪内战 | 失败 |
|  | 刚果（布）内部冲突 | 成功 |
|  | 安哥拉内战 | 失败 |
|  | 利比里亚内战 | 失败 |
| 1999—2000 | 埃塞俄比亚与厄立特里亚 | 成功 |

## 一、解决成员国间的领土冲突

### (一) 非洲国家边界的由来与危害

自 20 世纪 60 到 80 年代，非洲国家间因为领土问题引发了许多的矛盾、冲突甚至大规模的战争。造成这些问题的根源是什么呢？"非洲的新历史来源于非洲的旧历史，否则就不可理解。"① 这要从非洲被西方殖民的历史中来找答案。

"许多争端是由于殖民主义遗留下来的边界问题引起的。"② 非洲国家的

---

① [英]巴兹尔·戴维逊：《现代非洲史——对一个新社会的探索》，第 5 页。
② 埃德姆·科佐、戴维·查奈瓦：《泛非主义与解放》，[肯尼亚]A. A. 马兹鲁伊、[科特迪瓦]C. 旺济主编：《非洲通史》（第八卷），第 549 页。

边界形成于殖民主义时期,在西方殖民者到来之前,非洲没有过严格的边界概念,西方帝国主义从19世纪70年代起,通过诸如1884年柏林会议,1890年英、德协定,1891年英、葡协定,1894年法、比协定,1898和1904年英、法协定等,确定了自己的势力范围;到了1912年,瓜分了除埃塞俄比亚和利比里亚以外的全部非洲。

帝国主义在没有非洲参与、无视非洲人民意愿、完全以它们的实力和意志的情况下确定了非洲边界。西方国家之所以无视非洲人民的意愿和非洲民族的现实,强占领土划分势力范围,除了是因为其所具有的"弱肉强食"的丛林法则之外,更重要的是因为它们的"急功近利"性,也就是它们只在乎非洲大陆丰富的地下矿藏资源。正如下所言:"欧洲瓜分非洲之后,对这一大陆的兴趣就大大减弱了,因为几乎不能指望非洲有什么地方能立即创造出财富来。欧洲国家之所以瓜分非洲,主要是为了保证自己不致被排斥在有潜在价值的地区之外。对它们来说,重要的是占有而不是发展。"① 这里"有潜在价值"多指的是非洲大陆地下的矿藏。

帝国主义瓜分非洲所采用的方法主要有以下三种:其一,以天文地理的地球经纬线作边界线。例如,埃及与利比亚、苏丹分别以东经25度线和北纬22度线为界;纳米比亚与博茨瓦纳、南非分别以东经20度线和南纬22度线为界。其二,以两地的几何直线或曲线为界。马格里布②陆上国界线和撒哈拉以南各国大部分国界线,基本上都是用这种直线或曲线划分的。例如,尼日尔和尼日利亚,是以萨巴和巴罗阿之间的直线和曲线作为边界线;尼日尔和达荷美、尼日尔和上沃尔特,等等。其三,以互换领土办法形成边界线。例如,英属塞拉利昂北部边界,就是英殖民者将科纳克里附近的洛斯

---

① [英]罗兰·奥利弗、安东尼·阿特莫尔:《1800年以后的非洲》,第145页。
② 马格里布(Al Maghrib):阿拉伯语,意为"阿拉伯的西方"。公元682年,阿拉伯人到达北非摩洛哥海岸,被大西洋所阻不能再前进,以为是最西边的土地,故名。之后马格里布用作专有地理名词,除摩洛哥外,还包括阿尔及利亚和突尼斯。7世纪以后迁入这些地区的阿拉伯人,曾和当地的柏柏尔人共同组成"马格里布"国家。14世纪后,逐渐分裂。(参见辞海编辑委员会编:《辞海》,第3065页。)

群岛让给法国,换得法属几内亚部分领土后形成的。① 苏联非洲问题专家阿纳托利·葛罗米柯曾作过一个统计,非洲边界44%是按经线和纬线的方法、30%是用直线或曲线的几何方法划割的,只有26%是由河流、湖泊和山脉所构成的自然边界线。②

帝国主义武断、恣意妄为地划分非洲国家的边界,给非洲造成的危害是非常巨大的:

其一,一个种族或部族被分割在若干个国家或地区,制造出许多民族。非洲是世界民族最多的洲,民族纠纷不断。正如阿齐克韦所言的:"非洲国家被殖民地分裂,这是令人厌恶的。在某些情况下,同一部族竟被划分在4个不同的国家里。人们可以在几内亚找到一部分,在马里找到一部分,在塞拉利昂找到一部分,可能在利比里亚还有一部分。我们对此无可奈何。"③巴刚果族被分割在安哥拉、刚果(金)、刚果(利)和加蓬等4国;西非著名的埃维族被分在英属黄金海岸(50多万)、德属多哥(30万)和法属达荷美(20万);西非的富尔贝族被迫分居在法属几内亚(80万)、塞内加尔(28万)、荷属几内亚(11万)以及英属冈比亚和塞拉利昂(一部分)。马拉维族被分割在英属中非保护国(今马拉维)、德属东非(今坦桑尼亚大部)、葡属莫桑比克和英属南罗得西亚(今津巴布韦)、北罗得西亚(今赞比亚);索马里族被迫生活在意属索马里、英属索马里、法属索马里、埃塞俄比亚的欧加登地区和英属肯尼亚的东北地区。还有曼丁哥族、豪萨族、莫西族和约鲁巴族等都被强盗似的割裂了。

其二,许多原来不属同一文化、语言和传统的民族被强制在一个国家或地区内,造成民族冲突不断,国家或地区形势动荡。例如,尼日利亚的豪萨族、约鲁巴族和伊博族。现在的坦桑尼亚有120个民族,尼日利亚有250个民族,甚至国土仅有47.5万平方千米的喀麦隆也竟有100多个民族。

---

① 顾章义:《崛起的非洲》,北京:中国青年出版社1999年版,第322—325页。
② 马孆:《区域主义和发展中国家》,北京:中国社会科学出版社2002年版,第107页。
③ [埃及]布特罗斯·加利:《非洲边界争端》,北京:商务印书馆1979年版,第7页。

其三,造成非洲国家众多,且大小不等、自然资源和经济潜力不均,阻碍整个非洲地区经济与社会的发展与进步。到2006年,非洲共有53个国家。有些国家国土辽阔,如苏丹(250万平方千米)[1]和阿尔及利亚(238万平方千米)等;有的国家不过是弹丸之地,如塞舌尔(455平方千米)和吉布提(2.3万平方千米)等;有些有漫长海岸线,如南非(2 954千米)和莫桑比克(2 470千米)等;有些却是内陆国,这些国家数目占非洲国家总数的1/4,共15个国家。[2] 千年古国埃塞俄比亚,由于意大利侵占厄立特里亚,也成了内陆国。[3] 这些嵌入别国包围之中的国家(沙漠地除外),面积共有680万平方千米,占全非洲土地面积的22%。这一比例,在全球所有的大陆当中是最高的。这表明非洲政治的划分极为不合理。[4] 有些国家资源丰富,如刚果(金)和尼日利亚等;有些国家资源贫乏,如科摩罗和佛得角等;有些国家邻国较少,如冈比亚(1个)和莱索托(1个)等;有些国家邻国特别多,如苏丹(9个)和刚果(金)(9个)等。[5]

非洲国家间边界的严重不合理的划分,导致非洲独立国家间矛盾冲突不断。要求重新划界宜遵循的原则主要有:按民族统一原则、恢复古代王国的边界和合理利用自然资源等。[6]

**(二) 解决边界冲突的具体措施**

非洲民族主义者在争取国家独立时,强烈地批评他们将要继承的国际边界。民族主义者反对殖民主义者的情感使他们自然地憎恨殖民国家肆意

---

[1] 2011年7月9日,南苏丹共和国成立,苏丹分为苏丹共和国和南苏丹共和国。
[2] 马里、布基纳法索、尼日尔、乍得、中非、乌干达、马拉维、赞比亚、津巴布韦、博茨瓦纳、莱索托、卢旺达、布隆迪、斯威士兰和埃塞俄比亚等15个国家。
[3] 1941年,意大利战败,厄立特里亚成为英国托管地。1952年,根据联合国决议,厄立特里亚与埃塞俄比亚结成联邦。1960年,埃塞俄比亚强制取消联邦制,宣布厄为其一个省。20世纪60年代,"厄立特里亚解放阵线"和"厄立特里亚人民解放阵线"先后成立,开展争取独立的斗争。埃、厄双方互有得失,直到1993年4月27日,通过公民投票,厄立特里亚才真正赢得独立。
[4] [法]皮埃尔·古鲁:《非洲》(上册),北京:商务印书馆1984年版,第129页。
[5] 埃德蒙·夸姆·库阿西:《1945年以来的非洲与联合国》,[肯尼亚]A. A. 马兹鲁伊、[科特迪瓦] C. 旺济主编:《非洲通史》(第七卷),第637—638页。
[6] 顾章义:《非洲国家的边界争端》,《西亚非洲资料》第67期,1982年4月18日,第7—13页。

确立的边界。对非洲民族主义者来说,他们渴望清除全部的殖民地遗产,合理的推论也是抛弃殖民地边界。不过,1964年7月非统的《关于非洲国家之间边界争端的决议》则要求各成员国承认和尊重各国独立时期的领土和边界,大多数独立的非洲国家选择了维持它们现存的边界。① 非统献身于维护(非洲国家领土的)现状。② 其主要原因有:

其一,由于刚刚获得独立,大多数非洲国家还未取得国内局势的稳定和完成国家的内聚力,修正边界只会进一步地扰乱新兴国家的和平与建设。

其二,维持现状开始与保持国家作为一个政治单位联系起来。如果退出的中央权力给了任何一个地区,在国际法方面要求民族自决是正当的,但这被认为刺激了其他地区脱离论者的诉求,导致了母体国家的分裂。

其三,国家政治结构通常依赖着的"部族平衡"策略将因为任何边界的变化而有所改变。吞并一定量的人口能够扩大一个国家内的某部族规模,这样会很快地引起国内的部族力量失衡,进一步导致部族矛盾和冲突。尼日利亚拒绝兼并约鲁巴族人居住的贝宁,国内政治考虑是一个重要因素。原来,尼日利亚独立后,豪萨-富拉尼族、约鲁巴族和伊博族在政治、经济、军事上均拥有雄厚的实力,形成"三足鼎立"的局面。它们之间的矛盾以及它们同各小部族的矛盾,对尼日利亚的政治局面、经济形式有着举足轻重的影响。兼并贝宁,就会增强约鲁巴族的实力,打破尼日利亚内部势力均衡的局面,进一步可能造成尼日利亚社会动荡。加蓬和喀麦隆就西班牙控制的穆尼河(Rio Muni)地区前途问题所执行的谨慎政策,就是因为吸纳穆尼河地区就会在它们各自国家陷入兼并另外芳族领域的纠纷。

其四,意识到在非洲边境现状中存在着共同利益。由于对外来煽动的脱离者来说,新独立国家维护国家安定的能力是非常脆弱的,大多数非统成员国相互尊重边界和回避要求立即修订边界对它们将是极为有利的。"由

---

① OAU Document, AHG/Res. 16（Ⅰ）; Ian Brownlie, *Basic Documents on African Affairs*, Oxford: Oxford University Press, 1971, pp. 360 – 361.
② Amadu Sesay, "The OAU and Continental Order", in Timothy M. Shaw, Sola Ojo, *Africa and the International Political System*, Lanham: University Press of American, 1982, p. 172.

于边界问题的存在,非洲国家间的边界冲突不断重演。新兴非洲国家领导人感到,尽管边界划分的不合理带来了人为的边界问题,但是,他们如果一开始就把边界问题提上来,就会陷入混乱。因此,他们决定把边界问题放在一边,不以武力改变边界,只通过谈判解决边界冲突。"①

当然,也有极少数国家反对非洲领土不可改变或持保留意见。在非统成立大会上,索马里总统阿卜杜拉·欧斯曼宣称:"某些人说,任何修改目前边界协定的意图,只能使局势恶化。因此,事物不应当变化。我们不同意这种观点……"摩洛哥国王哈桑二世支持各守现存领土现状又有保留:"关于在摩洛哥实际边界范围内,实现和维护它的领土完整问题,至关重要的是,人们应当心中有数,在非统组织宪章上签字,丝毫不能解释为明确或是暗示承认迄今被摩洛哥加以拒绝的既成事实,也绝不意味着放弃我们可以运用的合法手段,继续实现我们的权利。"②这些都为后来的领土冲突埋下了伏笔,即索马里与埃塞俄比亚、摩洛哥与阿尔及利亚以及摩洛哥与毛里塔尼亚等。

其实,早在1963年5月非统宪章制定时,非洲边界不可改变就成为新政策的起点。支持不改变非洲国家间领土现状的国家已不少。凯塔说过:"如果我们大家真的具有维护非洲团结的强烈愿望,那么我们就应当接受非洲的现状;如果我们不愿见到人们可能称之为黑色帝国主义的事物在非洲出现,那么我们就应当放弃领土要求……非洲统一要求我们每一个人完全尊重从殖民制度下接受过来的遗产,这就是维护我们各自国家的目前边界。"马达加斯加总统齐腊纳纳的见解更是一针见血:"以种族、宗教标准来改变国家边界,既不可能,也不受人欢迎……事实上,如果我们以人种、部族或宗教作为划分边界的准则,那么很可能会有许多非洲国家被从地图上抹掉……"

仅仅在非统成立4个月之后,就出现了阿尔及利亚与摩洛哥之间的边境冲突,对还在襁褓之中的非统来说不啻为一个极其严峻的考验。面对领土纠纷可能引发的极具爆发力的非洲的现实,非统感觉到仅有《非洲统一组

---

① [英]科林·勒古姆:《泛非主义、黑人精神和非洲民族主义》,《民族译丛》1983年第3期,第26页。
② [埃及]布特罗斯·加利:《非洲边界争端》,第7—27页。

织宪章》"尊重各个成员国的主权与领土完整和独立生存的不可剥夺的权利"和"通过谈判、调解、和解或仲裁,和平解决争端"等有关领土原则是远远不够的。随后,1964年7月21日,非统首脑会议通过了《关于非洲国家之间边界争端的决议》,要求成员国承认和尊重各国独立时期的领土和边界;一旦发生边界纠纷,通过和平方式在非统范围内解决。决议背后的政策是足够明确的。如果殖民地的边界划分被抛弃,可替代的边界划分将不得不被接受。如此重新划分边界的过程将会制造出混乱和威胁非洲的和平。即使修订边界原则被接受了,那么对于种族和部族复杂的非洲社会来说,在实施这一原则上将有相当大的困难。……决议的目标在于阻止主张国土统一者的政策和分离主义者的运动。[①]

同时,非统又通过了《关于调解、和解与仲裁委员会的议定书》,成立了"调解、和解与仲裁委员会",[②]并且支持在非统以外的以和平解决非洲国家间领土冲突为目的的其他行动,如"总统的斡旋"等。非统先后通过了《关于埃及与苏丹争端的决议》《关于乍得的决议》《关于西撒的决议》《关于乍得与利比亚争端的决议》《关于毛里塔尼亚与塞内加尔争端的决议》,[③]非统运用各种措施,竭尽全力,但由于本身的不足和掌握的资源不充分,解决成员国领土冲突问题上有不尽如人意的地方,但是总的说来,非统作出的贡献依然是不可磨灭的,在泛非主义的运动中,甚至在非洲和世界历史上都写下了光辉的一页。"非统组织在诸如协调机构、在非洲大陆上继续推进非殖民化以及调解国家之间纠纷等基本方面取得了广泛的一致意见。一直到1970年为止,通过非统组织调停解决的边境冲突还是有效的。"[④]"有些非洲边界争端……在最近几年,冲突的遏制政策和随后的解决已成为泛非主义最光辉

---

[①] Ian Brownlie, *African Boundaries: A Legal and Diplomatic Encyclopaedia*, Berkerly: University of California Press, 1979, p. 11.
[②] OAU Document, AHG/Decl. (XX).
[③] OAU Documents, AHG/Res. 97(XVI), AHG/Res. 101(XVII), AHG/Res. 103(XVIII), AHG/Res. 106(XIX), AHG/Res. 199(XXVI).
[④] [英]巴兹尔·戴维逊:《现代非洲史——对一个新社会的探索》,第331页。

的成就之一。"①

### (三) 个案分析

阿尔及利亚与摩洛哥

1830年,法国征服阿尔及利亚之后,在阿尔及利亚与摩洛哥交界处不断制造事端。1845年,法、摩签订了《拉拉—马尔尼亚条约》,规定两个村庄为摩的属地,其他村庄则由阿管辖。位于村庄以南的沙漠地区,条约声称"由于没有找到水,人无法居住,因此划分边界没有必要"。1912年,法国制订了所谓的"瓦尼埃线",划定了特尼埃萨西和科隆布—贝沙尔地区之间的边界。由于摩已成为法国的保护国,1928年,苏丹王不得不承认"瓦尼埃线"为行政和税收的边界线。但是,吉尔沙漠以南地区仍没有划定界限。由此,法国就剥夺了包括科隆布—贝沙尔地区在内的摩大片的领土。

1956年,摩获得独立,指责法国吞并科隆布—贝沙尔地区,并拒绝承认"瓦尼埃线"有任何法律效力,还成立了一个"法—摩边界联合委员会",多次向法国提出要求调整与阿在撒哈拉沙漠地区的边界问题。摩对阿西南地区提出领土要求,特别是蕴藏一个富铁矿的廷杜夫。② 1961年7月6日,摩政府与阿临时革命政府缔结了一项关于边界问题的秘密协定。成立一个"阿—摩委员会",研究解决两国边界问题。协定规定"摩洛哥国王陛下重申无条件支持阿尔及利亚人民争取民族独立和国家统一的斗争",阿临时政府则重申,通过阿与法国之间的谈判可能缔结的任何协定,在涉及阿与摩领土划界上,不应当使摩的利益受到损害。

然而,自1962年7月2日阿宣布独立之日起,两国在存在争议的科隆布—贝沙尔地区的哨所附近多次发生冲突。1963年10月13日,摩军队开进已属阿境内两国争议地区的哈希贝达和廷尤布两边境哨所。阿也不甘示弱,边界战争随即爆发。两国在进行大规模战争的同时,还互相攻讦,摩指

---

① Adekunle Ajala, *Pan-Africanism: Evolution, Progress and Prospects*, p. 143.
② Ian Brownlie, *African Boundaries: A Legal and Diplomatic Encyclopaedia*, p. 57.

责阿背后有埃及和古巴等国支持,阿指责摩得到了美国援助。①

　　非洲领导人恳求冲突双方停止使用暴力并且用和平方式解决彼此的争端。1963年10月15日晚,突尼斯总统布尔吉巴分别打电报给哈桑二世和阿总统本·贝拉,要求他们立即停止敌对行动。10月16日,突尼斯总统又向冲突双方发出新的呼吁,希望10月28日在突尼斯市举行一次外长会议。叙利亚、伊拉克和"阿拉伯联盟"理事会等加入调解行动,均未取得成果。这说明在马格里布与阿拉伯范围内调解尝试的失败。②

　　随后,在加纳、几内亚、马里和阿拉伯联合共和国等的推动下,于1963年10月15日和19日,摩、阿两国外长先后表达了愿意通过和平解决边界争端的愿望。双方的和解态度为调解和谈判创造了条件。在塞拉西和凯塔多次斡旋下,同年10月30日,摩洛哥、阿尔及利亚、埃塞俄比亚和马里等4国首脑在巴马科召开会议,成功地签署了一项决定,发表了联合公报。主要内容有5条:自1963年11月2日零时起,实行有效停火;成立由阿、摩、埃塞俄比亚和马里军官组成的委员会,负责划定一个非军事区;向非统呈递申请,成立一个仲裁委员会,负责审议边界纠纷并提出方案;从1963年11月1日起,双方停止一切敌对性宣传,并严格遵守不干涉他国内政的原则;通过谈判途径,解决非洲国家间的一切争端等。③ 这次峰会的成果不但被阿、摩两国而且被支持非洲统一观念的所有人誉为一个伟大成功。它表明了非洲领导人渴望促进这种统一,以及在没有外来干涉的情况下和平解决非洲问题已不是一个空想,也证明了非统能够起着一个决定性的作用。在调解人问题上,对比阿拉伯联盟,事实表明阿、摩两国更喜欢非统。④ 1963年11月2日零时,阿、摩边界实现了正式停火。

　　根据巴马科会议决定,1963年11月15日,非统外长理事会特别会议在

---

① Adekunle Ajala, *Pan-Africanism: Evolution, Progress and Prospects*, p. 144.
② 在阿拉伯地区范围内调解失败有两个原因:一方面是由于偏激的民族主义;另一方面,是由于阿拉伯联合共和国、叙利亚和伊拉克采取偏袒阿尔及利亚的立场。(参见[埃及]布特罗斯·加利:《非洲边界争端》,第34页。)
③ [埃及]布特罗斯·加利:《非洲边界争端》,第92—93页。
④ Adekunle Ajala, *Pan-Africanism: Evolution, Progress and Prospects*, pp. 147-148.

亚的斯亚贝巴召开。会议决定成立一个由埃塞俄比亚、马里、塞内加尔、象牙海岸、苏丹、坦噶尼喀和尼日利亚等7国组成的"特别仲裁委员会",对阿、摩边界争端进行调解。在非统调解下,阿、摩两国于1964年2月20日签订了一项有关非军事区的协定。同意划定一个非军事区作为两国之间的缓冲区。由于这个协定,阿、摩两国通过交换大使实现了外交正常化。随之,在阿、摩冲突中断绝的摩与埃及外交关系也得到了恢复。

在"特别仲裁委员会"的努力下,阿、摩签署了一个团结、合作条约,即《伊夫拉恩条约》。条约规定双方保证不诉诸武力解决争端,并同意将悬而未决的问题交给双方代表人数对等的边界委员会解决。阿革命委员会主席胡阿里·布迈丁称赞《伊夫拉恩条约》是"我们关系史上新的一页"。1970年5月27日,阿、摩同意成立一个对等委员会,负责划定从菲吉格到廷杜夫有争议地区的分界线。边界划法将是全盘继承法国旧有的分界线。还将委派一个阿、摩组成的委员会来研究共同开发卡拉杰比莱的矿藏。至此,阿、摩边界的冲突基本得到了解决。1972年6月12日,非统第九届拉巴特首脑会议上,哈桑二世郑重宣布,以遵守非统宪章的前提,阿、摩边界冲突得到了最终的解决。[1]

在解决阿、摩之间边界冲突过程中,非统付出巨大的努力,发挥了不可替代的作用。阿、摩之间争端的最终解决是非统在解决非洲国家间争端中发挥有效作用的证明,也显示出非洲领导人能够在非洲框架内解决自己内部的争端。面临目前的国际形势和任何冲突很容易发展成为超级大国间对抗的导火索时,这也是一个伟大的成功。[2] 然而,非统的调解虽然恢复了和平局势,但没有产生一个解决冲突的办法。[3] 加利也认为:"在非统组织一级进行的调解,仅仅取得了成功。该组织未能解决争端。然而,由于它接替了巴马科国家元首会议,通过成立仲裁委员会和提出种种建议,总算'冻结'了争执,并把它限定在马格里布范围内。此外,非统组织还成功地说服了摩洛

---

[1] OAU Document, AHG/Res, 68(Ⅸ).
[2] Adekunle Ajala, *Pan-Africanism: Evolution, Progress and Prospects*, pp. 149-150.
[3] Ian Brownlie, *African Boundaries: A Legal and Diplomatic Encyclopaedia*, p. 57.

哥不要求助于联合国,从而确认了在严格的非洲范围内,解决非洲争端的原则。"①

## 二、解决成员国间其他方面的冲突

### (一)关于对颠覆活动的指控

非统宪章明确规定了"无保留地谴责一切形式的政治暗杀及对邻国或其他国家进行颠覆活动"原则。非统建立前后,由于不同的国家或国家集团之间严重的政治和意识形态的差别,导致了它们互相指控对方进行颠覆活动。

1."非洲—马尔加什共同组织"国家与加纳之间的冲突

1965年"非洲—马尔加什共同组织"②国家与加纳之间的冲突是较为典型的例子。"非洲—马尔加什共同组织"一些成员国,特别是象牙海岸、尼日尔和上沃尔特3个国家指控加纳从事颠覆它们政权的活动,并以此原因拒绝参加1965年在加纳首都阿克拉召开的非统首脑第二届会议。然而,该组织国家对加纳的敌意还有更深的根源。法语非洲国家一直对加纳在非洲的好斗姿态、加纳与共产主义国家的密切关系以及恩克鲁玛批判"非洲—马尔加什共同组织"国家对冲伯的支持等极为不满。"非洲—马尔加什共同组织"国家想利用阿克拉非统首脑会议使加纳陷入政治上的孤立。在恩克鲁玛长期的对手乌弗埃-博瓦尼总统的带头下,该组织国家于1965年5月16日在阿比让召开会议,更加坚定了反对阿克拉的立场。它们提出不能参加1965年阿克拉非统首脑会议的原因是加纳收容了他们国家的不同政见者,加纳政府宣称给予从事颠覆"非洲—马尔加什共同组织"国家政权的活动以帮助。

---

① [埃及]布特罗斯·加利:《非洲边界争端》,第34页。
② "非洲—马尔加什共同组织"(OCAM):1965年2月,在毛里塔尼亚首都努瓦克肖特举行的13个法语国家〔喀麦隆、中非共和国、刚果(布)、乍得、达荷美、加蓬、象牙海岸、马尔加什、毛里塔尼亚、尼日尔、塞内加尔、多哥和上沃尔特〕首脑会议上,决定将"非洲—马尔加什经济合作联盟"改建为"非洲—马尔加什共同组织"。其宗旨是:加强非洲和马尔加什国家之间的合作与团结,以促进它们在政治、经济、社会、技术和文化方面的发展。1974年,该组织演变为"非洲—毛里求斯共同组织"。

第三章　巩固非洲国家独立　泛非主义新发展　/ 93

然而,随着罗得西亚①危机的出现,大多数非统成员国不愿因支持"非洲—马尔加什共同组织"而在非洲国家中间制造裂隙。由于在处理罗地区危机行动中,非洲统一更加必不可少,加之恩克鲁玛在罗得西亚的强硬立场以及对英国应对和平解决罗问题应负责任的质问,使他在非统赢得了崇高的尊重,结果"非洲—马尔加什共同组织"国家发现自己处于政治孤立之中。② 在1965年6月10日非统拉各斯特别部长理事会上,加纳的支持国获得了胜利。在会议上,让"非洲—马尔加什共同组织"国家惊诧的是加纳愿意并开始了驱逐所有在加纳的它们所谓的"不受欢迎者"。加纳还邀请非统部长理事会主席肯尼亚人约瑟夫·穆鲁比和秘书长特利在非统首脑会议举行之前访问加纳,以确定会议成功举行的各种措施。

原来,在1964年7月非统开罗首脑会议上,恩克鲁玛关于下届首脑会议在加纳首都阿克拉举行的建议得到了会议批准。③ 会议定于1965年9月1日召开。对于"非洲—马尔加什共同组织"国家的指控,恩克鲁玛倾向于即使错了④也要坚持干下去,但由于考虑加纳为建设会议中心已投入了好几百万英镑资金,担心会议不能召开,他开始反击"非洲—马尔加什共同组织"和对一些国家进行外交活动。1965年5月,为了弥合加纳与马里、几内亚两国关系,在马里首都巴马科,恩克鲁玛总统分别会晤了凯塔和杜尔。在阿克拉首脑会议的8天前,即1965年10月13日,恩克鲁玛再去巴马科,在凯塔主持下,会晤了乌弗埃-博瓦尼、阿马尼·迪奥里和莫里斯·亚梅奥果等3位加纳邻国的元首,并且就他们在阿克拉的安全给予了他个人的保证。⑤

尽管"不受欢迎者"被驱逐出了阿克拉,这一事实也被特利秘书长证实,

---

① 1980年4月18日,获得独立,改名津巴布韦共和国。
② Zdenek Cervenka, *The Unfinished Quest for Unity*, p. 75.
③ OAU Document, AHG/Res. 22(Ⅰ).
④ 加纳与邻国的矛盾要追溯到非统成立以前,但即使在签署非统宪章之后,恩克鲁玛仍错误地坚持寻求改变非洲当时一些国家的政权,而非统宪章庄严地确认和申明其成员国应遵循的"不干涉各国内政""尊重各个成员国的主权与领土完整和独立生存的不可剥夺的权利"和"无保留地谴责一切形式的政治暗杀及对邻国或任何其他国家进行颠覆活动"等原则。
⑤ Michael Woifers, *Politics in the Organization of African Unity*, pp. 154 - 155.

但包括乌弗埃-博瓦尼等在内的"非洲—马尔加什共同组织"8个成员国(象牙海岸、尼日尔、上沃尔特、喀麦隆、乍得、达荷美、加蓬和马尔加什)拒绝参加阿克拉非统第二届首脑会议。他们坚持认为那些"不受欢迎者"没有像在拉各斯非统部长理事会承诺的那样被驱逐出加纳国境。① 为了抚慰"非洲—马尔加什共同组织"国家,阿克拉非统首脑会议正式通过决议,非统不能容忍成员国内一个国家对另一个国家的颠覆活动,要求成员国之间禁止进行敌对宣传,和平解决国家间的争端等;② 还正式通过了1965年6月部长理事会的《关于颠覆问题的宣言》,宣言保证:不能容许非统成员国之间的任何颠覆活动;禁止利用媒体进行针对任何国家的敌对宣传;不能利用种族的、宗教的、语言的、人种的增加和恶化或其他不同来制造成员国间的分歧;关于所有的政治难民问题,应该严格遵守国际法的原则。③

2. 几内亚和塞内加尔之间的矛盾

1970年11月22日,在几内亚不同政见者的帮助下,葡萄牙士兵侵入科纳克里。1971年,几内亚指控塞内加尔庇护几内亚难民并与葡萄牙入侵科纳克里有牵连。非统组成了一个由塞拉西任主席的7个国家首脑组成的专门调解委员会,该委员会起草了一个协定,随后,杜尔和桑戈尔在协定上签了字。协定运用了《关于颠覆问题的宣言》原则,呼吁为了非洲统一必须反对当前共同的敌人——葡萄牙。原则内容有:不干涉其他国家的内部事务,尊重其国家主权;双方许诺禁止把他们各自的国土用作从事侵略和反对彼此国家的活动的基地;停止通过信息传媒进行敌对宣传。

两个月之后,由非洲国家发起,在亚洲与拉丁美洲的支持下,联合国大会正式通过《关于不能允许干涉国家内部事务的宣言》,重申阿克拉《关于颠覆问题的宣言》原则。④

---

① Zdenek Cervenka, *The Unfinished Quest for Unity*, p. 75.
② OAU Document, AHG/Res. 27(Ⅱ).
③ OAU Document, CM/ECM/Res. 9(Ⅴ).
④ UN General Assembly Resolution 2131 (ⅩⅩ) of 21 December 1965.

## (二) 关于军事政变

军事政变是影响非洲社会稳定的重要因素之一。到 1982 年为止,在独立后的非洲,有 48 个政府被推翻,28 个国家经历了政变。据不完全统计,在 1952 到 1985 年 33 年间,共发生 241 次军事政变。[①] 因此,非洲一些著名政治家纷纷被迫退出政治舞台,如恩克鲁玛、本·贝拉、托尔伯特和塞拉西等。

1963 年 1 月 13 日,多哥总统西凡虞·奥林匹欧被暗杀。非洲军事政变的"潘多拉盒子"被打开,"一个在现代世界中无法比拟的整个非洲大陆的不稳定时期开始了。"[②]奥林匹欧政府被推翻之后,通过军事政变上台的新政府的合法地位问题首次出现在非洲人的面前,成为非统要解决的难题。

由于坚持"不干涉各国内政"原则,非统对其成员国的军事政变只能被动地接受,即从"合法"让位给了"现实"。为了阐明这一演化过程,这里举出两个例子:1966 年被推翻的恩克鲁玛政权和 1971 年以后坦桑尼亚与乌干达之间的冲突。

1. 加纳的军事政变

1966 年 2 月,恩克鲁玛政权被军事政变推翻,在非洲乃至全世界都激起了强烈反响。杜尔、纳赛尔、尼雷尔和凯塔等 4 位总统愤怒地谴责加纳政变,并表示对恩克鲁玛的继续支持。为了参加 1966 年 2 月 28 日非统第五次部长理事会,加纳新政权代表团到达亚的斯亚贝巴。马里、几内亚、坦桑尼亚和埃及等 4 国对加纳的国书表示怀疑,并反对加纳代表团的出席。经过长时间辩论,会议决定接受加纳代表团作为大会的全权参与者,但是夹注一条附文:这并不意味着非统对加纳新政府的承认。期待被废黜的恩克鲁玛总统从北京派出的一个加纳代表团到来,接着的 3 天会议充满了未定的因素。恩克鲁玛派出的外交部长阿勒克斯·奎松-塞科(Alex Quaison-Sachey)并未去亚的斯亚贝巴,却到阿克拉投靠了加纳新政府。非统成员国

---

[①] 杨泰峰:《影响非洲现代化的因素浅析》,李保平、马锐敏主编:《非洲变革与发展》,北京:世界知识出版社 2002 年版,第 57 页。

[②] [美]戴维·拉姆:《非洲人》,第 143 页。

反对加纳新政府代表团的论调变得相当地虚弱。

在会议的第三天,加纳代表团团长要发言时,被"政治委员会"主席苏丹人穆哈迈德·哈利勒阻止,哈利勒裁定加纳代表团不被允许发言。后来,部长理事会会议主席立即召集一个全体参加的会议。在会议上,几内亚代表团已撤出这次会议。马里外交部长也宣布:"马里不能与加纳代表团坐在一起。我们也离开会场。"坦桑尼亚代表团领队说道:"我们需要统一,但统一有自己的原则。"这样,几内亚、马里和坦桑尼亚的代表团先后走出了会场。

第四天,又有5个代表团退出会场。肯尼亚部长解释说:"我们抗议承认加纳代表团。肯雅塔政府反对军事政变和漠视成立的军事当局。军事政变是非洲的和平与稳定的威胁。"

由于没有对加纳军事政变当局的任何挑战性的有效手段,加纳军事政权逐渐地得到了所有非统成员国的承认。在军事统治加纳的4年之中,除几内亚之外,只有赞比亚拒绝对加纳新政权的承认。出于个人的友谊和对恩克鲁玛的敬仰,卡翁达一直等到1970年布西亚博士领导的文人政权时才与加纳恢复正常关系。

2. 乌干达军事政变以及由此引起的乌干达与坦桑尼亚冲突

1971年1月25日,通过军事政变,阿明成为乌干达新总统。到那时,40个非统成员国中有30个国家的政权被军队通过非宪法的形式把持着。尽管乌干达军事政变对非统来讲已不再是个稀奇的事件,但它对非统造成的冲击还是巨大的。

在1971年2月16日亚的斯亚贝巴非统第十六次常会上,有两个乌干达代表团要参加会议,一个来自阿明政权,另一个则来自前总统奥博特。由于不能够解决乌干达代表的资格问题,部长理事会在3月1日无限期地休会,并把这个问题提交到同年6月非统首脑会议解决。这个决定在非统历史上是没有先例的。由于乌干达首都坎帕拉是1971年非统首脑会议和下次部长理事会的会址,情况更加复杂化了。时任非统部长理事会主席奥马尔·阿特赫和秘书长特利都强烈反对推翻奥博特总统。然而,时间对阿明有利,承认一个新政权是每个主权国家的事情而不是非统应关注的规则最终占了上风。但是,考虑到在坎帕拉召开会议将不可避免地引发支持与反对阿明的两派摊牌,于是决定会议在非统总部所在地亚的斯亚贝巴举行。

卡翁达总统写信给非统所有成员国,建议"为了非统的最高利益",1971年6月21日的非统第二十八届首脑会议和6月11日的部长理事会会议在同一个地点——亚的斯亚贝巴举行。结果,非统33个成员国政府首脑表示支持卡翁达的建议。乌指控卡翁达为了改变会议地点而违背非统宪章。改变会议地点的正确程序应该是召开一届非统特别首脑会议。对于决定改变非统会议地址,非统特别首脑会议才是唯一一个有能力的实体。然而,非统宪章并没有详述需要具体的大多数,卡翁达遵守非统宪章是为了得到2/3多数的非统成员国的赞同。①

1971年6月11日,非统部长理事会在亚的斯亚贝巴恢复举行。阿明所派出的特使身份得到会议承认,但是为了抗议改变会址,乌代表团没有参加随后的非统部长理事会和首脑会议。

由于坦桑尼亚接受已被推翻的乌干达总统奥博特的避难,因此尽管非统已承认了阿明政权,但也不能消弭乌、坦之间的摩擦。尼雷尔拒绝承认阿明政权合法地位主要有2个原因:其一,奥博特不仅是尼雷尔个人的朋友,而且是一个"表面的社会主义者";其二,尼雷尔很不喜欢军人政权。② 1972年9月,奥博特的支持者在坦边境发动了反对乌的军事行动。行动虽然失败了,但是这把乌、坦两国带到战争边缘。阿明指控坦桑尼亚、以色列对入侵者提供了帮助。作为报复,阿明命令乌空军轰炸了坦边境村庄。在1973年5月非统亚的斯亚贝巴第十届首脑会议上,奥博特散发了致所有非洲领导人的一封信,他指控阿明将军屠杀了8万乌干达人民。然而,奥博特恳请非统关注在非洲任何地方大规模屠杀非洲人民的事件,并没有受到会议关注。成员国之间互不干涉内政原则占了上风。由于阿明和尼雷尔的主动,在塞拉西的主持下,乌、坦签订了一个和好协定。

① Zdenek Cervenka, *The Unfinished Quest for Unity*, pp. 80 - 81.
② Amadu Sesay, Olusola Ojo, and Orobola Fasehun, *The OAU After Twenty Years*, p. 50.

但是,乌、坦之间的休战并没有持续多久。1973年非统首脑第十届会议后不久,两国大众媒体的口水战又重新开始了。对1975年7月非统第十二届首脑会议选择在坎帕拉举行和阿明出任非统主席,坦桑尼亚、赞比亚、博茨瓦纳和莫桑比克等提出了挑战,抵制了这届会议。1975年7月25日,坦以一个备忘录的形式强硬地表达他们抵制大会的原因。声明:不干涉别国内政原则是非统存在的需要。联合国成员国也接受这个原则。但是为什么对一个国家来讲谴责实行"种族隔离"制度的政府就是好的,而谴责一个进行大屠杀的独立非洲政府就是糟糕的?为什么因为种族压迫而要求孤立南非政府就是合法的,而因为拒绝与残忍地屠杀不同政见者的乌干达政府合作就是非法的?尽管声明没有提出阿明政权的合法性问题,但是它抛出了对乌干达的非统成员国合法资格的严重怀疑。而且,通过对乌干达与南非两国的比较,声明揭露了"不干涉别国内政"规则的谬误,[1]但大多数非统成员国还是参加了坎帕拉非统首脑会议。

1979年4月,阿明的反对者在坦正规军队的帮助下,推翻了阿明政权。阿明政权的合法问题以及由此引起的乌、坦两国的冲突问题才得到最终的解决。非统没有通过任何谴责坦的决议,并且对在坦帮助下上台的乌新政府给予合法的地位。[2]

### 三、解决成员国国内的冲突

针对成员国内部冲突,非统奉行不干涉内政的原则,同时,还是采取了一系列防止和解决冲突的措施,如组成"咨询委员会"等。1993年,非统建立"预防、处理和解决非洲冲突机制"的中央机构,并设置"和平基金"作为该机构开展维持和平行动的费用。1995年,该中央机构通过了《突尼斯宣言》。1997年,又在多哥首都洛美举行特别首脑会议。

非统先后对尼日利亚内战(1967—1970)、安哥拉内战(1975—1994)、苏

---

[1] Zdenek Cervenka, *The Unfinished Quest for Unity*, p. 82.
[2] Amadu Sesay, Olusola Ojo, and Orobola Fasehun, *The OAU After Twenty Years*, p. 52.

丹内战(1990)、索马里内战(1991)、卢旺达内战(1992—1993)和利比里亚内战(1993)等进行了调解和斡旋。

**尼日利亚内战**

"尼日利亚的民族、宗教矛盾同地区矛盾如同一双孪生兄弟,总是相互交织在一起,民族、宗教矛盾激化往往诱发地区矛盾;地区矛盾紧张常常夹杂着民族、宗教矛盾,比夫拉战争便是最有说服力的例子。"[1]主要信仰基督教的东部区伊博族、大多数信仰伊斯兰教的北部地区豪萨-富拉尼族和大多数信仰基督教和伊斯兰教约鲁巴族之间民族、宗教根深蒂固、盘根错节。由于盛产石油和经济作物棕榈仁、棕榈油、橡胶等,东区基本掌握着整个尼联邦的经济命运,地区之间矛盾尖锐。1967年7月至1970年1月16日,尼日利亚处于内战状况。

1967年9月,非统第四届金沙萨首脑会议通过决议,匡正了自己对尼内战问题的立场。在此会议之前,非统部长理事会考虑到尼内战是一个国家的内政,本着"不干涉各国内政"原则,并没有计划把尼问题列为这届非统首脑会议议程。然而,又觉得非统国家领导人在散会后没有留下关于尼问题的一言片语,这就会给坚持"非统无用论"的批评家们提供一个有力论据。该会议通过了一个决议,谴责了成员国内的任何分裂活动,宣布支持国家领土完整原则。会议认为尼的境况是不幸的和严重的。尼内战纯属尼的内部事务,应由尼人民自己解决。[2] 会议决定派遣一个由喀麦隆、刚果(金)、埃塞俄比亚、加纳、利比里亚和尼日尔等6国元首组成的"咨询委员会"在适当的时候访问尼,并使尼政府确信非统支持尼国家的领土完整、统一与和平。[3] 委员会的目的是调解尼政府与比夫拉分离主义者之间的关系。

尽管该"咨询委员会"成功地把双方的战斗人员带到谈判桌前,但是未

---

[1] 黄泽全:《尼日利亚两大难题:民族和宗教矛盾》,《西亚非洲》1993年第3期,第52页。
[2] OAU Document, AHG.51(Ⅳ).
[3] Ian Brownlie, *Basic Documents on African Affairs*, p.364.

能够使它们接受停止敌对行动。① 在相当大的程度上是由于刚果危机这一教训,压倒性多数的非统成员国支持尼政府反对比夫拉分裂势力。然而,所有非统成员国并不是铁板一块。很明显大部分是出于人道主义动机,坦桑尼亚和赞比亚等非洲国承认了比夫拉是一个主权国家。同年11月23日,"咨询委员会"访问了拉各斯,最后发表公报重申"任何解决尼内战的措施都必须以保持尼的统一和领土完整为前提"。1968年5月6日,乌干达总统奥博特主持下的尼内战谈判在坎帕拉举行,由于双方分歧太大,和谈破裂。

伊博人发生大批饿死的情况,引起了世界同情与关注的同时,也有力地推动了非统立即采取行动。为争取停火和谈判解决内战问题,在非统时任秘书长特利、非统1968和1969年各年任主席和"咨询委员会"主席塞拉西等的不懈努力下,于1968年分别在尼亚美、亚的斯亚贝巴召开了两次著名的和平会议,然而会议都没能取得成效。② 1968年9月非统第五届首脑会议在阿尔及尔举行,通过决议要求各成员国解除任何有损于尼和平、统一和领土完整的行为,敦促比夫拉放弃独立,维护尼的和平与统一。③ 1969年4月,"咨询委员会"在蒙罗维亚召开最后一次会议,仍然在尼内战的和解问题上没取得任何进展。1969年9月非统第二十六届亚的斯亚贝巴首脑会议再次通过决议,象牙海岸、加蓬、坦桑尼亚、赞比亚和塞拉利昂等5国弃权。决议敦促尼内战双方为了尼的统一和非洲利益进行停火和谈判。

1970年2月,内战结束,尼恢复了统一。戈翁政府采取了民族和解政策。由于巨额的石油收入,东区的经济很快得到了恢复。然而,这场大规模内战在世界历史,尤其是在非洲历史上写下了沉痛的一页。一位著名的伊博族小说家C. O. D. 埃克文西说道:"欧洲在35年之后仍然在讨论它的战争,所以你不能指望我们会在10年之内把一切都忘掉。""要实现真正的和解,还有许多事情要做,但我们已经走了一段很长的路,恐怕比非洲其他任

---

① Amadu Sesay, Olusola Ojo, and Orobola Fasehun, *The OAU After Twenty Years*, p. 37.
② Olusegun Obasanjo, *My Command*: *An Account of the Nigerian Civil War 1967–1970*, p. 157.
③ OAU Document, AHG. 54(V).

何一个民族走的路更长,这远不是仅仅开始。"①

## 第三节 难民问题

非洲存在殖民主义、种族主义统治以及非洲国家间持续不断的边界冲突、内乱、暴政和自然灾害等因素,致使非洲难民人数居高不下。这不仅影响非洲国家间的关系、阻碍非洲社会的进步与发展,而且为非洲造成了不好的国际声誉。非统对日益严峻的难民问题给予了极大的关注,本着泛非主义和人道主义原则,投入了巨大的精力和努力,先后制订和通过一系列决议、决定和公约,为提高非洲难民的尊严,改善难民生存和生活状况,为世界处理难民问题作出自己的贡献,树立了榜样。正如吉努尔·纳尔迪所说:在世界范围内就难民问题,非洲国家已取得了巨大成就。②

### 一、非洲难民问题的产生

"难民"一词源于近代早期的法国。1573年,法国把为躲避西班牙统治者迫害而被迫从尼德兰逃到法国的加尔文教徒称为"难民"。17世纪后半期,源于法文的英文词语"refugee"(难民)开始使用。"难民"从一出现就具有浓厚的政治色彩。20世纪早期,由于第一次世界大战以及民族国家的形成、巩固和扩展,难民问题开始出现。③

非洲难民问题是极其严重的。非洲难民人数之多、覆盖面之广、处境之艰难、持续时间之久和影响之大,在世界上的任何一洲都是绝无仅有的。非洲是世界难民数最多的大陆,在20世纪60年代初估计有40万,70年代初即超过100万,80年代初已达到400万,此后在400万至500万之间波

---

① [美]戴维·拉姆:《非洲人》,第411页。
② Gino J. Naldi, *The Orgnization of African Unity: An Analysis of Its Role*, London and New York: Mansell, 1989, p.88.
③ 李晓岗:《难民政策与美国外交》,北京:世界知识出版社2004年版,第2—5页。

动。① 到1998年,达700万,占世界难民总数的一半。截至1999年12月31日,非洲难民人数高达1 000多万。②

非洲难民分布很广,几乎遍布整个大陆,其中,以东北非、中部非洲和南部非洲最集中。东北非,主要是索马里、苏丹和埃塞俄比亚;中非,包括乌干达、布隆迪、卢旺达和刚果(金);南非,难民主要来自安哥拉、莫桑比克、津巴布韦、南非和赞比亚;西非,主要指来自摩洛哥占领下的西撒、几内亚和利比里亚等。

非洲难民处境十分悲惨,难民大多数是老人、妇女和儿童。由于得不到救济,缺衣少药,许多难民死于营养不良和疾病。1994年,卢旺达有数10万难民因为生存状况恶化而死。

非洲难民存在,由来已久,从20世纪50年代一直至今。尽管许多国家已经批准和签署了联合国有关难民的公约和议定书,但是非洲日益增加的难民问题已证明成为非统面临的一个难题。

非洲难民产生的原因主要有以下几个方面:

### (一) 来自未解放的非洲国家和地区

1. 来自种族主义统治下的南非和津巴布韦

南非在国内长期实行种族隔离统治,迫使大批黑人居民不得不离开故土,沦为难民,其中包括一般平民和争取民族解放人士。在邻国莱索托、斯威斯兰、博茨瓦纳和安哥拉等国,有来自南非的10多万难民。此外,在莫桑比克、赞比亚、坦桑尼亚和津巴布韦也有大量南非难民。

2. 来自殖民主义统治下的国家和地区

主要有莫桑比克、安哥拉、纳米比亚、西撒和几内亚比绍等。由于不堪殖民主义者的残酷统治和血腥镇压,大批当地居民逃离家园,沦为难民,包

---

① See *Refugees*, No. 43, July 1987, a monthly magazine published by the UNHCR'S Public Information Section.
② *Africa Recovery*, January 2001, p. 9,转引自杨利华《非洲联盟:理想与现实》,《西亚非洲》2001年第5期,第13页。

括一般平民和争取民族解放人士。

**(二) 来自非统成员国内**

1. 逃避自然灾害的难民

由于干旱、洪涝、蝗灾和荒漠化等自然灾害的频繁、大规模发生和发展，再加上非洲国家自身抵御自然灾害的能力非常有限，非洲难民问题愈加严峻。1982年，非洲开始大旱灾，不仅包括萨赫勒地区[①]的国家，还波及非洲其他地区，共计34个国家。受灾人口占当时非洲总人口的1/3，饿死了数百万人口，是20世纪最严重的一次自然灾害。埃塞俄比亚受到沉重的打击，该国2400万人口中有900万陷于饥饿状态。大批人口不是投奔救济站，就是流落到埃及、吉布提、苏丹和索马里等国，其中，有30万人因得不到最低的救济而饿死。莫桑比克有10万难民流落到津巴布韦。

2. 逃避非洲国家间边境冲突

由于不考虑当地的自然、社会和民族事实，武断地划界，不仅使一部分居民离开新独立的国家，而且国家因为边界问题发生冲突，甚至大规模战争。从20世纪60年代开始的索马里与埃塞俄比亚边界冲突，使欧加登地区150多万人沦为难民，其中，100多万人逃到索马里，余下的流落到苏丹。其他如摩洛哥与阿尔及利亚、喀麦隆与尼日利亚以及索马里与肯尼亚等之间边界争端，都有大批难民产生。

3. 躲避内乱

据联合国难民事务高级专员办事处（UNHCR）、联合国儿童基金会（UNICEF）估计，1986年安哥拉和莫桑比克的内战和重建，导致14万儿童失去生命，而仅在1988年又有14.7万年轻的安哥拉和莫桑比克人丧生。[②]

---

[①] 萨赫勒（Sahel）地区：阿拉伯语意为"沙漠之边"。指非洲苏丹草原带北部地带。跨马里塔尼亚、马里、尼日尔、塞内加尔、冈比亚、乍得和布基纳法索等国，境宽320—480千米，具有从典型的热带草原向撒哈拉沙漠过渡的特点。年降水量从南部的700毫米递减到北部的200毫米，植被主要是草本植物和有刺灌木。由于滥伐树木等原因，沙漠化日益扩大。（参见辞海编委员会编：《辞海》，第1628页。）

[②] Yassin El-Ayouty, *The Organization of African Unity after Thirty Years*, p. 90.

在乍得内战中,有20多万居民逃亡到喀麦隆和尼日利亚。尼日利亚内战造成数以百万计伊博族难民。1983年,由于内战,苏丹有几十万难民流落异乡。

4. 从民族和部族冲突中逃离的少数民族

1962至1973年,卢旺达胡图族对图西族的屠杀,造成大批图西族难民流落异邦。1994年4至7月的100天时间,胡图族和图西族的新一轮屠杀中,不仅有50万人被杀,更有卢旺达400万难民流落他乡。由于兰戈族、阿乔利族和巴干达族之间的冲突,从20世纪中期以后乌干达国家形势动乱,也造成大批外逃难民。

5. 逃离粗暴践踏人权的国家

乌干达在阿明统治时期,有30多万难民逃到坦桑尼亚、卢旺达和苏丹。赤道几内亚在弗朗西斯科·恩格莫整个10年暴政中,有305万多人逃离自己的祖国。①

6. 逃出政策失当的国家

在杜尔执政后期,由于政治黑暗和经济凋敝,数10万几内亚居民逃亡邻国或西欧国家。

## 二、非统关于难民问题的成就

在处理非洲难民问题的过程当中,非统充分地借鉴和和吸取了联合国有关方面的经验、原则和措施,并在此基础上,形成了一套具有非洲特色的规章制度。

### (一) 联合国有关难民问题的文件内容

考虑到《联合国宪章》和《世界人权宣言》所确认的人人享有基本权利和自由不受歧视的原则,鉴于世界难民问题的严重性,联合国先后通过了一系列有关难民问题的公约。1950年12月14日,联合国大会通过了《联合国难

---

① Amadu Sesay, Olusola Ojo, and Orobola Fasehun, *The OAU After Twenty Years*, p. 83.

民事务高级专员办事处规程》。1951年7月28日,联合国于日内瓦通过了《关于难民地位的公约》。1967年1月31日,联合国在纽约又订立了《难民地位议定书》。

在世界有关难民法律发展的进程中,联合国《关于难民地位的公约》是一个分水岭。但是由于它是对第二次世界大战的一个反应,在地理上和时间上局限于"1951年1月1日以前在欧洲或其他地方发生的事情"[1],《关于难民地位的公约》起初的效用就受到了一定限制。

20世纪50年代以后,世界难民数量在不断地增加,考虑到全球难民问题缺少一个更全面更有效的解决办法,有必要拓展联合国《关于难民地位的公约》的应用范围和效用。1967年1月31日,联合国又通过了《难民地位议定书》,由于其没有了地理和时间上的限制,就作为《关于难民地位的公约》的补充法律。《难民地位议定书》第一条第二款规定:"本议定书称难民者,除关于本条第三款之适用外,谓公约第一条定义范围内之任何人,唯第一条第一款(2)中'由于1951年1月1日以前发生之事件及……'字样及'……因此事件'字样视同业已删除。"其第一条第二款又补充说明:"本议定书由各缔约国实施,不受地区限制,但已成为公约缔约国之国家依公约第一条第一款(1)(a)规定所作之现有声明,除依公约第一条第二款(2)规定推广者外,就本议定书而言亦适用之。"[2]

《关于难民地位的公约》和《难民地位议定书》的第一条都有"由于1951年1月1日以前发生的事情因有正当理由畏惧由于种族、宗教、国籍、属于某一社会团体或具有某种政治见解的原因留在其本国之外,并且由于此项畏惧而不能或不愿该国保护的人;或者不经常有国籍并由于上述事情留在他以前经常居住国家以外而现在不能或者由于上述畏惧不愿返回该国的人。对于具有不止一国国籍的人,'本国'一词是指他有国籍的每一个国家。如果没有实在可以发生畏惧的正当理由而不受他国籍所属国家之一的保护

---

[1] Guy S. Goodwin-Gill, *The Refugee in International Law*, Oxford: Oxford University Press, 1983, p. 253.
[2] Guy S. Goodwin-Gill, *The Refugee in International Law*, p. 270.

时,不得缺乏本国的保护"①。从中可见难民身份的确定须满足以下4个标准:其一,他们现处在自己的出生国或国籍所在国之外;其二,他们不愿或不能利用那个国家的保护,或者他们不愿或不能返回那个国家;其三,他们确实有以事实为依据的害怕被迫害的正当理由;其四,害怕被迫害的理由是基于种族、宗教、国籍、属于某一社会团体或某些政治见解的原因。从这几点来看,联合国并未把因为干旱、洪涝和飓风(台风)等不可抗拒的自然灾害造成的流落异乡的人视为难民。

《关于难民地位的公约》还规定:"缔约各国对难民不分种族、宗教或国籍,适用本公约的规定。""任何缔约国不得以任何方式将难民驱逐或送回('推回')至其生命或自由因为他的种族、宗教、国籍、参加某一社会团体或具有某种政治见解而受威胁的领土边界。"②"联合国难民事务高级专员办事处"根据有关规定,负责执行联合国的有关难民问题的法规,给予难民在联合国所主持下的国际保护,与成员国积极协调,协助私人组织等遣返难民,鼓励难民自动回国或与新国度同化,以期最终解决世界难民问题。

### (二) 非统关于难民问题的文件内容

尽管许多非洲国家已经签署了联合国《关于难民地位的公约》和《难民地位议定书》,然而,非洲日益严峻的难民问题已被证明是对成员国之间友好关系的一个严重考验和对非洲发展的极端不利因素,因此,本着非统宪章精神解决难民问题成为一个重大课题。

当非洲人开始从阿尔及利亚独立战争、南非以及葡萄牙殖民地逃离时,20世纪50年代开始的非洲难民问题获得巨大的动量。然而,在20世纪60年代初,当大批难民从殖民地逃离到一些取得独立非洲国家时,非洲难民问题已变成一个国际关注问题。随着更多国家获得民族解放,非洲大陆难民数量也在相应地增长。

---

① Guy S. Goodwin-Gill, *The Refugee in International Law*, p. 253.
② Guy S. Goodwin-Gill, *The Refugee in International Law*, pp. 255, 263.

在非统,解决难民问题最初的依据体现在《非洲统一组织宪章》的"协调并加强它们之间的合作与努力以改善非洲各国人民的生活",这是非统的宗旨之一。有关难民问题的非统决议,最早在1964年2月24至29日非统部长理事会第二次特别会议上通过。1962年7月1日,卢旺达获得独立,执掌国家大权的胡图族开始对图西族进行报复性屠杀,致使大批难民涌入卢旺达周边邻国寻求避难。鉴于卢旺达严峻的形势,非统部长理事会通过了有关卢旺达难民问题的决议。决议决定组成由卢旺达、布隆迪、刚果(利)、乌干达、坦桑尼亚、塞内加尔、尼日利亚、加纳和喀麦隆等9国参加的一个委员会,负责调查非洲难民问题,并向部长理事会报告;研究维持难民营的方法和措施。[①]

1964年7月13日,非统部长理事会第三次常会通过了有关难民问题的委员会决议,要求该委员会制订一个包括非洲难民问题所有方面的公约草案。[②] 该委员会的《关于非洲难民问题》草案,得到1965年10月21日阿克拉非统首脑第二次会议的批准。该草案重申本着人道主义和兄弟般的友好情谊,希望给予来自任何非统成员国的难民所有可能的帮助,要求成员国遵照联合国有关规定妥善处理难民问题。[③] 由于加纳被其邻国(象牙海岸、达荷美、尼日尔和上沃尔特等)指控为它们的不同政见者提供庇护,支持他们进行颠覆活动,首脑会议又通过了《关于颠覆问题的宣言》。宣言涉及"政治难民"问题。决议要求对待来自任何成员国的政治难民都要严格遵守有关国际法原则,不容许利用己国国土支持异国政治难民进行颠覆他国的活动,继续维护来未独立国家政治难民的安全,支持他们为解放各自的祖国而进行的斗争等。[④] 1966年10月,非统部长理事会第七次亚的斯亚贝巴常会通过了有关非洲难民问题决议,继续要求非统成员国加入1951年联合国有关难民公约。[⑤]

---

① OAU Document, CM/Res.19(Ⅱ).
② OAU Document, CM/Res.36(Ⅲ).
③ OAU Document, AHG/Res.26(Ⅱ).
④ OAU Document, AHG/Res.27(Ⅱ).
⑤ OAU Document, CM/Res.88(Ⅶ).

1969年9月6至10日,非统首脑会议正式通过了《关于非洲难民问题的公约》。《关于非洲难民问题的公约》"承认经1967年1月31日议定书修改的1951年7月8日联合国公约是有关难民地位基本的和普遍性的文件,它反映出各国对难民的深切关怀和为难民待遇确定的共同标准"。该公约还指出,庇护难民是人道主义行动,任何成员国都应把它视为善事。特别是其第八条有"本公约应作为1951年联合国关于难民地位公约在非洲地区的有效补充",这可以说明相对于联合国《关于难民地位的公约》和《难民地位议定书》,《关于非洲难民问题的公约》有自己特别之处。非统公约有创新的地方主要表现在:

1. 难民定义的内涵有所扩展

《关于非洲难民问题的公约》的第一条第一款重复了《关于难民地位的公约》第一条第一款(2)的内容,即难民定义。《关于非洲难民问题的公约》第一条第二款又补充:"'难民'一词也适用于凡由于外来侵略、占领、外国统治或严重扰乱其原住国或国籍所属国的一部分或全部领土上的公共秩序事件,而被迫离开其常住地到其原住国家或其国籍所属国以外的另一地方避难的人。"从中可以看出,《关于非洲难民问题的公约》的重大举措是通过其宪章第一款第二款扩大了难民概念的内涵,即包括了从社会动乱中逃出的人们。[①] 非统把难民扩展到从殖民地或种族隔离国家逃出来的人(其中包括民族解放运动成员)和因自然灾害逃亡的人。

2. 禁止颠覆活动,涉及政治难民

《关于非洲难民问题的公约》序言第四条:"迫切希望把寻求和平和正常生活的难民,同逃离本国仅仅为了从外部进行颠覆活动的人区别开来。"公约第三条:"每一难民……不得从事反对非洲统一组织任何成员国的任何颠覆活动"。

3. 难民寻求避难权利

难民的避难权利最早是在1948年12月10日联合国大会通过的《世界

---

① Gino J. Naldi, *The Orgnization of African Unity: An Analysis of Its Role*, p.92.

人权宣言》(UDHR)中提出的,其第十四条第一款规定"人人在各国境内有权自由迁徙和居住"。① 非统《关于非洲难民问题的公约》通过缩小国家主权概念而强化了"庇护"概念,尽管难民没有自动庇护的权利,最终庇护的给予却是国家的一个天赋权利。因而它宣布庇护的给予是一个和平的人道主义的行动,这个行动绝不能被其他非统成员国视作不友好的举动。

此外,非统成员国必须尽自己最大的努力收容难民和保证安全地解决那些不愿或不能返回他们原居住国的人们。② 然而,1981年6月28日,非统第十八届首脑会议却通过了《非洲人权和民族权宪章》(《班珠尔宪章》),其第十二条第三款规定:"每一个人在遭到迫害时均有权依照其他国家的法律和国际公约在其他国家寻求和获得庇护。"③比较由原来的"畏惧"到这里的"遭到迫害",似乎非统难民的概念在缩小,难民身份的获得更难了。

4. 确立"自愿遣返"原则

《关于非洲难民问题的公约》第五条是有关"自愿遣返"的规定。强调"在任何情况下,都应尊重遣返必须属于基本自愿的性质,如违背本人自愿,不得遣返难民";如果一个难民的确希望被遣返,庇护国与原住国应通力合作,保障遣返难民的人身安全;"原住国在接受回国难民时,应为其重新定居提供方便,准许他们享有该国国民的全部权利和特权,并使他们尽同等义务。"已被遣返回到国内的难民,原住国不得以任何理由"给予惩罚"。另外,难民希望被遣返到具体国家(针对拥有两个或两个以上国籍者)的要求,应该得到尊重。

1967年9月4至10日,非统部长理事会第九次常会通过决议,要求成员国加入1951年联合国有关难民公约和1967年有关难民地位议定书。④

1979年5月,在阿鲁沙关于难民状况的泛非会议(后称"阿鲁沙会

---

① Gino J. Naldi, *The Orgnization of African Unity: An Analysis of Its Role*, p. 240.
② Gino J. Naldi, *The Orgnization of African Unity: An Analysis of Its Role*, p. 93.
③ Amadu Sesay, Olusola Ojo, and Orobola Fasehun, *The OAU After Twenty Years*, p. 112.
④ OAU Document, CM/Res. 104 (Ⅸ).

议"),这是在非洲难民法领域一个更重大的发展。会议是由非统、联合国难民事务高级专员办事处、联合国非洲经济委员会和一个民间自愿组织共同赞助召开的,是为了回顾被联合国、非统公约所涉及的非洲难民的所有方面和考虑它们的目标。38个非统成员国和非统所承认的民族解放运动的代表参加了大会。会议采纳了一些建议,如"20世纪80年代的非洲难民情况和解决该问题的可能的办法"等。

阿鲁沙会议的建议分为两种类型;其一,关于法律和保护的问题。由于法律和保护的问题反映了非洲国家对联合国和非统的关于难民公约的解释、发展和执行观点,所以它是值得特别注意的。其二,关于社会、经济和行政上的问题。阿鲁沙会议的建议得到1979年6月非统部长理事会第三十三次常会和同年联合国大会分别赞同。① 这不能不说明阿鲁沙会议在难民法律的发展上取得了长足进步。

1981年6月非统首脑第十八届会议和2000年7月非统首脑第三十六届会议也分别就非洲难民问题通过了决议和表达了愿望。尽管随后阿鲁沙会议的建议得到了非统和联合国的认可,但它们没有法律约束力,只有微不足道劝告的效果。虽然如此,在敦促非统成员国更有效地承担国际责任方面,阿鲁沙会议是非统成员国政治意志一个重要的表达,即按照联合国和非统公约非统成员国重申自己法律和人道主义的责任。②

1979年7月蒙罗维亚非统第十六届首脑会议通过决议,准备"为建立一个促进和保护人权和民族权的机构起见,先提供一份《非洲人权和民族权宪章》预备草案"③。1981年6月24至28日,非统第十八届首脑会议通过了《非洲人权和民族宪章》。④ 该宪章"重申……适当地估计《联合国宪章》和《世界人权宣言》促进国家间合作的庄严誓言;考虑到它们历史的传统美德和非洲文明的生活价值理应启发它们对人权和民族权概念的思考,并且

---

① OAU Documents, CM/Res. 727(XXXIII) and UN Resolution 34/61(1979).
② Gino J. Naldi, *The Orgnization of African Unity: An Analysis of Its Role*, pp. 98,99.
③ OAU Document, AHG/Res. 115(XVI).
④ OAU Document, AHG/Res. 68(XVIII).

理应使它们的思考具有自己的特色"①。《非洲人权和民族宪章》借鉴《联合国宪章》和《世界人权宣言》,又加进了具有非洲特色的思想内容,规定了包括难民在内的非洲人人权和民族权,是提高和保护非洲人民权利的表现。

### 三、非统解决难民问题的主要机构和会议

在非统成立之初,非统创立者们就认为,不能把非洲难民问题完全留给难民的接纳国和难民的来源国来处理。非洲难民问题的永久解决就是要求所有的非统成员国以及整个国际社会的通力合作。非统为此专门建立了一些机构并召开了一系列重要会议。

#### (一) 主要机构

联合国为了向难民提供法律上的保护和寻求永久地解决难民问题,于1950年创立了"联合国难民事务高级专员办事处"。它是个非政治组织,职能是实行人道主义。

按照联合国《关于难民地位的公约》第三十五条规定,"缔约各国保证同联合国难民事务高级专员办事处或继承该公署的任何其他机关在其执行职务时进行合作,并应特别使其在监督使用本公约规定而行使职务时获得便利。"②这说明包括非统在内的其他国际组织或国家有与"联合国难民事务高级专员办事处"进行合作的义务。同时,该委员会有责任监督《关于难民地位的公约》的执行情况,以确保保护和帮助难民的有效性。

非统《关于非洲难民问题的公约》第八条第二款:"各成员国应同'联合国难民事务高级专员办事处'合作。"为解决难民问题,在借鉴了联合国有关难民机构的经验的基础上,非统创立了三个与难民有关的机构。

---

① Amadu Sesay, Olusola Ojo, and Orobola Fasehun, *The OAU after Twenty Years*, p. 109.
② Guy S. Goodwin-Gill, *The Refugee in International Law*, p. 263.

1. 专门委员会

1964年2月,拉各斯非统部长理事会第二次特别会议通过了有关卢旺达难民问题的决议,决定组成由卢旺达、布隆迪、刚果(利)、乌干达、坦桑尼亚、塞内加尔、尼日利亚、加纳和喀麦隆等9个国家参加的一个"专门委员会",负责调查非洲难民情况,并向部长理事会报告;研究维持难民营的方法和措施。

鉴于非洲难民数量激增和难民问题的复杂性,扩大这一有关难民的专门委员会很有必要。1980年6月18至28日,非统部长理事会第三十五次会议召开于弗里敦,会议通过关于非洲难民情况的决议,根据非统成员国要求决定把关于难民问题的委员会成员国的数量增加到15个。[1] 该专门委员会每年开一次会议,委员会又名"非统15人委员"。

2. 非统关于帮助非洲难民的合作委员会

"非统关于帮助非洲难民的合作委员会"是非统处理难民问题的第二个重要机构,成立于1968年。1967年,在非统、"联合国难民事务高级专员办事处""联合国非洲经济委员会"(UNECA)等组织联合赞助下,第一次关于非洲难民的法律、经济和社会方面国际会议在亚的斯亚贝巴举行。合作委员会由18个专家组成,这些组织都有关于非洲难民的工作计划。合作委员会的作用是指导非统明确地表述自己的工作计划和筹集使这些计划运转所需的资金。合作委员会每年在非洲国家首都召开一次常会,是为了审查非统与难民有关的活动和考虑非统有关被非统15人委员会必须考虑的事情的报告。

3. 非统难民署

与"非统关于帮助非洲难民的合作委员会"一样,"非统难民署"出现在1967年非统有关难民会议上,成立于1968年。其前身是"非洲难民安置和教育署"(BPEAR)。"非统难民署"是非统秘书处所属的一个管理机构,负责履行非统秘书处关于难民问题的政策。对于非统15人委员会和非统合

---

[1] OAU Document, CM/Res. 814 (XXV).

作委员会,它也充当非统秘书处的角色。

1969年,非统与联合国难民高级专员办事处订立了《关于非洲难民问题合作的协定》,确立了"非统难民署"的五点特殊功能:其一,通过奖学金、教育和培训,提高难民的职业和技术水平,增强难民就业能力。其二,着手调查所有与难民和被迫离开自己国家的人有关的问题,提高难民的收入,使难民自力更生,减轻非统成员国的经济负担。其三,为了吸引一般公众对非洲难民苦难的注意,进行收集、甄别和传播与非洲难民状况有关的信息。"非统难民署"出版发行了通讯刊物——《非洲难民》。其四,为非统成员国政府提供所需的专家性的建议。其五,与联合国难民事务高级专员办事处积极合作。通过建立与有关的政府以及难民必要的联系,努力确保难民的物资保障。①

### (二) 主要会议

非统致力于解决非洲难民问题,还体现在由非统主办或联办的一些不同层次的会议上。主要有以下会议:

1. 1967年,在亚的斯亚贝巴举行"关于法律、经济和社会方面的非洲难民会议"。这是此类会议的第一次会议。

2. 1979年,在阿鲁沙举行"关于难民状况的泛非会议",会议级别是部长级,38个非统成员国的代表与会。

3. 两次"关于援助非洲难民的国际会议"(TCARA),由非统与联合国共同主办。第一次会议于1981年5月在日内瓦召开,为非洲难民筹集资金5.74亿美元;第二次会议于1984年6月举行。

4. 1983年3月,在阿鲁沙召开"非统秘书处和自愿代理处会议",目的是开发合作战略和设计新行动计划或至少改善非洲难民处境。

5. 1988年8月,在非统与联合国联合主办下,"关于南部非洲的难民、

---

① Christopher J. Bakwesegha, "The OAU and African Refugees", in Yassin El-Ayouty, *The Organization of African Unity after Thirty Years*, pp. 83–85.

回返者和流离失所者境况的国际会议"(SARRED)在挪威奥斯陆举行。有100多个来自联合国成员国、民族解放运动和无政府组织与会。会议通过了一个《关于南部非洲①难民、回返者和流离失所者境况的奥斯陆宣言和行动计划》,指出南部非洲难民、回返者和流离失所者问题空前严重,总人数已达540万,问题根源是南非的种族隔离政策、南非对纳米比亚的非法占领及其在南部非洲地区推行的侵略、破坏政策;呼吁国际社会在向南部非洲难民提供紧急援助的时候,充分重视发展援助;并阐述了提供援助的途径和领域,重申了国际社会公平负担的原则。行动计划坚定了致力于解决南非难民的4个主要方面措施:紧急预备、需要评估和递送援助、恢复和发展以及资源的动员。

6. 向索马里提供人道主义援助的协调会议,于1992年2月和1992年12月分别举行了两次会议。

7. 1994年8月,举行了援助卢旺达难民的国际会议。

8. 2000年3月,增加涉及难民人权的研讨会在几内亚举行,会议由非统与"联合国难民事务高级专员办事处"联办。会议坚定了非统态度和指导了将来的行动方针。②

非洲各国遵守非统和联合国有关难民的公约,积极安置当地难民。在难民流落的国家和地区,不论当地物资条件多么匮乏,难民都会得到一定的安置。许多地区不仅安排了难民生活,还为难民创造生产条件,使之逐步成为自食其力的社会成员。坦桑尼亚在这方面作出突出贡献,安排了20万难民的生活和生产,接纳3.5万难民成为本国国民。为表彰其杰出贡献,1983年联合国难民事务高级专员办事处特授予尼雷尔总统南森难民奖。1997年,刚果(金)和苏丹也各接纳40万以上的难民。

总之,非统作为非洲大陆最大的国际组织,自从它诞生时起,一直秉承

---

① 这里指安哥拉、博茨瓦纳、莱索托、马拉维、莫桑比克、斯威士兰、坦桑尼亚、赞比亚和津巴布韦等9个国家。
② Rachel Murray, *Human Rights in Africa from the OAU to the African Union*, Cambridge: Cambridge University Press, 2004, p.192.

泛非主义思想和信念,为减轻和最终解决非洲难民问题付出了不懈的努力。"非统为非洲的难民和被迫离国者提供的法律保护是必须得到赞颂的,由于它比普遍接受的国际标准更前进了一步,对比其他的国际社会,非统的确应作为人道主义的范例。"[1]非统不只通过了一些有关难民的法律文件,并且还为此举行了一系列会议,积极与联合国等国际社会合作,大大减轻了非洲难民的疾苦和非洲国家的负担,捍卫了非洲人民的人权与尊严,更进一步说它为非洲大陆最终摆脱殖民主义、种族主义和帝国主义的统治,实现泛非主义的一大目标——实现非洲的民族的彻底解放作出了杰出的贡献。

然而,由于独立国家之间的争端依然存在,国家内部的种族、部族、宗教等利害冲突远未消除,再加上非洲国家经济贫困和对自然灾害的抵御力弱小,由此引发战争和内乱,非洲每年仍有大批的难民产生。要最终在非洲解决难民问题,必须实现国家和解、民族和睦、经济发达以及每个难民自力更生。正如顾章义所言的:"所谓难民问题的彻底解决,一方面,是使现有难民成为自食其力的积极的社会成员;另一方面,要消除难民再生的根源。"[2]

---

[1] Gino J. Naldi, *The Orgnization of African Unity: An Analysis of Its Role*, p. 103.
[2] 陆庭恩、彭坤元主编:《非洲通史·现代卷》,第600页。

# 第四章　促进非洲经济发展泛非主义新尝试

自独立以后,非洲国家就面临着发展国民经济以改善人民生活、巩固国家独立的艰巨任务。作为非洲最大最重要的国际组织的非统勇敢地肩负起这项神圣的使命,致力于引领非洲国家经济建设与发展,推动非洲人民生活改善、社会进步和国家独立的巩固。

非统引导非洲经济发展的努力主要表现在以下 3 个方面:其一,成立自己的机构,积极开展与国际组织的经济合作。非统成立了"非统经济和社会委员会"和"非洲开发银行"等机构,加强与联合国等国际组织合作。其二,帮助非洲国家克服经济困难,如克服 20 世纪 70 年代"世界石油危机"造成的严重冲击。其三,积极推动非洲经济结构调整。自 20 世纪 70 年代到 21 世纪初,非统先后通过了《蒙罗维亚战略》《拉各斯行动计划》《亚的斯亚贝巴经济宣言》《1986—1990 年非洲复苏优先计划》和《关于非洲经济和社会危机向特别联大提出建议》等一系列文件。其四,努力为非洲经济发展创造良好的外部环境。加强与联合国、"七十七国集团"等国际组织合作,推动建立国际经济新秩序。其五,促进非洲经济一体化建设。为此,非统先后通过了《经济宣言》《关于建议建立非洲经济共同体的决议》和《建立非洲共同体条约》等文件,并积极开展与"西非国家经济共同体""南部非洲发展共同体"和"东南和南部非洲共同体"等非洲次区域经济组织的合作。

英国学者齐德尼克·塞文卡说:"很不幸地,非统在非洲的经济发展和非洲内部间的经济合作上没有可多说的。对比非统在非殖民化方面取得的进步和国际反种族隔离运动的胜利,它在经济领域的表现是让人失望的。"①但非统为非洲经济发展所作的探索、尝试与努力,还是值得充分肯定和记取的。

## 第一节 非洲的经济状况

非统时期,非洲国家先后经历了民族经济初步形成、经济衰退和经济结构调整等3个时期。整个非统时期,非洲一直处于世界经济的边缘。

### 一、非洲民族经济初步形成(20世纪60—70年代中期)

年轻的非洲国家的经济形势十分严峻:外国垄断资本家仍牢牢地控制着金融、工矿、交通和农业等经济命脉;依靠单一的商品、落后的农业、小规模的非洲经济总量、轻工业品依赖进口和低速增长的国内生产总值等殖民地特征并没有自行消失。

面对这种境况,非洲领导人决心把精力投入到民族经济建设上来。恩克鲁玛把企图利用经济手段达到控制非洲国家的西方强国视为"新殖民主义",他说过:"应该随着政治独立而来的,并且借以政治独立的经济独立,要求人民付出一切努力并动员全部的智力和人力。"②尼雷尔认为:"一旦自由政府成立,它的最高任务首先是建立国家经济。要想取得这方面的胜利,就必须号召全国作出最大的团结一致的努力。这不亚于反对殖民主义的斗争。不能给分歧和分裂以余地。"③乌弗埃-博瓦尼也认为:"没有一个健全的平衡的和自主的经济,'独立'这个概念只是一句空话。"④早在1958年4月,阿克拉第一次"非洲独立国家会议"就通过了有关经济合作的决议,"考虑到

---

① Zdenek Cervenka, *The Unfinished Quest for Unity*, p. 176.
② [加纳]克瓦米·恩克鲁玛:《恩克鲁玛自传》,第4页。
③ [英]罗兰·奥利弗、安东尼·阿特莫尔:《1800年以后的非洲》,第347页。
④ 陈公元、唐大盾、原牧主编:《非洲风云人物》,北京:世界知识出版社1989年版,第190页。

应采取措施以使这些国家得到经济解放。"[①]1961年3月,开罗第三届"全非人民大会"通过了《关于改组结构和消除殖民主义残余的决议》和《关于经济问题的决议》,指出政治独立需要经济独立来保卫和巩固,实现经济独立建立在消灭殖民主义、新殖民主义经济和建设本国民族经济的基础之上。[②]

独立后,非洲国家选择的发展道路大体归结起来主要有"非洲社会主义"与自由资本主义两类。"非洲社会主义"实质是激进的民族主义。对比苏联东欧国家和欧美资本主义国家的差别,"非洲社会主义"和自由资本主义之间的区别是不能相提并论的,其主要体现在理论宣传、确定发展方向方面以及具体政策方面。一般来说,走资本主义道路的国家注重与原宗主国保持密切的经济合作和外交关系,采用温和的政策改造原殖民主义经济,鼓励私人资本发展,扩大外国的投资。而"非洲社会主义"国家则与其他社会主义国家关系密切,与原宗主国关系紧张甚至敌对,对原殖民主义经济采取较强硬的措施;在经济建设方面,学习和模仿社会主义国家的一些做法。"非洲社会主义"国家主要有埃及、加纳、几内亚、塞内加尔、马里、马达加斯加、坦桑尼亚和赞比亚等国家。尽管非洲国家选择的发展道路有所不同,但目标都是捍卫国家主权、民族独立、改善人民生活以及振兴民族经济。因而它们采取了大体相同的经济措施,主要有土地改革、合作化、绿色革命、国有化、本地化、计划与多类型的经济发展战略。

20世纪60至70年代中期是非洲历史上少有的经济蓬勃发展阶段。非洲民族经济形成是这个时期最主要的成就之一。根据联合国统计,60年代非洲国家国内生产总值年平均增长率高达4.7%,比独立前的50年代提高一倍。与1960年相比,1975年全洲国内生产总值增加了87%,人均国内生产总值提高了30%。

## 二、非洲经济衰退(20世纪70年代后期—80年代中期)

从20世纪70年代后期至80年代中期,非洲经济出现停滞、衰退和恶

---

[①] 唐大盾选编:《泛非主义与非洲统一组织文选(1900—1990)》,第100页。
[②] 《第三届全非人民大会文件汇编》,北京:世界知识出版社1962年版,第320页。

化的局面,有经济学家把这个 10 年称为非洲"失去的 10 年"。1977 年至 1985 年,非洲人均国内生产总值下降了 15%。2/3 以上的非洲人实际收入低于 70 年代中期水平。非洲的困难具体主要表现在:其一,严重的经济衰退。20 世纪 70 年代国内生产总值增长率很低,到了 80 年出现负增长。其二,粮食危机。20 世纪 60 年代,大多数非洲国家粮食可以自给,有的还有余粮出口。但据联合国粮农组织 1981 年报告,非洲有 45 个国家缺粮。再加上难民的增加,粮食危机更加严重。其三,对外贸易停滞。由于非洲对外贸易条件不断恶化,对外出口的农、矿产品价格下降,而进口工业品价格提升,致使在 1986 年非洲在世界外贸出口总额中仅占 3%,进口总额也只占 3.5%。其四,外债沉重。①

表 4－1  非洲外债总额(1970—1996)②

(单位:百万美元)

| 日期 | 数量 | 日期 | 数量 |
| --- | --- | --- | --- |
| 1970 | 4.5 | 1987 | 91.9 |
| 1980 | 41 | 1991 | 141 |
| 1982 | 75.7 | 1996 | 400 |
| 1985 | 60.7 | | |

造成非洲经济发展不利的原因,有资本主义世界 1973 至 1975 年、1978 至 1982 年两次经济危机的影响以及非洲的 1973 至 1974 年、1977 至 1978 年和 1982 至 1984 年 3 次大旱灾的冲击,也有非洲国家内部激进的国有化、集体化以及忽略粮食生产等经济政策的失误等。

## 三、非洲经济调整(20 世纪 80 年代中期—21 世纪初)

"这个阶段非洲经济发展的一大特征是经历了一次马鞍型的波动,即从

---

① 陆庭恩、彭坤元主编:《非洲通史·现代卷》,第 448—449 页。
② Tunde Zack-Williams, Diane Frost, and Alex Thomson, *Africa in Crisis: New Challenges and Possibilities*, London: Pluto Press, 2002, p. 5.

经济调整取得初步成绩,紧接着(20世纪)90年代初由于政治激烈动荡对经济造成严重破坏,90年代中期又走向恢复性发展。"①

20世纪80年代中期至90年代初,非洲国家实行了以下几个方面的改革:其一,实行更加稳健的货币政策;其二,推行"非国有化"战略,整顿国有企业;其三,开放市场,充分发挥市场调节作用,提高资源配置率;其四,调整部门发展战略,推行农业改革。② 调整与改革略有成效,但由于国际贸易条件继续恶化、自然灾害严重、人口过快增长以及某些国家领导人改革意志不坚决等不利因素的影响,大多数非洲国家仍处于经济困境之中。

90年代上半期,非洲的发展环境遭到破坏。"冷战"结束后,在西方国家推动下,非洲兴起了所谓多党民主浪潮,引起国家政府更迭频繁和社会动荡,甚至地区武装冲突,经济建设遭到严重破坏,非洲经济形势严重恶化,1993年非洲外债接近3 000亿美元。

20世纪90年代中期至21世纪初,许多非洲国家继续实行经济改革,进行由进口替代向促进出口发展战略转变。非洲经济开始出现增长势头,但由于人口增长较快,非洲人均国内生产总值基本还是停滞不前的。

## 第二节 非统致力于非洲经济发展

非统致力于非洲经济,"协调并加强它们之间的合作与努力以改善非洲各国人民的生活"是非统宪章宗旨之一。为了实现这一目的,非统要求成员国进行经济合作,还成立了"经济和社会委员会"。③

### 一、非统与"非洲经济委员会"

非统与联合国之间关系在经济领域成果突出,这表现在非统与"非洲经

---

① 陆庭恩:《非洲问题论集》,第498页。
② 刘曙光主编:《解析全球经济》,北京:中国经济出版社2004年版,第347—348页。
③ 唐大盾选编:《泛非主义与非洲统一组织文选(1900—1990)》,第164、169页。

济委员会"积极有效地合作之上。

### (一) 非洲经济委员会

"非洲经济委员会"是联合国经济及社会理事会下设的 5 个区域经济委员会之一，1958 年 4 月成立。其主要任务是：推动各国经济发展，加强区内和区外的经济联系，逐步实行非洲经济一体化。主要机构有部长会议、部门部长会议和秘书处。总部设在亚的斯亚贝巴。"非洲经济委员会"成员必须是联合国成员国和非洲国家。最初时，"非洲经济委员会"也向在非洲殖民国家开放，但是自 1963 年以后，这些殖民国家的伙伴地位被降低，主要是比利时、法国、意大利、葡萄牙、南非、西班牙和英国等。然而，1963 年，葡萄牙由于不遵守"非洲经济委员会"和联合国决议被驱逐出"非洲经济委员会"，南非因为实行种族隔离制度被暂停了会员资格。"非洲经济委员会"每个正式成员有一个投票权，而其非正式成员没有投票权。"非洲经济委员会"任何决议要有其成员国的多数票通过，但决议没有法律的约束力，只起到劝告的作用。

"非洲经济委员会"对非统持有同情态度。1963 年 2 月，"非洲经济委员会"第五次会议在金沙萨召开，对即将召开的非统成立会议寄予了美好希望。在呈交亚的斯亚贝巴会议的《通向非洲经济一体化之路：对于在经济计划和一个非洲共同市场的合作》文件中，该委员会表达了自己与非统合作的愿望。

### (二) 非统与"非洲经济委员会"的分歧

在成立之初，非统就宣称自己有能力协调、加强和调和非洲人民在各个领域，包括与"非洲经济委员会"在内的经济合作。由此，非统成立为促进非洲经济合作的"经济和社会委员会"。该委员会举行了两次会议，第一次会议于 1963 年 12 月在尼亚美举行，第二次会议于 1965 年 2 月在开罗举行。自此，"经济和社会委员会"召开会议变得很难了，一个主要原因就是得不到举行会议所必需的 2/3 成员国的支持票。按照特利秘书长的话说，这种情况是由于非统成员国对召开会议的邀请不作反应造成的。这显示在那时,非洲国家太专注于自己的发展战略,从而忽略了"经济和社会委员会"。"对非洲经济委员会两种不同且不说截然相反的意见的冲突,使非洲统一组织成员国中出现分歧,加上财政问题,导致非统组织的经济和社会事务暂时停顿。"[①]

对推动非洲大陆经济发展的集体决定,非洲国家领导人仍口惠而实不至。1968年9月,在第五届阿尔及尔非统首脑会议上,非洲领导人再次强调他们尊重非统宪法关于经济问题的条款,重申为了实现非洲人民愿望,特别需要加快非洲大陆经济发展步伐。两年后,他们再次建议加强地区合作,协调司法和关税程序以及金融方面的合作。这一时期,非统在经济领域不尽如人意的表现主要有下面几个原因:其一,每年的非统首脑会议已经变成了"经济和社会委员会"的实际替代者。因为首脑会议没有配备经济方面需要的技术专家,不奇怪的是非洲领导人仅限于通过虔诚的却没有实际效用的决议。其二,非统专注于政治问题而忽视了经济发展问题。非洲国家领导人更多地关心他们各自国家的政治稳定和领土统一。其三,非洲国家根本不同的政治和意识形态,使非统行动起来更加困难。[②] 1967年,由坦桑尼亚、乌干达和肯尼亚等3国组成的"东非共同体",就是由于坦、乌政治和经济制度不同,而于1977年宣告解体。

在成立之初,非统就设立了临时秘书处,由于人手不足和奔忙于组织内部事务,其能力无法与"非洲经济委员会"相匹敌。"非洲经济委员会"有经验丰富的经营管理者加纳人罗伯特·加迪纳任行政秘书,配备工作人员都是高薪的联合国经济专家。在推动解决关于非洲经济问题方面,"非洲经济委员会"拥有无可比拟的优势。"非洲经济委员会"的确充分地利用了这一优势。而在成立后4年中间,非统只有3次会议涉及非洲经济问题,即1964年2月,非统部长理事会第二次特别会议通过了关于《联合国世界贸易会

---

[①] 埃德蒙·夸姆·库阿西:《1945年以来的非洲与联合国》,[肯尼亚]A. A. 马兹鲁伊、[科特迪瓦] C. 旺济主编:《非洲通史》(第八卷),第645页。

[②] Amadu Sesay, Olusola Ojo, and Orobola Fasehun, *The OAU After Twenty Years*, p. 65.

议》决议。1964年7月,非统部长理事会第三次常会通过了《联合国贸易和发展会议》决议。1967年,非统部长理事会第八次常会通过了《关于经济问题的决定》决议。[1] 这些可以表明在处理非洲经济问题上,非统的作用没有得到发挥。

非统和"非洲经济委员会"之间由竞争变成了直接对抗,主要有两个主要原因:其一,非统狭隘的非洲观点。对"非洲经济委员会"规划和管理的职位没有非洲人担任表示不满,这意味着"非洲经济委员会"的对非经济政策是受纽约的指挥而不是由亚的斯亚贝巴决定。其二,两个组织对非洲问题的认识不同。"非洲经济委员会"严格按照经济标准来看待非洲问题,非洲发展的前提是立即实现非洲大陆经济一体化,创立一个非洲共同市场,而关税壁垒多样性是其发展的障碍。而非统对非洲发展的人的因素更为敏感;它不能不顾及因为一体化发展过快或者因为语言、宗教、文化和意识形态等方面的障碍引发各种潜在的冲突。非统认为逐步发展是明智之举,即最好先有一个自由贸易区,而不是一个一体化的经济共同体。[2] 再者,两组织领导人之间的分歧加剧了这种对抗情绪。"非洲经济委员会"行政秘书罗伯特是位圆滑的外交谈判专家,政治观点温和,易于接近西方财团。罗伯特试图使"非洲经济委员会"置身于政治争端之外,不论是非洲的还是非洲之外的。而特利秘书长是位激进的社会主义者,在各个领域都坚持进行不妥协地反对殖民主义和新殖民主义斗争。他不能理解罗伯特对西方的"软弱"态度,并且对所有的"非洲经济委员会"成员把非洲经济问题与非洲政治背景分开的企图表示强烈的不满。[3]

1964年12月,非统"经济和社会委员会"在尼亚美召开第一次会议,制订并宣布由它管理非统与联合国"非洲经济委员会"关系原则。"经济和社会委员会"把自己定为非洲地区经济最高计划及执行机构,把"非洲经济委

---

[1] OAU Documents, CM/Res. 26(Ⅱ), CM/Res. 43(Ⅲ) and CM/Res. 98(Ⅷ).
[2] 埃德蒙·夸姆·库阿西:《1945年以来的非洲与联合国》,[肯尼亚]A. A. 马兹鲁伊、[科特迪瓦]C. 旺济主编:《非洲通史》(第八卷),第645—646页。
[3] Zdenek Cervenka, The Unfinished Quest for Unity, p. 179.

员会"的作用限定在技术和咨询的范围内,换句话说,"非洲经济委员会"只负责考察工作,以此作为非统决策的依据。对于非统与"非洲经济委员会"之间的关系,特利指出:"非统与非洲经济委员会的合作领域是广阔和复杂的。为了应对挑战,非统尤其需要合理地利用经济委员会的资源,因为经济委员会必然和今天非洲国家的政策制定机构一样,会对非洲国家的愿望和抱负作出相应的反应。如果那样,由于经济委员会是联合国机构,那么有一些事情它就不适于处理。特别那些半政治半经济的问题,非洲经济委员会是不适于处理的……"[1]非统秘书处认为,"非洲经济委员会"秘书处实质上应该像非统的政策制定机构一样作为一个非统技术臂膀以服务于非统。[2] 1965年10月14至21日,非统部长理事会第五次常会通过了有关"非洲经济委员会"与非统之间关系的决议,认为"需要一个更加细致的有关'非洲经济委员会'与非统关系的研究"。[3]

1966年,特利的讲话清楚地表明了要把一个联合国机构从属于非统的意图。他说,指导非统与"非洲经济委员会"关系的原则也适用非统与其他联合国在非洲的特别机构。[4] 针对非统试图控制联合国"非洲经济委员会"的行为,罗伯特引用"非洲经济委员会"章程指出,作为联合国经济及社会事务部的一个机构,"非洲经济委员会"只对联合国"经济及社会理事会"负责,其政策是由联合国制定的,其经费是由联合国拨发的,由此它不能听命于非统的指令。非统只能作为"非洲经济委员会"的合作组织,支持该委员会在经济和社会领域内的事务。非统的建议即使受到了"非洲经济委员会"欢迎,也不能对联合国大会有约束力。

特利还坚持把一个关于非洲经济合作的详细报告呈交到1967年7月

---

[1] Michael Woifers, *Politics in the Organization of African Unity*, p. 151.
[2] See Immanuel Wallerstein, "The Role of the Organization of African Unity in Contemporary African Politics", in Yassin El-ayouty, Hugh C. Brooks, *Africa and International Organization*, p. 22.
[3] OAU Document, CM/Res. 72(Ⅴ).
[4] OAU Document, CM/101/REV. 1.

部长理事会亚的斯亚贝巴会议,并要求付诸行动。① 部长理事会对报告表达了谢意,但直到同年 9 月非统首脑金沙萨会议才作出回应,即非统应为制定非洲的经济政策承担责任。②

1965 年 11 月,特利访问纽约联合国总部,并与时任秘书长吴丹会晤。15 日,两位秘书长签署了一个有关非统和"非洲经济委员会"协议,非统与"非洲经济委员会"互派代表参加各自有关经济和社会问题会议协定和达成关于统计部门合作。③ 协议给予非统政治和协调的作用,"非洲经济委员会"为非统社会和经济发展计划提供专门的知识与技术。④ 但是该协定"只能被概括为双方合作的一份意向宣言",进一步承认应调和非统与"非洲经济委员会"的分歧意见,并没有解决两者之间分工的实际问题。该协定不过是就次要的实际问题和行政问题进行磋商的程序。⑤

### (三) 非统与"非洲经济委员会"的合作

进入 1967 年,鉴于尼日利亚爆发内战和一系列军事政变等狂烈的非洲政治形势,为了摆脱内部政治弊端,再加上大多数非洲国家的经济形势恶化的刺激,非统把注意力集中到非洲地区的经济问题上来。在 1967 年 9 月 11 至 14 日非统首脑金沙萨会议上,经济问题成为会议议程的最显著特色,这是非统 4 年历史的第一次。部长理事会准备的超过一半的处理经济与社会问题决议案都得到了首脑会议的赞同。其中一个决议案涉及了一些被一致认为属"非洲经济委员会"独有领域的问题,例如,工业化、非洲内部的合作、区域经济集团、非洲民用航空、电讯以及公路和海上运输等。值得注意的是,会议批准了《非洲内部合作》决议,该决议是在同年 9 月 4 至 10 日非统部长理事会第九次常会通过的。《非洲内部合作》决议赞同特利秘书长的观

---

① OAU Document,CM/Res. 98(Ⅷ).
② OAU Document,CM/148.
③ Michael Wolfers, *Politics in the Organization of African Unity*, pp. 99 - 100.
④ Gino J. Naldi, *The Orgnization of African Unity: An Analysis of Its Role*, p. 167.
⑤ 埃德蒙・夸姆・库阿西:《1945 年以来的非洲与联合国》,[肯尼亚]A. A. 马兹鲁伊、[科特迪瓦] C. 旺济主编:《非洲通史》(第八卷),第 645 页。

点,即承认在非统成员国努力摆脱对发达国家依赖的斗争中,政治和经济的联系不可分割。决议寻求解决问题的办法,提出要建立一个非洲共同市场和促进区域经济集团的发展。①

1967年,部长理事会在其内部又设立了一个全体委员会,探讨由行政秘书长递交的有关经济和社会发展的不同方面的报告。通过这一方式,非统秘书处设法维持了部长理事会在经济与社会事务方面的兴趣,其建议指导了非统有关经济发展的政策。1968年12月4至12日,阿尔及尔非统部长理事会第十一次常会通过了《非洲与联合国贸易和发展第三次会议》,指出"非洲大陆经济一体化构成实现非统抱负的一个基本的必备的条件"②,就加强非统在非洲经济发展中的作用又迈出更远的一步。

在1969年的联合国,非统相对于"非洲经济委员会"赢得了决定性的政治胜利。"非洲集团"成长为一股新的力量。在联合国大会就殖民主义和南非的种族隔离政策以及在联合国的经济政策上,非统都采取了更加坚决的立场,表现了自己很强的影响力。在制定有关非洲的联合国经济政策上,非洲人要求有更决定意义的发言权,要求"非洲经济委员会"在制订所有自己的计划和方案时,必须充分考虑到非统的意见。③

1969年2月,在亚的斯亚贝巴举行的"非洲经济委员会"第九次会议通过了关于《与非洲统一组织的关系》决议,接受了非统宪章第二条的内容,即非统的主要职责是"协调并加强它们(非洲国家)之间的合作与努力改善非洲各国人民的生活"。④"非洲经济委员会"对非统的顺从主要表现在它必须接受非统首脑会议有关经济和社会问题的决议的指导和必须获得非统在政治上的支持。1970年8月24至31日,亚的斯亚贝巴非统部长理事会第十五次会议通过了《关于非洲统一组织在经济和社会领域的责任与作用的决议》,指出非统的任务就是提高非洲人民的生活水平,与"非洲经济委员会"、

---

① OAU Document,CM/Res. 123(Ⅸ).
② OAU Document,CM/Res. 158(Ⅺ).
③ Zdenek Cervenka, *The Unfinished Quest for Unity*, p.180.
④ ECA Document,E/CN. 14/RES/190(Ⅸ).

非洲发展银行等组织合作,设立经济、社会、交通和通信委员会等。①

对于新的情况,"非洲经济委员会"很轻松地调整了自己。罗伯特秘书长喜欢这个新协定,因为它被看作将为非洲带来更多的益处。秘书长也表达了自信,在非洲经济问题上,"非洲经济委员会"将证明自己比非统有更好的作用。的确,尽管大多数经济项目、工程和会议都是由非统与"非洲经济委员会"联合发起的,但"非洲经济委员会"却做了大部分工作。然而,尽管这两个组织之间的竞争因素从来没有从它们的关系之间消失,它们相互间的合作也由此有了相当大的提升。

为了加强与国际经济组织的合作和推动非洲经济的发展,在1970年2月和8月分别举行的非统部长理事会第十四次和第十五次常会上,先后通过了《关于全非洲贸易统一联盟决议》《关于全非洲贸易商品交易会决议》《关于非洲和国际金融机构决议》《关于非洲内部技术帮助决议》《关于非洲与联合国贸易和发展会议决议》《关于非洲与联合国发展组织决议》《电讯决议》《关于非洲发展特别信任基金决议》和《关于非洲内部技术帮助决议》等决议。②

1969年,经过重组的"非洲经济委员会"设立了一个新机构——"部长会议",每年召开两次会议。1971年2月,该委员会部长会议首次在突尼斯举行,开启了"20世纪70年代非洲发展战略"。该战略是以1970年非统首脑会议通过的优先项目为根据,要求非洲国家发展农业基础项目、发展更好和更平等的贸易促进组织和项目、提高工业和农业的调查以确保实际应用的效果和制定与国家发展潜力相称的人口政策等。重点强调25个非洲政府间经济组织的相互合作。③

1973年5月13日,在非统、"非洲经济委员会"和"非洲开发银行"的联

---

① OAU Document,CM/Res. 219(ⅩⅤ)。
② OAU Documents,CM/Res. 211(ⅩⅣ),CM/Res. 212(ⅩⅣ),CM/Res. 213(ⅩⅣ),CM/Res. 214(ⅩⅣ),CM/Res. 220(ⅩⅤ),CM/Res. 221(ⅩⅤ),CM/Res. 221(ⅩⅤ),CM/Res. 222(ⅩⅤ),CM/Res. 225(ⅩⅤ)。
③ See *Directory of Interngovernmental Co-operation Organizations in Africa*,published by ECA in 1972.

合组织下,关于贸易发展和货币问题的非洲部长会议在阿比让召开。会议通过了《关于合作、发展和经济独立的宣言》,这也许就是非统、"非洲经济委员会"和"非洲发展银行"之间合作的最重要事例。特别是该宣言规定非洲需要"新的国际经济秩序"。然而,不幸的是,非统与"非洲经济委员会"制订的大多数计划都只体现在决议、报告和建议里,因为采用这些决议、报告和建议的非统成员国部分缺乏资金和劳动力,部分自始至终缺乏政治决心。①

如果就联合主持召开了一系列会议而言,非统与"非洲经济委员会"的合作还是取得了进步。然而,非统成员国对经济合作的认识不同、对经济合作热情不够以及它们之间意识形态上的分歧,致使非洲大陆的经济合作滞后,影响了整个非洲的经济和社会进步。自20世纪80年代以后,非统和"非洲经济委员会"在推动非洲大陆经济一体化等方面有了更加紧密的合作。

### 二、非统与"非洲开发银行"

设立"非洲开发银行"(ADB,简称"非行")是非统在经济领域最重大的成就之一。② 为了非洲的经济发展与社会进步,非统与"非洲开发银行"进行了很好的合作。

"非洲开发银行"最早的设想者是海尔·塞拉西。1960年6月15至24日,在亚的斯亚贝巴第二次"非洲独立国家会议"上,塞拉西提出了设立"非洲开发银行"的想法,随即就受到了与会全体非洲国家代表的广泛支持。会议通过了《关于促进非洲国家之间经济合作的决议》,建议"设立一家非洲联合开发银行"和"设立一家非洲联合商业银行"。③ 1963年,非统首脑会议支持"非洲经济委员会"建立一个非洲开发银行的计划。1963年7月,在喀土穆召开了一次非洲经济部长会议,一个由喀麦隆、埃塞俄比亚、几内亚、利比里亚、马里、尼日利亚、苏丹、坦格尼卡和突尼斯等9国组成的委员会向大会提交了一个详细的方案。至1963年年底,设立"非洲开发银行"的协定得到

---

① Zdenek Cervenka, *The Unfinished Quest for Unity*, p. 182.
② Adekunle Ajala, *Pan-Africanism: Evolution, Progress and Prospects*, p. 133.
③ 唐大盾选编:《泛非主义与非洲统一组织文选(1900—1990)》,第120、121页。

了大多数非洲国家的批准。1964年11月,"非洲开发银行"宣布成立。1966年7月1日,开始营业。

"非洲开发银行"的职能是通过提供投资和贷款,利用非洲大陆的人力和资源,促成非统成员国经济发展和社会进步,优先向有利于地区经济合作和扩大成员国家的贸易项目提供资金和技术援助,帮助研究、制定、协调和执行非洲各国的经济发展计划,以逐步实现非洲经济一体化。截至2000年,设立"非洲开发银行"的非洲地区成员国有53个。1982年5月,银行理事会通过决议,欢迎非洲以外的国家参加。非洲以外的有中国、西班牙、巴西、美国、日本、印度、法国、英国、意大利、德国、阿根廷、科威特、沙特阿拉伯、奥地利、比利时、丹麦、芬兰、瑞典、挪威、葡萄牙、瑞士、韩国、荷兰和加拿大等24个国家。总部设在阿比让。机构有理事会和董事会。出版物有《年报》(Annual Report)、《非洲开发银行消息》(ADB News)和《季报》(Quarterly Statement)等。截至2000年年底,该行法定资本月284.9亿美元。为使该行领导权掌握在非洲国家手中,非洲国家资本额占2/3。

"非洲开发银行"为非洲大陆经济的建设和发展,为非洲社会进步作出了不可替代的贡献。"非洲开发银行"参与的项目有:向从赞比亚卡姆波亚(Kampyo)至坦桑尼亚凯达图(Kidatu)和达累斯萨拉姆的1 250千米铁路提供资金;1968年,向突尼斯的灌溉、乌干达的水供给和污水处理系统的工程研究等批准了总额1 100万美元的贷款。1970年6月,"非洲开发银行"召开了一个关于保险和转保险的会议,会议同意设立一个地区保险和转保险的机构,负责发展国家水准的保险、鼓励国家的保险和转保险公司的合作以及提高非洲大陆的安全保障能力。[①]

### 三、非统与"石油危机"

#### (一)"石油危机"

1973年10月6日,第四次阿拉伯与以色列之间战争爆发。为了打击以

---

[①] Adekunle Ajala, *Pan-Africanism: Evolution, Progress and Prospects*, p.135.

色列,阿拉伯产油国家对美国以及其他与其友好的国家进行石油禁运。"石油武器在十月中东战争中的成功运用,不仅是石油斗争史上和阿拉伯人民反对以色列斗争史上的创举,而且也是整个第三世界在政治领域内反殖反帝反霸斗争史上的崭新篇章。"[①]尽管阿国家的石油禁运和减产措施不是针对非洲国家的,但是对已经很脆弱的非洲国家经济来说不啻为一个摧毁性的冲击力。

"石油武器"对于非洲的负面效应是可以预见的。除了尼日利亚、阿尔及利亚、加蓬和利比亚等4个产油国之外,其他非洲国家都是纯石油进口国。更加重要的是,它们几乎完全依赖阿拉伯石油。因此,在阿拉伯石油政策实施的几周内,大多数非洲国家经受着石油短缺的困境,尽管它们采取了诸如过分提价、配给供应、完全禁止驾驶私家车和在一周固定几天出售石油等严格措施。例如,1974年2月,加纳石油涨价60%。

按照1974年初非统的研究,其估计拥有炼油厂的11个非统成员国在1974年将不得不花费6 350万美元购买原油,比1973年的1 850万美元增长了242%。然而,这只是假设它们的原油消费量还保持在1973年的水平和每桶原油保持在12美元。此外,非洲经济与西方发达国家经济交织在一起。

"石油危机"对非洲的作用有两重性。其一,阿拉伯"石油武器"随之引起西方国家的通货膨胀和经济衰退,进一步导致西方国家进口非洲商品的需求剧烈下降。1972年开始,非洲商品出口戛然停止了。这种情况对非洲国家是特别糟糕的,它们中的大多数依赖出口单一商品以获取外汇。其二,非洲国家不得不付出高昂的价格进口西方国家商品。[②] 例如,1973至1975年间,化肥的价格涨了4倍。1973年"石油危机"前,每吨标准化肥的价格是25英镑,1974年涨到66英镑,1975年最高达到100英镑。

---

[①] 《第三世界石油斗争》编写组编:《第三世界石油斗争》,北京:生活·读书·新知三联书店1981年版,第227—228页。

[②] Amadu Sesay, Olusola Ojo, and Orobola Fasehun, *The OAU After Twenty Years*, p. 69.

## (二) 非统对"石油危机"的反应

"石油危机"把非洲国家置于无法选择的境地,唯有尽力寻求有效的解决措施使自己摆脱经济困境。非统全体成员国首次一致地意识到非洲国家集体行动的必要性。1973年11月,非统特别部长会议在亚的斯亚贝巴举行,目的是审视"石油危机"对非统成员国的影响。会议上,非洲国家部长们成立了一个由博茨瓦纳、喀麦隆、加纳、马里、苏丹、坦桑尼亚和扎伊尔等国家代表组成的"七人委员会",研究高价石油和石油短缺对非洲的影响,并找出减轻"石油危机"造成问题的办法和措施。值得注意的是,这些国家都不是石油生产国家。

1973年12月底,"七人委员会"在亚的斯亚贝巴举行第一次会议。会议考虑了非统秘书长递交的一份关于"石油危机"对非洲经济造成后果的报告。委员会相信与阿拉伯产油国进行对话是解决"石油危机"问题的唯一办法。这样想法来自以下两个因素:其一,非洲国家依赖阿拉伯石油生产国;其二,非洲国家在1973年第四次中东战争中支持阿拉伯一方。[1]"1973年的战争给希伯来国家在非洲的地位造成致命的一击。1972至1973年,有8个非洲国家同特拉维夫断绝了关系。在10月战争期间和之后,又有19个国家效仿。在'非统组织'41个黑非洲国家中,36个国家不再和以色列保持关系。"[2]"使以色列领导人最伤心的是,它在非洲最亲密的盟友埃塞俄比亚也与自己断了交,而埃塞长期以来被视为以色列在东非的桥头堡,当然,富有的阿拉伯的雄厚财力,非统组织多年来的有效的工作,也对这种'雪崩'现象起了推波助澜的作用。"[3]由此,非洲人相信阿拉伯国家会以确保对非洲的石油供给和低廉的价格等回报它们。它们还建议召开一个阿拉伯国家的外交部长和石油部长与非统"七人委员会"的联席会议。促成非统"七人委员

---

[1] Sola ojo, "The Arab-Israeli Conflict and Afro-Arab Relations", in Timothy M. Shaw, Sola Ojo, *Africa and the International Political System*, pp. 152 – 156.
[2] [法] 菲利浦·隆多特:《阿拉伯国家在非洲的影响》,《西亚非洲资料》第52期,1980年10月10日,第5页。
[3] 杨曼苏:《以色列对非外交漫谈》,《西亚非洲》2002年第2期,第41页。

会"与阿拉伯产油国接触是非统的一大成就。①

自 1974 年 1 月至 1977 年 5 月,非统"七人委员会"与阿拉伯人举行了一系列会议。非洲向阿拉伯国家提出的要求有:其一,特惠的石油价格。其二,一个阿拉伯国家或阿拉伯国家集团按照不同非洲国家的分区供给石油。其三,直接与阿拉伯产油国签订协议,不需斡旋者。其四,向非洲国家出售石油包括成本、保险和运输等 3 项费用。其五,获取油船得到资金的帮助。最后一项要求就是非洲国家直接得到石油,并且使它们少依赖西方多国石油公司。② 事实上,非洲对阿拉伯人拒绝提供大批财政援助和较低廉石油价格很是失望。③

### 四、非统与非洲经济结构调整

20 世纪 70 年代后期,非洲普遍出现的经济困难立刻引起了非统注意。1979 年 7 月 17 至 21 日,非统第十六届首脑会议在蒙罗维亚举行,会议通过了《关于为建立国际经济新秩序而在社会和经济发展中实现国家和集体自力更生的纲领和措施的蒙罗维亚宣言》(简称《蒙罗维亚战略》)。④ 1980 年 4 月 28 至 29 日,非统第一次专门讨论非洲经济问题的首脑会议在拉各斯举行,它标志着非洲大陆开始了以争取经济独立来巩固政治独立的新时期。会议依据《蒙罗维亚战略》基本思想,通过了《拉各斯行动计划》,该计划规定了非洲经济发展的政策和措施,要求成员国在集体自力更生的基础上集中各自的力量,为促进经济增长和实现非洲经济一体化作出努力。

"《蒙罗维亚战略》和《拉各斯行动计划》是非洲国家在自力更生的基础上制定的经济发展战略,具有重要的现实意义和历史意义。"⑤作为经济发展

---

① Michael Wolfers, *Politics in the Organization of African Unity*, p. 162.
② Amadu Sesay, Olusola Ojo, and Orobola Fasehun, *The OAU After Twenty Years*, p. 70.
③ Sola ojo, "The Arab-Israeli Conflict and Afro-Arab Relations", in Timothy M. Shaw, Sola Ojo, *Africa and the International Political System*, p. 156.
④ OAU Document, AHG/ST. 3(XVI)/Ret, 1.
⑤ 陈宗德、吴兆契主编:《撒哈拉以南非洲经济发展战略研究》,北京:北京大学出版社 1987 年版,第 34 页。

的蓝图,《拉各斯行动计划》无疑是美好和无价的文件,但其自身的缺陷也不少:其一,只是一个建议。对此,成员国可以采取忽视的态度。其二,许多目标不现实。例如,到20世纪80年代末,建立一个"非洲支付联盟"等。其三,计划成功实施需要大量资金和娴熟技术,而这些是非洲国家奇缺的。其四,依靠非洲领导人之间的合作。① 然而,《拉各斯行动计划》基本无法实施,主要有以下原因:其一,存在于大多数非洲国家内部的殖民经济结构很难改变、暴跌的商品价格和高利率等不利的国际气候等;其二,非洲国家的预算和发展计划加重了非洲经济属地自始至终对外部资源的过分依赖;其三,非洲缺乏技术劳动力;其四,不能预见的外来因素,如干旱、荒漠化和南非的颠覆;其五,非统注意到非洲国家一些领导人缺乏政治决心,由此,非统又通过了《非洲经济恢复优先计划》。②

同时,世界银行对非洲经济恶化形势也深为关注,就非洲的经济情况,于1981年、1983年和1984年连续发布了3个文件,即《加速撒哈拉以南非洲发展:行动备忘录》(又称《伯格计划》)、《撒哈拉以南非洲:关于发展前景和计划的进度报告》和《走向持续发展:撒哈拉以南非洲的一项共同行动纲领》等。这些文件提出的解决措施有:其一,改革体制,依靠市场调节经济发展,扩大和发挥私营经济的作用;其二,调整税收和价格政策,实行"合适"的贸易和汇率政策,要求货币贬值;其三,强调外来援助的重大作用,忽视非洲国家要求的自力更生的原则。很多非洲国家政府迫于严峻的经济形势,不得不按照世界银行的要求,进行经济调整,以换取财政援助和贷款。

1985年7月18至20日,非统第二十一届首脑会在亚的斯亚贝巴举行,会议讨论了非洲经济问题,通过了《亚的斯亚贝巴经济宣言》和《1986—1990年非洲复苏优先计划》以及关于南部非洲等12个决议。《1986—1990年非洲复苏优先计划》再次重申了《拉各斯行动计划》,要求非洲国家发扬自力更生精神,大力发展农业,实现粮食自给。③ 1986年3月,非统部长理事会依

---

① Amadu Sesay, Olusola Ojo, and Orobola Fasehun, *The OAU After Twenty Years*, p. 77.
② Gino J. Naldi, *The Orgnization of African Unity: An Analysis of Its Role*, pp. 169-170.
③ OAU Document, AHG/Del. 3(XXI).

据《1986—1990 年非洲复苏优先计划》，通过了《关于非洲经济和社会危机向特别联大提出建议》，要求联合国和国际社会向非洲提供帮助。1986 年 5 月 27 至 6 月 1 日，联合国根据非统的倡议于纽约召开了第十三届特别联大会议，专门讨论了非洲危机经济形势问题，通过《联合国 1986—1990 年非洲经济复苏和发展行动纲领》，决议要求国际社会以协调一致的行动来支持非洲各国政府谋求经济复苏和发展的努力。

《关于非洲经济和社会危机向特别联大提出建议》和《联合国 1986—1990 年非洲经济复苏和发展行动纲领》两文件涵盖了《拉各斯行动计划》的基本战略思想。一方面，要求非洲国家按照《1986—1990 年非洲复苏优先计划》制定经济发展战略；另一方面，国际社会承诺帮助非洲摆脱经济困境。

非洲国家纷纷遵照非统和联合国以上文件精神，采取了以下措施进行经济调整：其一，改变重工业发展战略，调整工业与农业的关系，以及农业内部经济作物与粮食作物的比例，增加农业投资，重视粮食生产；其二，整顿国营企业，实行不同程度的私有化或其他非国有化措施，鼓励私营经济；其三，财政金融和物价方面的改革，发挥市场调节机制的作用，搞活经济。根据"非洲经济委员会"的调查，当时 50 个非洲国家中，除去塞舌尔、吉布提和安哥拉之外，余下的均在不同的领域内进行了经济调整。[①]

尽管结构调整取得一定的积极作用，但"由于结构调整方案无法解决非洲国家存在的根本问题，因而在改革实践中出现了许多矛盾和冲突，并最终导致结构调整方案在非洲的失败"[②]。

## 五、非统与建立国际经济新秩序

现在的国际经济秩序是在 1944 年布雷顿森林会议上产生的"国际货币基金组织"（IMF）、"国际复兴开发银行"（IBRD）（通称"世界银行"）和"关税

---

[①] 刘国平、罗肇鸿等：《世界经济调整与改革的新浪潮》，重庆：重庆出版社 1990 年版，第 274 页。
[②] 舒运国：《失败的改革——20 世纪末撒哈拉以南非洲国家结构调整评述》，长春：吉林人民出版社 2004 年版，第 222 页。

与贸易总协定"(GATT)①等国际机构的范围内进行的。半个多世纪以来的实践证明，以这些组织为核心所进行的活动是有利于西方发达国家，而对贫弱的第三世界不利的。1948年生效的《关税与贸易总协定》规定允许发达国家对它们所需要的农产品以及有关商品采取保护性措施，但关税的削减只限于那些对发达国家有利而不是对发展中国家有利的产品。1978年，联合国一个专家小组的调查报告指出，发展中国家出口增长不如发达国家快的主要原因是发达国家对发展中国家的产品设置了关税及其他贸易壁垒。由此可见，在现代国际经济秩序中，国际经济游戏规则都是西方发达国家制定的，它们居于优越有利的地位；而第三世界是被动的接受者，没有发言权，处于下风，处于被剥削被控制的地位。在贸易、市场、资源开发、运输、库存等许多方面，国际经济旧秩序把发展中国家置于脆弱的任人摆布的境地。

20世纪60年代，许多第三世界国家获得政治解放，并纷纷投入到发展国民经济、争取经济独立的斗争中来。但是，由于殖民主义、帝国主义利用传统势力和强大的经济影响，主要发达国家依然操纵、垄断国际经济命脉，广大发展中国家依然在不公正、不平等、不合理的国际旧秩序中遭受巨大的剥削和掠夺。

打碎这种国际经济秩序，建立新的国际经济新秩序，就成为发展中国家最集中的非洲大陆实现经济发展和独立重要的保证和条件。1974年5月1日，联合国大会通过的《关于建立国际新秩序宣言》给国际经济新秩序下了定义："这种秩序将建立在所有国家的公正、主权平等、互相依靠、共同利益和合作的基础上，而不问它们的经济和社会制度如何，这种秩序将纠正不平等和现存的非正义并且使发达国家与发展中国家之间日益扩大的鸿沟有可能消除，并保证目前代和将来世世代代在和平和争议中稳步地加速经济和社会发展。"②非统为了推动国际经济新秩序的建立做了许多工作，作出了很大的贡献。

---

① 1995年1月1日，被"世界贸易组织"（WTO，简称"世贸组织"）所取代。
② General Assembly Resolution 3201(S-VI).

### (一) 以"七十七国集团"[①]为依托,为建立国际经济新秩序进行了不懈的斗争

"七十七国集团"是第三世界的联盟,出现于1963年第十八届联合国大会。[②] 尽管"七十七国集团"从未在联合国正式成立,它已经演变为发展中国家在联合国的永久的咨询机构。"七十七国集团"仅仅处理经济问题,而不结盟会议涵盖的是政治问题。在1964年3月联合国第一届贸易和发展会议上,"七十七国集团"发表了《七十七国联合宣言》,宣言指出这次会议是"走向建立新的、公正的世界经济秩序的一个有意义的步骤"。同年,开罗第二届不结盟首脑会议首次提出建立"新秩序"口号。1967年9月,"七十七国集团"部长会议通过《阿尔及尔宪章》,明确了建立"新秩序"的重要性,并强调发展中国家自身的努力是发展经济的"先决条件"。在1968年2月、1972年4月的联合国第二、三届贸易和发展会议上,"七十七国集团"都为建立国际经济新秩序作出了努力。

### (二) 通过联合国或其他国际组织(机构),为建立国际经济新秩序作贡献

1974年5月1日,联合国第六届特别会议首次讨论了南方国家要求建立国际经济新秩序的一揽子建议,从而开启了"南北对话"的机制。会议通过了《关于建立国际新秩序宣言》和《关于建立国际新秩序的行动纲领》两个

---

[①] "七十七国集团"(Group of 77):发展中国家维护自身权益,改变不合理的国际经济秩序而组成的国际性组织。1964年第一届联合国贸易和发展会议上,77个发展中国家联合发表了《七十七国联合宣言》,由此形成"七十七国集团"。至2000年,集团成员已增至133个国家和地区,但仍沿用原名。"七十七国集团"是联合国系统内最大的发展中国家组织。其宗旨是:在参加全球性国际经济会议前,成员国加强磋商,协调立场,确立共同的目标和对策。最高组织形式是全体成员国部长会议,一般在每届贸发会议召开前举行,先后通过了《阿尔及尔宣言》《立马宣言》《行动宣言》《阿鲁沙宣言》《加拉加斯纲领》和《布宜诺斯艾利斯纲领》等文件。(参见辞海编辑委员会编:《辞海》,第33页。)

[②] General Assembly Resolution 1897(XIII) of 11 November 1974.

决议,要求建立国际经济新秩序,还规定了富裕与贫穷国家之间新关系的原则。① 同年,第二十九届联大通过了《国家经济的权利与义务的宪章》,目的是确立控制国际经济关系的标准和建立国际经济新秩序。② 1975年,在巴黎召开了第一次讨论南北关系问题的南北对话会议。然而,由于主要发达国家美国的顽固态度,南北对话迄今进展不大。1981年10月,在坎昆举行的南北首脑会议曾试图给全球谈判予以推动,但也没有达到预期的目的。

自此,要求建立新型国际经济关系最终被国际社会认真地对待,实现这种新关系的措施成为一些国际会议的主题。在联合国层面,最重要的会议是在1974年的两次特别联大会议。4月9日至5月2日,第六届特别联大通过了《阿尔及尔非洲宣言》和《建立新国际经济秩序的行动计划》。同年9月1至12日,第七届特别联大讨论了"发展与国际合作"问题,并通过了有关处理国际贸易、国际货币改革以及发展中国家合作等的一个决议。③

在1975年2月的110个发展中国家达喀尔会议、1975年3月的"联合国工业发展组织"(UNIDO)第二次常会和1975年8月的不结盟第五次利马部长会议上,都讨论了国际经济新秩序。非统成员国积极地参与了所有这些会议。

**(三) 非统自身为建立国际经济新秩序而采取的行动**

阿尔及利亚成为寻求发达与发展中国家之间新型关系的主要场所。1967年10月,在阿尔及尔通过《阿尔及尔非洲宣言》。1973年9月,第四届不结盟首脑会议在阿尔及尔举行,阿尔及利亚代表团提交《第三世界国家和能源危机》。在这两个文件中,阿尔及利亚人想表达的是,拥有丰富的能源和原材料的非洲第三世界国家能够用能源杠杆来反对工业化国家,并且利用这一武器的时候已经来到。第四届不结盟首脑会议之后的几个星期,这

---

① General Assembly Resolutions 3201(S-Ⅵ) and 3202(S-Ⅵ)1974.
② General Assembly Resolution 3281(XXIX) of 12 December 1974.
③ Res. 3362(S-Ⅶ) on "Development and International Economic Co-operation"(16 September 1975).

些国家就联合"石油输出国组织"①"绑票"了西方工业化国家。利用涨价和禁运石油武器向在1973年第四次中东战争中支持以色列的西方国家施压,迫使它们改变关于阿拉伯与以色列冲突的政策。不管怎样,石油武器给西方世界造成的灾难性的后果证明了阿尔及利亚人理论的正确。原油价格从1973年10月的每桶1.25美元攀升到1976年的每桶11.50美元。

1975年7月18至25日,坎帕拉非统部长理事会第二十五次常会通过了《关于国际经济新秩序和即将召开的联合国特别会议的决议》,表达了非统对国际经济新秩序的支持态度。② 同年7月28日至8月1日非统第十二届首脑会议通过了部长理事会提交的上述决议,并要求非洲国家加强团结,为建立新的国际经济秩序而斗争。非统决定举行一个由非统、"非洲经济委员会""非洲开发银行"和"发展和计划协会"的专家参加的会议,已确立一个在即将召开的处理国际经济新秩序会议上的非洲的立场。在非统争取建立与工业化国家的一个更加公正的经济关系方面,非洲最大的成功就是1975年2月28日在46个非洲、加勒比和太平洋地区国家与"欧洲经济共同体"签订的第一个《欧洲经济共同体——非洲、加勒比和太平洋地区(国家)洛美协定》(简称《洛美协定》或《洛美公约》)。《洛美协定》体现了非洲从"欧共体"获得了较多的让步,尽管这些仅停留在纸上。

"欧共体"作出让步的原因除了非、加、太地区的国家为建立国际经济新秩序的不懈斗争之外,还有让步者存在以下用心:其一,让步是枝节的,不触及欧洲经济共同体的根本利益;其二,"养鸡取蛋",保证了原料和市场;其

---

① "石油输出国组织"(OPEC):简称"欧佩克"。发展中国家一些石油生产国为反对国际石油垄断资本的控制和剥削,协调成员国的石油政策,维护民族经济权益而组成的国际组织。1960年9月伊拉克、沙特阿拉伯、伊朗、科威特和委内瑞拉在巴格达举行会议时决定成立。以后卡塔尔、印度尼西亚、利比亚、阿拉伯联合酋长国、阿尔及利亚、尼日利亚、加蓬(1996年退出)和厄瓜多尔(1992年退出)等陆续参加。在1973年中东战争中,该组织的阿拉伯成员国采取石油禁运等措施,反对以色列及其支持者。1975年1月,废除原油标价制,实行单一价格制。20世纪80年以来,由于石油市场供过于求,该组织采取"限产保价"等措施。总部在维也纳。(参见辞海编辑委员会编:《辞海》,第4411页。)

② OAU Document, CM/Res. 437( XXV ).

三,维护传统的影响和利益。① 此后,双方分别于1979年10月、1984年12月、1989年12月续订了《洛美协定》。前3个《洛美协定》期限为5年,第4个为10年。埃及史学家萨米尔·阿明对4个《洛美协定》有不同的见解,他认为《洛美协定》加重了非洲对原宗主国的依附程度。②

在第七届特别联大会议上,非洲代表团已意识到了非洲大陆面临的严重的经济问题,并且提出了一些建设性的建议。非洲一直欠缺的更有效地参与形成非洲大陆经济未来的一种经济联合,就变得更加明显了。在与工业化国家的谈判中,非洲成为"石油输出国组织"的一个附属物,寄希望于从"石油输出国组织"的成功中获得利益。尽管阿尔及利亚努力扩展除能源问题之外的谈判基础,这种境况仍一直继续着。能源问题是美国、联邦德国和其他工业化国家(法国除外)希望挑选出来的问题。像以前的场合一样,在1975年12月巴黎国际经济合作会议上,阿尔及利亚充当非洲发言人的作用。这个"南北对话"会议显露了发展中国家与工业化国家的分歧不是缩小而是扩大了。

第三世界国家中间相互不信任的逐渐出现使问题更加恶化。一些非洲国家开始有另外的想法,就是它们的利益是否被"欧佩克"成员国认真地对待。众所周知,阿尔及利亚在"石油输出国组织"的努力被伊朗和沙特阿拉伯等国家所阻挠。作为南非最大的石油供应国伊朗,对于非洲对南非少数白人政权进行封锁的请求置若罔闻。沙特阿拉伯与美国的利益关系比与非洲的关系更加紧密。作为撒哈拉以南非洲仅有的两个"石油输出国组织"成员国的尼日利亚和加蓬,它们明显的沉默更增加了其他非洲国家对"石油输出国组织"就减轻非洲进口石油负担需求所持态度的怀疑。③ 大多数非洲国家发现它们处在两个无法克服的威压之间,一个是来自高价的石油,另一个是由于工业化国家的通货膨胀。这些严重地影响着非洲国家的经济发展。

1976年6月,内罗毕"联合国贸易和发展会议"第四次会议取得了很微

---

① 原牧:《从〈洛美协定〉看南北关系》,《西亚非洲资料》第102期,1983年10月15日,第1页。
② [埃及]萨米尔·阿明:《非洲沦为第四世界的根源》,《国外理论动态》2003年第2期,第28页。
③ Zdenek Cervenka, *The Unfinished Quest for Unity*, p.185.

小的成果,46个非洲、加勒比和太平洋地区国家对此很不满。1977年5月,在日内瓦召开的联合国贸易和发展会议的共同基金会议没有取得成果,这清楚地表明了工业化国家既没有改变它们的经济政策,也根本不可能改变它们的经济政策。工业化国家的经济政策是基于牺牲弱小伙伴而追求自己的利益。1976年7月2至6日,在毛里求斯首都路易港召开的非统第十三届首脑会议上,非统要求建立新国际经济秩序。

1977年5月8至9日,"西方7国首脑会议"①在伦敦举行,向第三世界模糊的保证也没被执行。伦敦《时报》的马勒维尼·威斯特勒克(Melvyn Westlake)把工业化国家对第三世界的让步描绘为"从丰盛的西方餐桌掉下的面包的碎屑"。尽管非洲大陆有着巨大经济潜力,但是实现它的"经济独立"将是一个艰巨任务,这要求非洲国家内、外经济政策进行巨大的改革。②1977年7月2至5日,非统第十四届首脑会议强调发展民族经济,建立新国际经济秩序,决定在25年内形成非洲经济共同体。

### 六、非统与非洲经济一体化

非洲新独立国家在发展民族经济的过程中,加强彼此经济合作,走向非洲经济一体化,有着比较牢固的经济和政治基础:其一,泛非主义的影响。1963年5月,非统组织的建立,就是泛非主义思想的产物。但泛非主义的影响并没有减弱,而是成了促进非洲地区经济合作、实现非洲经济一体化的指导思想,对非洲经济的发展将长期地发生影响。其二,符合发展民族经济的客观需要。其三,南北经济关系对话的结果。③

#### (一)非洲经济一体化进程

非洲经济一体化始于20世纪60年代,70年代是大发展阶段,90年代

---

① 美国、加拿大、法国、西德、意大利、日本和英国。
② Zdenek Cervenka, *The Unfinished Quest for Unity*, p. 190.
③ 原牧、陆斐:《论非洲地区经济合作》,中国非洲问题研究会、时事出版编辑部编:《非洲经济发展战略》,北京:时事出版社1986年版,第19—21页。

以前,取得的实质性合作不多;20世纪90年代以后,一体化进入新一轮高峰。非洲国家内部贸易有逐年上升的趋势。据统计,从1990年到1996年,非洲国家间的进出口贸易分别从7.9%和7.3%增至11%和10.1%。①

1973年5月13日,在非统、"非洲经济委员会"和"非洲开发银行"的联合组织下,关于贸易发展和货币问题的非洲部长会议在阿比让召开。会议通过了《关于合作、发展和经济独立的宣言》。同年5月27至29日,亚的斯亚贝巴非统第十届首脑会议通过了《经济宣言》,吸纳了《关于合作、发展和经济独立的宣言》内容。《经济宣言》首次明确提出了"集体自力更生"方针,在该宣言鼓舞下,经济合作组织日益增多。

1976年12月6至11日,为期4天专门就经济问题召开的非洲部长特别会议在金沙萨举行,建议用15至25年按照"欧盟"形式建立一个"非洲经济共同体"。另外,部长们还决定由非统和"非洲经济委员会"的两位秘书长联合制订出一个详细的统一能源政策,还建议非统和"非洲经济委员会"联合起来,尽快成立一个经济数据库,以减少实现设计中的非洲经济共同体的困难。最后关于南北对话,部长们重申非统为"协调并加强它们之间的合作与努力改善非洲各国人民的生活"的决心。②

进入20世纪80年代,非统为建立非洲经济共同体的努力有了很大加强。1980年非统第一次经济首脑会议通过《拉各斯行动计划》,规定到20世纪末实现全非洲经济一体化远景规划。前10年将加强和完善现有经济合作及逐步实施合作项目,同时再建立一个新组织,其后10年,通过全非范围内协调经济、财政、货币、贸易等方面的计划和政策,逐步促使各地区经济集团走向联合,最后实现非洲大陆一体化。1981年6月,非统第十八届首脑会议就促进非洲经济发展、加强地区性经济合作通过了一个宣言。1986

---

① 姚桂梅:《全球化中的非洲地区一体化》,《西亚非洲》1999年第5期,第11—12页。
② Colin Legum(ed.), *Africa Contemporary Record* (*ACR*), Vol. 1976 - 1977, London: Rex Collings, 1977, p. A74; ARB(Economic and Technical Series), 15 November-14 December 1976, p. 4087, in Amadu Sesay, Olusola Ojo, and Orobola Fasehun, *The OAU After Twenty Years*, p. 70.

年7月21日,非统部长理事会第四十四次常会通过了《关于建议建立非洲经济共同体的决议》。① 1987年7月,非统第二十三届首脑会议再次通过《关于建议建立非洲经济共同体的决议》。② 1989年7月24至26日,非统第二十五届首脑会议通过的《关于建立非洲经济共同体的决议》,与会首脑重申了促进和加强非洲国家间合作和经济一体化的原则和目标,要求重新执行1980年通过的关于非洲经济发展的《拉各斯行动计划》,加快建立拟议中的非洲经济共同体,实现非洲经济、社会发展方面集体自力更生的目标;敦促非统秘书处、联合国"非洲经济委员会"和"非洲开发银行"协调它们的人力与财力,以促进建立非洲共同市场的进程;呼吁非洲各国协调和理顺非洲地区性经济合作组织活动,以便为最终建立非洲经济共同体作出贡献。③

"冷战"结束后,为应对全球化势不可挡的浪潮,非洲更加积极地向非洲一体化目标奋进。"从本质上讲,地区经济一体化具有双重性:既有区域保护主义、排他性的一面,又有走向贸易自由化、经济全球化的一面,而且后者是更为重要的。地区化与全球化是对立统一、互相促进的关系。地区化是全球化的一部分和中间过程,是全球化的铺路石。"④ 1990年7月9至11日,亚的斯亚贝巴非统第二十六届首脑会议通过了《关于非洲政治、社会、经济形势和世界发生根本变化的宣言》,认为非洲发展是非洲国家政府和人民的责任,要在社会公正和集体自力更生的基础上,更坚定地为持续发展奠定坚实的基础,促进非洲经济结构性变革,通过地区合作努力实现非洲经济一体化,尽快建立非洲经济共同体。在非洲政治解放和建设国家专项经济发展的重要时刻,需要加强非统组织,使其能为非洲经济发展和一体化服务。非洲决心重振泛非主义思想,加强团结,调动非洲所有资源和才智,迎接(20世纪)90年代的挑战,创建一个更为美好的未来。⑤《关于建立非洲经济共

---

① OAU Document,CM/Res. 1043(XLIV).
② OAU Document,AHG/Res. 16(XXIII).
③ OAU Document,AHG/Res. 179(XXV).
④ 姚桂梅:《全球化中的非洲地区一体化》,《西亚非洲》1999年第5期,第11页。
⑤ OAU Document,AHG/Decl. 1.(XXVI).

同体的决议》同意非统与非共体合并,设立一个秘书处。决定设立特别起草委员会,准备《非洲经济共同体的决议》并加速完成起草工作,还委托非统执行主席同各国元首磋商签署条约的适当时间(在第二十七届首脑会议之前或会议期间)和必要条件。①

1991年6月3至6日,非统第二十七届首脑会议在阿布贾举行,会议签署了《建立非洲经济共同体条约》(简称《非共体条约》)。《非共体条约》规定在2/3非统成员国批准30天后即生效。从条约生效之日起,非洲经济共同体将在未来34年中分6个阶段逐步建立。到21世纪30年代建成非洲共同市场。《非共体条约》包括序言和22章106条。② 会议还通过了《关于经济共同体决议》。③ 自1991年以后,几乎每届非统首脑会议都通过了《关于经济共同体决议》或相似的决议,④敦促成员国和各区域经济组织积极推动经济一体化。

## (二) 非统与非洲地区主要次区域经济组织

经过半个世纪努力,非洲出现了一大批经济合作组织,主要有4个类型:经济共同体,如"西非国家经济共同体"⑤和"东南和南部非洲共同市场"⑥等;金融合作组织,如"非洲开发银行"等;原料生产与输出国组织,如

---

① OAU Document,AHG/Res. 190(XXVI).
② 《非洲经济共同体条约》,《西亚非洲资料》1991年第1期,第56—78页。
③ OAU Document,AHG/Res. 205(XXVII).
④ OAU Documents,AHG/Res. 206(XXVIII),AHG/Res. 218(XXIX),AHG/Res. 231(XXX),AHG/Res. 235(XXXI),AHG/AEC/DEL. 1(Ⅰ),AHG/OAU/AEC/Del. 1(Ⅱ).
⑤ "西非国家经济共同体"(ECOWAC):非统时期最大的次区域经济合作组织,总面积527万平方千米,人口近2亿。1975年成立。成员有贝宁、布基纳法索、多哥、冈比亚、佛得角、几内亚、几内亚比绍、加纳、科特迪瓦、利比里亚、马里、尼日尔、尼日利亚和塞内加尔等15国。宗旨:促进成员国在经济、社会和文化等方面的发展和合作,提高人民生活,加强相互关系,为非洲的进步和发展作出贡献。机构有国家元首和首脑会议、部长理事会和秘书处等6个。总部设在阿布贾。共召开25届首脑会议。
⑥ "东南和南部非洲共同市场"(ECOMESA):简称"科迈萨",1994年成立。成员有埃塞俄比亚、安哥拉、布隆迪、吉布提、津巴布韦、科摩罗、肯尼亚、卢旺达、马拉维、毛里求斯、斯威士兰、索马里、苏丹、乌干达、赞比亚、纳米比亚、马达加斯加、厄立特里亚、塞舌尔、刚果(金)和埃及等21国。总面积511万平方千米,人口3.9亿。宗旨:废除成员国关税和非关税壁垒,实现商品和劳务自由流通;协调成员国关税政策,分阶段实行共同关税;在贸易、金融、交通运输、工业、农业、能源和法律等领域合作;建立货币联盟,发行共同货币。机构有首脑会议、部长理事会和秘书处等6个。秘书处设在卢萨卡。

"非洲国家咖啡组织"和"非洲国家木材组织"等;专门合作组织,如"萨赫勒国家抗旱常设委员会"和"西非水稻协会"等。① 地区合作组织的发展十分有利于推动非洲一体化的发展。目前,非洲的地区一体化组织有10多个,而"西非国家经济共同体""南部非洲发展共同体"②和"东南和南部非洲共同市场"是其中最具影响力的3个。③

  蒙博托说过,当一个大陆规模的经济合作持续躲避非洲时,非统竭力支持区域经济集团,作为区域经济集团之一的"西非国家经济共同体",已取得了令人鼓舞的进步。非统秘书长威廉·埃特基参加了1976年11月4日"西非国家经济共同体"首脑签署成立条约会议,他称"西非国家经济共同体"的成立是在一个正确的时间向正确的方向前行了一步。为了非洲经济解放与统一,为了国际经济新秩序的建立,他保证非统全力支持非洲所有地区的类似组织的发展。④ 1998年6月8至10日,非统第三十四届首脑会议在布基纳法索首都瓦加杜古举行,非洲经济共同体内部建设和非洲经济一体化是会议的另一个重要议题。会议肯定了同年2月萨利姆秘书长代表"非共体"和"西非国家经济共同体""南部非洲发展共同体""东南共同市场"等组织签订的《非洲经济共同体与区域经济组织关系议定书》,呼吁其他区域经济组织尽快同"非共体"签订有关议定书,敦促非统成员国和各区域经济组织积极推动地区经济一体化。

---

① 原牧、陆斐:《论非洲地区经济合作》,《非洲经济发展战略》,第13—14页。
② "南部非洲发展共同体"(SADS):1992年成立。成员有安哥拉、博茨瓦纳、津巴布韦、莱索托、马拉维、莫桑比克、纳米比亚、斯威士兰、坦桑尼亚、赞比亚、南非、毛里求斯、刚果(金)和塞舌尔等14国。总面积926万平方千米,人口2亿。机构有首脑会议、部长理事会和常设秘书处等7个。宗旨:在平等、互利和均衡的基础上建立开放型经济,打破关税壁垒,促进相互贸易和投资,实行人员、货物和劳务的自由往来,逐步统一关税和贸易,最终实现地区经济一体化。
③ 王艳华:《南共体在非洲一体化进程中的优势》,《西亚非洲》2005年第1期,第31页。
④ Zdenek Cervenka, *The Unfinished Quest for Unity*, pp. 188 - 189.

# 第五章　非统与联合国及其他发展中国家组织（机构）关系　泛非主义新课题

　　自1963年5月起,作为非洲最重要的政治组织,非统已成为国际关系中非洲集体外交的一个重要工具。① 在世界政治中,非统充分地利用了非洲集体的力量,以一个声音讲话,为非洲发展寻求国际社会的支持,为非洲国家创造良好发展的国际环境,有力地扩大和提高了非洲的影响力,维护和捍卫了非洲大陆的利益,在国际社会享有很高的声誉。

　　非统的成员国由最初的32个发展到53个②,成为世界最大的洲际组织,在联合国以及其他国际组织和事务中大都占据着数量的优势,拥有着很大的影响力。在非统的努力下,联合国支持非统领导下的非洲民族解放运动、维护非洲的和平与安全、反对南非种族隔离制度等。素有"票仓"之称的非洲让其他国家和组织不敢小觑。非统要求联合国增加非洲的维和行动、增加对非洲援助、推出自己的联合国秘书长人选等都被联合国重视和采纳。

　　非统积极参与其他发展中国家的国际组织（机构）,推动和维护世界和平,捍卫第三世界国家的利益。政治上,坚持不结盟立场。非统与不结盟运动关系密切。非统成员国都是不结盟运动成员国,都支持和坚持不结盟,为不结盟运动的发展作出了积极的贡献。非洲的成员国在不结盟运动国家中的占比从1961年的44%增至2000年的超过50%。同时,不结盟运动也积极支持非统,为非洲的民族解放、和平与发展付出了巨大努力。经济上,

---

① K. Mathews, "The Organisation of African Unity in World Politics", in Ralph I. Onwuka, Timothy M. Shaw, *Africa in World politics: Into the 1990s*, p. 33.
② 不包括"阿拉伯西撒哈拉民主共和国"。

非洲发挥"七十七国集团"的力量,要求建立世界经济新秩序、推动南北对话等。(在第四章有述)非统与阿拉伯联盟发展友好关系,帮助非洲克服20世纪70年代初"石油危机"和反对南非种族主义政权。

非统还重视与世界一些重要国家发展友好关系,特别是中国。得益于中国与非洲国家友好关系的大背景,非统与中国的关系发展迅速;另一方面,非统与中国的友好关系又大大地推动了中非关系的健康发展。

## 第一节 非统与联合国

联合国是世界上最大的国际组织,在国际社会具有巨大的影响力。非统如何发展与联合国的关系,如何加强在联合国的活动,以此维护非洲在国际社会的地位和利益,这是非统面临的一个重大课题。

随着越来越多的非洲国家取得了独立,非洲革命者和学者中间普遍承认这一事实,即在国际社会上,非洲的统一和团结一致会使非洲说话更加有分量。然而,几年来,组成什么样的统一的非洲一直是令人焦虑的论战主题。1961年伴着刚果(利)危机的爆发,非洲发现自己在处理自己地区危机时的弱小与无能。埃塞俄比亚要求创建一个统一非洲地区的组织。在第十六届联合国大会上,埃塞俄比亚代表的发言特别强调这样组织的重要性和必要性,呼吁非洲国家按照《联合国宪章》第五十二条的内容来创立非洲地区组织。[①] 非统就是这样的组织。

尽管非统与联合国系统在方法和形式上有着竞争和分歧,但是两个国际组织在社会、经济、技术、卫生、农业等领域已经出现更大的合作,彼此保持巨大的影响。集体作为联合国成员,非统的作用是开展与联合国的合作以实现联合国的目标,为世界和平与发展作出贡献。非统通过积极地参与安理会、联大会议和"联合国经济和社会理事会"(ECOSOC)等机构的活动,

---

[①] Wellington W. Nyangoni, *Africa in the United Nations System*, Associated University Presses, Int, 1985, pp.193-194.

保持与整个联合国系统的合作与协调,最大限度地维护和捍卫非洲地区的利益。同时,联合国对非洲的政治解放、和平、独立与经济发展给予了巨大支持。

## 一、非统坚持联合国宪章,支持联合国行动

### (一)坚持联合国的宪章及有关法律、法规和原则

1945年,在联合国创立之时,非洲还处在大规模的殖民解放运动的前夜,51个成员国中只有4个非洲国家,即埃塞俄比亚、利比里亚、埃及和南非。

20世纪50年代,非洲又有利比亚、苏丹、摩洛哥、突尼斯、加纳和几内亚等6个国家获得了独立。非洲国家承认联合国的权威。1958年4月,第一次"非洲独立国家会议"通过了《关于非洲未独立地区前途的决议》,指出"确信应按照各地区人民的意愿和联合国宪章的有关条款,确定各殖民地独立的确切日期"。然而,1960年6月,新独立的刚果(利)发生危机。在美国的操纵下,进驻刚果的联合国军队偏离中立立场,激起非洲一些国家对联合国的不满。1961年3月,第三届"全非人民大会"通过的《关于附庸国人民解放的决议》和《关于刚果的决议》,表达了"对联合国在非洲解放斗争中的消极作用表示愤怒""全非人民大会谴责联合国旨在把为帝国主义服务的傀儡政府看作刚果人民的代表的阴谋"和"警告联合国的拖延,并认为应当立即实行安理会的决议,以恢复刚果的统一和法律"等意见。1963年5月,亚的斯亚贝巴"非洲独立国家首脑会议"通过了《关于非洲与联合国的决议》,"会议重申加强和支持联合国的愿望"和"重申会议将为联合国宪章所阐明的宗旨和原则作出努力,履行宪章所规定的一切义务,包括财政上的义务"。[1]

非统非常尊重联合国。"联合国宪章的宗旨与原则很大程度地在非统的宪章中得到了反映。"[2]《联合国宪章》第一条第一款"维护国际和平及安

---

[1] 唐大盾选编:《泛非主义与非洲统一组织文选(1900—1990)》,第159页。
[2] Berhanykun Andemicael, *The OAU and the UN*, New York and London: Africana Publishing Company, 1976, p. 24.

全"宗旨、第二条第四款"各会员国在其国际关系上不得使用威胁和武力,或以与联合国宗旨不符之其他方法,侵害任何会员国或国家之领土完整或政治独立"和第二条第三款"各成员国应以和平方法解决其国际争端,避免危及国际和平、安全和正义"原则在非统宪章第三条第三、四款得到反映,即非统成员国庄严地确认和申明它们遵循"尊重各个成员国的主权与领土完整和独立生存的不可剥夺的权利"和"通过谈判、调解、和解或仲裁,和平解决争端"。

《联合国宪章》第一条第二款"发展国家间以尊重人民平等权利及自觉原则为根据之友好关系并采取其他适当办法,以增强普遍和平"宗旨,在非统宪章第二条第四、五款"促进国际合作"和"从非洲根除一切形式的殖民主义"作了表达。

《联合国宪章》第一条第三款"促成国际合作,以解决国家间属于经济、社会、文化、及人类福利性质之国际问题,且不分种族、性别、语言或宗教,增进并激励对于全体人类之人权及基本自由之尊重"宗旨,这体现在非统宪章第二条第二款"协调并加强它们之间的合作与努力以改善非洲各国人民的生活"。联合国宪章第二条第一款的原则与非统宪章第三条第一款的原则相同,就是"各成员国的主权一律平等"。

《非洲统一组织宪章》序言表达了"相信联合国宪章与世界人权宣言为各国之间进行和平与积极合作提供了牢固的基础,并重申我们遵循上述文件原则",并且在其第二条第五款规定了"在联合国宪章与世界人权宣言给与应有的尊重的情况下促进国际合作",作为非统的宗旨之一。会议还通过了《非洲与联合国》决议,非统成员国首脑再次表达了它们渴望支持和加强联合国,并且相信联合国是维护国际和平与安全一个重要的组织。[①]

由此,非统不仅在行动上,而且在制定所有的文件、宣言、法律和法规等方面都参照和尊重联合国的相关文件的精神,始终维护联合国的权威和形象。例如,1969年9月6至10日,第六届非统首脑会议正式批准了《关于非

---

[①] OAU Document, CIAS/Plen. 2/Rev. 2c.

洲难民问题的公约》。该公约参照了联合国的《关于难民地位的公约》和《难民地位议定书》的内容,并作了有益的补充。1981年6月24至28日,非统第十八届首脑会议通过了《非洲人权和民族宪章》。该宪章借鉴《联合国宪章》和《世界人权宣言》,又加进了具有非洲地区特色的思想内容。

### (二) 积极参与联合国行动,为非洲及世界的和平与发展作贡献

随着非洲在联合国的成员不断增加,非统在联合国的作用和影响也在日益增强。目前,在联合国184个成员当中,非洲有53个成员国,占据近1/3。这就打破了欧洲和美洲国家在联合国的优势局面,非洲国家在联合国就有了更多的发言权和更大的影响力。非统充分利用这一优势,以第三世界国家集体身份,为世界主持公道,积极促进非洲和世界的和平与发展。

加强非洲在联合国的活动是非统的主要目标。1963年8月2至11日,达喀尔非统部长理事会通过决议表明了以上内容。[1] 非统在联合国中有一个非洲集团,也是联合国中最大最有影响力的区域集团。涉及非洲或其他国际问题时,非统协调非洲国家立场,并向联合国转达非洲的立场和主张。

非统鼓励非洲国家增加在联合国机构的成员资格。因为在联合国致力于影响非洲经济和政治发展的许多重要问题的讨论,非洲国家可以对这些讨论施加影响。非洲国家出现在联合国系统所有的机构和部门当中,埃及和尼日利亚是在联合国部门中代表最多的非洲国家。[2]

1963年,第十八届联合国大会根据亚、非国家的要求,决定安理会非常任理事国从6个增至10个,其中非洲国家占据3个席位;联合国经济及社会理事会也由18个增到27个,1971年又增加到54个,其中,非洲国家拥有14个席位。在安埋会,非洲国家担任非常任理事国,能够把非洲对一些主要问题的观点通告安理会。在安理会成员的候选人的提名上,非统部长理事会和在联合国的非洲集团经常发挥积极作用。1976年,联大通过了按地

---

[1] OAU Document, CM/Res. 1(Ⅰ).
[2] Wellington W. Nyangoni, *Africa in the United Nations System*, p. 202.

区原则聘任职员的规定。非洲地区大批专家和官员得以受聘在联合国机构中任职,并为联合国作出贡献。在联合国重要机构中,以非统为代表的非洲集团,经常保持与其他第三世界国家的密切联系,积极协调立场,相互支持,维护非洲及其他发展中国家的利益。

为了使联合国对非统提请的有关非洲利益的特殊问题作出积极反应,非统部长理事会通过决议,表达了希望联大会议任命的"协商委员会"能够认真考虑非洲利益,通过开展维和行动寻求问题的解决办法。[①] 另外,为了使联合国致力维护非洲利益,非统打算进一步扩大和加强与联合国的合作。由此,非统能够从联合国经济和技术资源中获得巨大的利益。1965 年 10 月,部长理事会通过决议表达了非统承认联合国的价值。[②]

非洲不仅为联合国推出了几位联大主席[③],还为联合国提供了两位卓越的秘书长。非统曾 3 次提名非洲人竞选联合国秘书长职位。1981 年,非统提名的坦桑尼亚副总理萨利姆·阿赫迈德·萨利姆参选,由于美国的反对而未成功。1991 年,非统推出的埃及副总理布特罗斯·加利,成功当选联合国第六任秘书长,实现了非洲人成为联合国最高掌门人的梦想。1997 年,加纳人科菲·安南接替加利,出任联合国第七任秘书长。

自非统成立以来,应非洲国家的要求,联合国举行了有关非洲经济或政治的一次紧急特别会议和五次特别会议。1981 年 9 月 4 至 14 日,讨论纳米比亚紧急会议。特别会议是:1967 年 4 月 21 至 25 日,讨论西南非洲和维持和平行动问题会议;1978 年 4 月 27 日至 5 月 3 日,讨论纳米比亚问题;1988 年 5 月 27 日至 6 月 1 日,全面审议非洲的紧急经济形势;1988 年 9 月 17 至 20 日,讨论南非对纳米比亚非法占领问题;1989 年 12 月 12 至 14 日,专门讨论种族隔离及其南部非洲破坏性影响问题。

---

① OAU Document, CM/Res. 56(Ⅳ).
② OAU Document, CM/Res. 56(Ⅴ).
③ 1961 年,蒙吉·斯陵(突尼斯);1964 年,亚历克斯·奎森-萨基(加纳);1969 年,安吉·F. 克鲁克斯(利比里亚);1974 年,阿卜杜勒·阿齐兹·布特弗利卡(阿尔及利亚);1979 年,萨利姆·阿赫迈德·萨利姆(坦桑尼亚);1984 年,保罗·J. F. 卢萨卡(赞比亚);1989 年,约瑟夫·加尔巴(尼日利亚)。

非统国家还以调解人的身份，积极参加阿拉伯与以色列、越南战争和伊朗冲突等的国际调解和斡旋行动。1971年11月，非统第八届首脑会议决定派遣桑戈尔、蒙博托、阿希乔和戈翁等4位总统组成的"贤人委员会"，于11月的2至8日和22至26日，前往开罗和特拉维夫对阿拉伯与以色列的冲突进行调解。为了支持联合国维护世界和平的努力，非洲国家向联合国提交了《关于非洲无核化宣言》，并且于1965年得到了第二十届联大的批准。

在联合国海洋法会议上，非洲国家要求制定一个公平合理的海洋法。为此，非统在其决议中明确指出：海洋国家有权建立最大限度为200海里的专属经济区或国家管辖区。应非洲要求，1974年5月1日，联合国第六届特别会议首次讨论了建立国际经济新秩序的一揽子建议，从而开启了"南北对话"。会议通过了《关于建立国际新秩序宣言》和《关于建立国际新秩序的行动纲领》。同年，第二十九届联大通过了《国家经济的权利与义务的宪章》。这些文件的目的都是确立国际经济关系标准和建立国际经济新秩序。

## 二、联合国对非统的支持

为了回应非统采纳《联合国宪章》，1964年，联合国在一片喝彩声中通过了与非统合作的决议。在这个法律构架内，两国际组织能够创造一个宽松和互惠的合作氛围。"联合国非洲经济委员会""联合国开发计划署"（UNDP）、"联合国粮食及农业组织"（FAO）、"世界卫生组织"（WHO）、"联合国难民事务高级专员办事处""国际劳工组织""联合国儿童基金会""联合国训练研究所"（UNITAR）、"联合国贸易和发展会议"（UNCTAD）、"联合国教育、科学及文化组织"（UNESCO）、"联合国工业发展组织"以及联合国其他专门机构与非统相应的机构保持着密切的合作。

联合国对非统的支持主要表现在政治和经济两个方面。关于经济上的支持，见上一章，下文主要探究一下在政治方面的支持内容。

### (一) 支持非洲人民的民族解放运动

非洲是遭受西方国家殖民奴役时间最长和受害最严重的地区。1945年,联合国成立时,90%以上的非洲地区仍处在欧洲殖民者统治之下。联合国积极支持非洲地区非殖民化运动。

最早体现联合国支持非殖民化民族解放运动是在《联合国宪章》《联合国大会关于人民与民族的自觉的决议》和《世界人权宣言》等文件中。《联合国宪章》序言的决心及其第一条第三款和《世界人权宣言》第二条都有关于对人权和自由给予尊重和保护的内容。特别是在1960年12月14日,鉴于43个非洲和亚洲国家联合提请的《非殖民化宣言》,联合国大会以89票支持、0票反对和9票弃权的投票结果,通过了《给予殖民地国家和人民独立宣言》(《非殖民化宣言》)。该宣言"认识到世界人民迫切希望消灭一切表现的殖民主义"和"庄严地宣布需要迅速和无条件地结束一切形式和表现的殖民主义",并宣布"所有的人民都有自决权;依据这个权力,他们自由决定自己的政治地位,自由地发展他们的经济、社会和文化""不得以政治、经济、社会或教育方面的准备不足作为拖延独立的借口"和"必须制止各种对付殖民地人民的一切武装行动和镇压措施,以使他们能和平地、自由地行使他们实现完全独立的权利;尊重他们国家领土完整"等。[①]《非殖民化宣言》为非洲殖民地人民的解放斗争提供了法律依据,并取得了国际社会的同情和支持。为了更好地实施该宣言内容,联合国还建立了"非洲殖民化特别委员会"。在支持反对非洲殖民地方面,联合国不断通过决议[②],积极斡旋,努力推动非洲非殖民化。

在1962年,在联合国的努力之下,非洲的托管地获得了独立,并且成为联合国的正式成员国;但非洲仍有大片土地和人口在遭受英国、葡萄牙、西

---

[①] General Assembly Resolution 1514,1960.
[②] 关于葡萄牙殖民地1960年12月第1542(15)号和1967年11月第2270(22)号决议;关于"南罗得西亚问题"1965年10月第2012(20)号和1965年11月第2024(20)号决议;关于"纳米比亚问题"1966年10月第2145(21)号、1970年7月第283(1970)号、1978年9月第435号、1989年1月第628号、第629号和2月第632号决议;关于"西撒问题"1966年第2229号决议,等等。

班牙等殖民主义国家的统治。

1963年以后,秉承泛非主义意旨的非统更是把反对殖民主义、争取非洲人民解放作为自己的奋斗目标。非统利用联合国进行了一系列的反对殖民主义斗争。非统促使联合国承认非洲解放斗争的合法性,使联合国大会通过第二千五百五十五号决议,要求所有专门机构给解放运动以物资援助。部分由于非统压力,联合国没有承认单方面独立的罗得西亚少数白人政权。1972年1月28日至2月4日,安理会首次在非洲(非统总部所在地亚的斯亚贝巴)举行会议。非统提请联合国大会注意非洲存在殖民地的情况。

1965年,第二十届联合国大会作出决议,决定加强与非统的合作关系,并邀请非统秘书长以观察员身份出席联大会议。同年11月15日,联合国与非统签署了合作协定。此后,历届联大都审议两大组织之间的合作情况并通过相应决议,要求采取措施加强这种合作关系,并要求联合国的执行机构和其他组织进行类似的合作。

**(二) 支持反对南非种族主义的斗争**

联合国历来主张反对种族主义。《联合国宪章》第一条第三款指出联合国之宗旨为:"促成国际合作,……且不分种族、性别、语言或宗教,增进并激励对于全体人类之人权及基本自由之尊重。"《联合国宪章》及以后联合国的一系列宣言或公约,都承认人类大家庭的所有成员享有平等和不可剥夺的权利,并作出承诺,确认和保护这些权利。[1] 其中,1963年通过的《消除一切形式种族歧视宣言》是最早并得到最广泛批准的联合国人权公约。[2] 然而,种族歧视仍是充分实现人权的一个巨大障碍。尽管在一些领域里已经

---

[1] 1948年12月10日《世界人权宣言》、1963年11月20日《联合国消除一切形式种族歧视宣言》、1966年5月7日《消除一切形式种族歧视国际公约》、1978年11月27日《种族与种族偏见问题宣言》、1978年11月28日《关于新闻工具有助于加强和平与国际了解、促进人权、反对种族主义、种族隔离及战争煽动的基本原则宣言》、1985年12月10日《反对体育领域种族隔离国际公约》等。

[2] 杨宇冠主编:《联合国人权公约机构与经典要义》,北京:中国人民公安大学出版社2005年版,第270页。

取得了进展,但基于种族、肤色、血统、国际或民族出身的区分、排斥、限制和优待,则继续制造和激化冲突,种族歧视依然给世界人民造成了无穷的痛苦和生命损失。

没有丝毫正义可言的种族歧视和它代表的危险一样,已成了联合国采取行动予以消除的目标。联合国除通过一系列有关种族主义的宣言和公约以外,还设立了与之有关的一些专门机构。"消除种族歧视委员会"是联合国为监督和审查各国为履行人权协定的义务所采取行动而设立的第一个机构。联合国又为纳米比亚成立一个理事会,以对付非法的南非殖民当局。联合国及其教科文组织、劳工组织都建立了反种族隔离委员会。

联合国对南非种族主义的关注最早在1946年。1946年12月8日,联合国通过了关于南非的印度人待遇问题的第四十四(2)号决议。此后,反对南非政府推行种族隔离政策的斗争始终在联合国活动中占据重要地位。联合国通过一系列决议并采取各种各样的行动,支持南非人民反对种族主义、争取和平等一切正义斗争。[①] 1963年8月7日,联合国安理会第五千三百八十六号决议,支持非统在联合国内展开一系列反对南非种族主义的外交活动,即争取联合国对南非实行经济封锁、运用联合国军队干预南非、在国际上孤立南非和把南非驱逐出联合国等,这些目标由于种种原因仅有部分得以实现。如:1974年在安理会大会上,由于美国、英国和法国的反对票,南非的成员资格得以保留。[②]

联合国支持非洲反对南非种族隔离政策,主要采取的措施有:

其一,武器禁运。1968年8月,对南非实行自愿性武器禁运。同年12月,将禁运范围扩大到为南非制造和维修武器和弹药的设备及器材。1970

---

[①] 1952年12月5日第616(B)(7)号、1954年2月14日第820(9)号、1955年12月6日第917号、1957年11月26日第1178(12)号、1958年10月30日第1248(13)号、1960年4月1日S4300号、1961年4月13日第1598(15)号、1961年11月28日第1663(16)号、1962年11月6日第1761(17)号、1965年12月15日第2054(20)号、1966年12月16日第2202(21)号、1967年12月13日第2307(22)号等决议。(Ian Brownlie, *Basic Documents on African Affairs*, Oxford: Oxford University Press, 1971, p. 426.)

[②] Zdenek Cervenka, *The Unfinished Quest for Unity*, p. 112.

年,安理会谴责了违禁的行为并采取加强禁运的行动。1975年6月,由于法国、英国和美国等3个安理会常任理事国的否决,非洲国家把武器禁运变成强制措施的首次尝试遭到失败。直到1977年11月4日,安理会规定对南非实行强制性禁运。

其二,经济制裁。1975年,联大会议建议采取自愿性禁运,即禁止向南非提供石油、石油产品和战略原料。1984年,联大会议呼吁扩大对种族主义政权的强制性禁运。安理会要求各国不要进口南非生产的军事装备。

其三,一致要求各国采取单独和集体行动促使南非放弃种族政策,如呼吁或建议各国中止与南非的外交关系、不准南非船只使用其港口、禁止金融界和经济界与南非政府和在南非登记的公司进行合作等。

其四,自1970年开始,不准南非参加联大会议。1970年,谴责南非成立"班图斯坦"的做法。1984年,安理会拒绝和谴责了南非的"新宪法"说。

其五,其他支持。联合国机构,特别是联大会议,为了向南非被压迫人民提供政治、道义和物资的支持而采取了各种各样的措施。1971年联大会议和1972年安理会指出了南非人民斗争的合法性,包括武装斗争在内的各种斗争形式。1972年以来,大会呼吁向南非人民解放运动提供援助。1974年,邀请非统所承认的"南非非洲人国民大会"和"阿扎尼亚泛非主义者大会"等南非解放运动的代表参加会议,并承认两组织为南非人民的真正代表。

1976年6月,安理会谴责南非当局制造"索韦托事件"。随后,联大会议多次谴责南非种族主义政权的行为。1976年,联大会议宣布每年的10月11日为"声援南非政治犯日",每年举行活动。1982年,大会赞同开展争取释放纳尔逊·曼德拉等南非所有政治犯的活动。大会宣布,从1978年3月21日至1979年3月21日的一年,为"国际反对种族隔离年"。大会还把每年3月21日定为"取缔种族歧视国际日",以纪念1960年南非政府制造的"沙佩维尔惨案"。为了探求取缔种族隔离的办法,还先后在巴西利亚、巴黎和维也纳等地举行各种国际会议和研讨会。联合国还设立"联合国南非信托基金"和其他自愿性基金,向南非人民提供资金与技术等方面的人道主义帮助。

**(三) 支持非统在"在非洲框架内"解决非洲问题的原则**

非统解决非洲国家间的冲突所依据的准则是在非洲的框架内,这有着很深厚的历史原因和现实因素,同时与联合国宪章和原则也是一致的。

在任何时候,一个非统成员国试图或者已经把问题提交到联合国安理会,非统机构都会根据《联合国宪章》第三十五条的规定,在其决议中表明自己的原则,这就是强调首先需要寻求区域的补救办法,在非洲的框架内解决非洲地区的问题。在争取解决阿尔及利亚与摩洛哥、索马里与埃塞俄比亚等冲突上,非统部长理事会都一再强调首先在非洲的框架内寻求解决办法。

《联合国宪章》第五十二条第二款规定:"缔结此项办法或设立此项机关之联合国会员国,将地方争端提交安理会之前,应依该项区域办法,或由该项区域机关,力求和平解决。"这就是说,联合国要求其成员国,同时也是区域组织的成员国,在未把问题提交给联合国之前,尽最大努力通过区域组织和平解决争端。如非洲国家的问题应首先由非统来解决。

非统在"在非洲框架内"和平解决非洲国家冲突的原则,一直得到联合国的明确有力的鼓励和支持。早在 1964 年 12 月 30 日,安理会在其通过的有关刚果形势的决议中就说道:"在联合国宪章的第五十二条内,安理会确信非统能够帮助所有影响非洲大陆和平与安全的问题与争端找到一个和平的解决办法。"[1]凡是非统对某一争端的解决已表明态度或已作出决定的,联合国则尊重非统的意见,不再审议或做出行动。1976 年 7 月,乌干达前总统阿明电传时任联合国秘书长科特·瓦尔德海姆,要求联合国就肯尼亚对乌干达进行石油禁运一事组成一个调查委员会的时候,联合国则明确地表达了自己的态度:乌、肯两国争端应该首先由非统来处理。

联合国宁愿非统首先担当调解和尝试解决非洲冲突的候选,是因为它主张这种处理办法能够极大地提升非统在非洲、不结盟国家和世界政治中

---

[1] Zdenek Cervenka, *The Unfinished Quest for Unity*, pp. 65–66.

作为一个整体的地位。然而,许多非洲国家可能愿意用一个联合国的决议解决它们的冲突时,情况变得更加明朗,即非统的作用已经有了特别大的提升。现在就非洲国家来讲,谈论解决非洲问题的非统决议已是平常的事情。一旦非统就冲突问题表明了立场,这些问题一般不再被联大会议辩论。例如,非统支持尼日利亚联邦政府反对比夫拉分裂主义者、非统支持埃塞俄比亚反对索马里对欧加登的入侵、非统支持埃塞俄比亚反对厄立特里亚的分裂活动和非统支持苏丹在安亚-恩亚(Anya-Nya)运动中北方阿拉伯人镇压南部非穆斯林的非洲人等。

### (四) 支持非统维护非洲的和平与安全

自独立以来,非洲国家之间及其内部的冲突、动乱甚至战争就连绵不断。非统利用各种方式,进行积极的斡旋和调解,已经取得巨大的成果;同时,因为自身的缺陷以及其他因素的制约,非统在处理非洲地区发生的一些问题时又常常处在力不从心的尴尬境地。为此,联合国先后通过一系列决议,帮助非统极大地推动了非洲内部冲突的解决。[①]

关于维持非洲的和平问题,非统于 1982 年派出一支由尼日利亚等国组成的维持和平部队,却以失败而告终。"尽管非统希望在乍得经验的基础上组建一支和平部队,但乍得维持和平使命的失败给非统造成了负面的影响,从此以后,非统不愿承担任何维和使命。"[②]此后,非统积极支持和配合联合国在非洲的维持和平行动。联合国支持非统组建"预防、处理和解决冲突机制",并承诺给予财政和后勤支持。事实上,非洲是接受联合国维和使命最多的地区。

---

[①] 关于"西撒问题": 1966 年第 2229 号、1988 年 11 月第 43133 号、1991 年 4 月第 690 号、1993 年 3 月第 809 号和 2000 年第 1292 号、第 1309 号、第 1324 号和第 1301 号决议;关于"刚果(金)问题": 2000 年 2 月第 1291 号、6 月第 1304 号、第 1316 号、第 1323 号和 332 号决议;关于"塞拉利昂问题": 2000 年 2 月第 1289 号、5 月第 1299 号、7 月第 1306 号以及 8 月的第 1313 号、第 1317 号、1321 号和第 1334 号决议;关于"埃及与厄立特里亚冲突问题": 2000 年 5 月第 1297 号、5 月第 1298 号和 7 月第 1312 号以及 2001 年 3 月第 1320 号决议,等等。

[②] David J. Francis, Mohammed Faal, John Kabia, and Alex Ramsbotham, *Dangers of Co-deployment: UN Co-operative Peacekeeping in Africa*, Aldershot: Ashgate, 2005, p. 102.

《联合国宪章》序言第一句话:"我联合国人民同兹决心:欲免后世再遭今代人类两度身历惨不堪言之战祸。"其宗旨就是维护世界和平与安全,防止侵略与战争的发生,使人类免于再受战争之苦。联合国为此把维和行动作为维护国际和平与安全的主要手段之一。由于《联合国宪章》中没有对"预防外交"或"维持和平行动"作明确规定,也由于"维持和平行动"是介于第六章"争端之和平解决"和第七章"对于和平之威胁、和平之破坏及侵略行为之应付办法"之间的一种途径,于是"维持和平行动"也被称为《联合国宪章》的"第六点五章"。[①] 1965 年 2 月 18 日,根据联合国第二千零六(19)号决议,设立"维持和平行动特别委员会",作为维持和平行动机构。1992 年,联合国又设立了"维持和平行动部"。

联合国在非洲的维和行动最早是在 1948 年 6 月,根据安理会第五十号决议,成立了"联合国停战监督组织",负责监督阿拉伯与以色列停战,部署在埃及、以色列、约旦、叙利亚和黎巴嫩等 5 国。同时,这也是联合国第一次维和行动。联合国维和行动给非洲人民留下不良印象的是 1960 年的刚果(利)维和行动。在非洲失败的联合国维和行动是在索马里和卢旺达。联合国在非洲的维和行动主要有以下一些(包括联合国派遣维和部队、核查团、观察团、援助团和特派团等):[②]

表 5-1 联合国在非洲的维和行动

| 国家 | 联合国行动名称 | 日期 |
| --- | --- | --- |
| 安哥拉 | 安哥拉核查团和观察团 1<br>安哥拉核查团和观察团 2<br>安哥拉核查团和观察团 3<br>联合国安哥拉特派团 | 1989—1991<br>1991—1995<br>1995—1997<br>1997—1999 |
| 中非共和国 | 联合国驻中非特派团 | 1998—2000 |
| 刚果(利) | 联合国维和部队 | 1960—1964 |

---

[①] 李东燕:《联合国》,北京:社会科学文献出版社 2005 年版,第 187—188 页。
[②] David J. Francis, Mohammed Faal, John Kabia, and Alex Ramsbotham, *Dangers of Co-deployment: UN Co-operative Peacekeeping in Africa*, p. 97.

(续表)

| 国家 | 联合国行动名称 | 日期 |
|---|---|---|
| 民主刚果 | 联合国刚果民主共和国特派团 | 1999 至今 |
| 埃塞俄比亚与厄立特里亚 | 联合国埃塞俄比亚和厄立特里亚特派团 | 2000 至今 |
| 利比里亚 | 联合国利比里亚军事观察团 | 1993—1997 |
| 利比亚与乍得 | 联合国观察团 | 1994 年 5—6 月 |
| 莫桑比克 | 莫桑比克维和行动 | 1992—1994 |
| 纳米比亚 | 纳米比亚过渡时期援助团 | 1989—1900 |
| 卢旺达 | 联合国维和部队 | 1993—1996 |
| 塞拉利昂 | 联合国驻塞拉利昂特派团 | 1998—1999<br>2000 至今 |
| 索马里 | 联合国索马里行动计划 1<br>联合国索马里行动计划 2 | 1992—1993<br>1993—1995 |
| 乌干达与卢旺达 | 联合国驻乌干达和卢旺达特派团 | 1993—1994 |
| 西撒哈拉 | 联合国西撒公民投票特派团 | 1991 至今 |

## 第二节 非统与"阿拉伯国家联盟"

非统与"阿拉伯国家联盟"[①]的成立分别是泛非主义和泛阿拉伯主义的成果,二者都是发展中国家组织。由于非洲与阿拉伯国家有着相同的历史遭遇,反对殖民主义、帝国主义、追求统一和坚持不结盟是两个组织的共同追求。

"非洲主义不会与阿拉伯主义相对抗,相反非洲主义加强了阿拉伯主义。"[②]纳塞尔把埃及看成 3 个同心圆(阿拉伯世界、非洲和穆斯林世界)的中

---

[①] "阿拉伯国家联盟"(LAS):简称"阿盟"。伊拉克、约旦、黎巴嫩、沙特阿拉伯、叙利亚、也门和埃及等 7 国于 1945 年 3 月 22 日在开罗签订《阿拉伯国家联盟公约》后正式成立。旨在加强成员国间的关系,协调彼此政策,以求紧密合作和捍卫阿拉伯国家的独立与主权。到 2000 年,有成员 22 个国家和地区。组织机构:首脑会议、理事会和秘书处。(参见辞海编辑委员会编:《辞海》,第 1170 页。)

[②] Boutros Boutros-Ghali, "The League of Arab States and North Africa", in Yassin El-Ayouty, Hugh C. Brooks, *Africa and International Organization*, p. 180.

心,非洲作为埃及关心的第二个圈子,还提醒自己同事们不能对撒哈拉以南非洲地区进行的反对帝国主义和种族主义的斗争无动于衷,认识到非洲人民进行的反帝、反殖斗争与埃及休戚相关。1955 年,纳赛尔发表了《革命的哲学》一书,把泛非主义和泛阿拉伯主义联系起来。

泛非主义与泛阿拉伯主义的部分融合,是伴随阿尔及利亚独立战争而来的。"卡萨布兰卡集团"的加纳、马里和几内亚支持阿拉伯国家反对以色列犹太复国主义。"阿盟"不但支持利比亚、摩洛哥、突尼斯和阿尔及利亚等阿拉伯国家的民族独立运动,而且对其他撒哈拉以南非洲国家反对殖民主义、帝国主义和种族主义给予了有力的支持。"南非的种族主义和巴勒斯坦的犹太复国主义的相似之处,使其受害者阿拉伯和非洲人民更加靠拢。"[①]

非统与"阿盟"的关系一直受到阿拉伯世界与以色列之间关系的影响。从 1963 年到 2001 年,非统与"阿盟"的关系大致经过以下 3 个阶段:

## 一、两组织的磨合(1963—1967)

早在非统成立之前,阿拉伯世界与非洲关系就很紧密。"阿盟"建立以后,就立即表现了对非洲的浓厚兴趣。"阿盟"通过了一系列决议表达了对包括非阿拉伯国家全体非洲世界的关切。1953 年 9 月 7 日,又通过一项加强阿拉伯世界与非洲关系的决议,要求阿拉伯国家增加在非洲和亚洲的外交代表,鼓励与其他非洲和亚洲国家互相交换代表团,以加强友谊、政治领域的合作和文化经济关系;要求采取一切必要措施加强"阿盟"成员国与亚非其他国家的关系,包括举行定期的高级别会议。[②] 而且,20 世纪 50 年代,"阿盟"通过一些决议,决心支持非洲民族解放运动和在国际论坛上支持非洲。最突出的是,在 1960 年 4 月 9 日,"阿盟"理事会通过决议,为其成员国规定了在反对南非种族隔离政策的国际斗争中所坚持的指导方针。决议还

---

[①] 埃德姆·科佐、戴维·查奈瓦:《泛非主义与解放》,[肯尼亚]A. A. 马兹鲁伊、[科特迪瓦]C. 旺济主编:《非洲通史》(第八卷),第 554 页。
[②] League of Arab States, 21 January 1954, Sixth Meeting, Twentieth Ordinary Session, Resolution 605.

特别建议"阿盟"成员国与亚非国家起草一个联合国系统内部的联合行动计划。为了更好地在物资上和政治上支持非洲民族解放运动，阿拉伯国家还让一些非洲民族解放组织在自己首都设立支部，如开罗和阿尔及尔等。尽管阿拉伯国家的经济状况不算富裕，但是埃及、阿尔及利亚、摩洛哥和沙特阿拉伯等"阿盟"国家还是提供了大量经济援助。

1961年7月，非洲和阿拉伯间的一个国际组织——"卡萨布兰卡集团"成立，其成员有加纳、几内亚和马里等3个撒哈拉以南非洲国家以及阿拉伯联合共和国、摩洛哥和阿尔及利亚共和国临时政府等3个阿拉伯国家。"卡萨布兰卡集团"的创立显示了非洲与阿拉伯相互依存的利益。会议通过决议一方面表达了对阿尔及利亚反对法国殖民主义的支持，另一方面表达了对犹太主义者殖民巴勒斯坦人民的愤慨。尽管"卡萨布兰卡集团"的非洲国家把这个关于巴勒斯坦的决议看作对埃及立场支持的姿态，其成员国加纳、几内亚和马里还是坚持与以色列保持经济和外交等关系。另一个决议表达了对刚果（利）的卢蒙巴政府的支持和对法国在撒哈拉沙漠的核武器实验进行了谴责。1962年4月，在"卡萨布兰卡集团"开罗会议上，一些阿拉伯和非洲国家显示对加强阿拉伯世界与非洲之间关系的兴趣和愿望。

中东危机在许多方面明显地影响了泛非主义。由于北非国家专注于中东危机，相比整个非洲，它们在政治上显露出更关注泛阿拉伯世界的倾向。这导致了撒哈拉以南的大多数非洲国家错误地推断出北非国家对泛非主义不感兴趣。最少在非统成立时，北非国家在泛非舞台上的作用，才使撒哈拉沙漠另一边的怀疑者信服所有非洲国家都接受了泛非主义。然而，甚至从积极地参与泛非事务中，北非国家就尽力获取撒哈拉以南非洲国家对自己的政治支持。但是，这种努力没有获得多少成效。在1964年非统第一届首脑会议期间，突尼斯总统恳切地求助于其他非洲国家的支持，并提醒，如果忽略了非洲大陆的一个重要部分所面临的问题，它们就不能继续提倡大陆的统一。大多数非洲国家保持不信服的态度。[1]

---

[1] Adekunle Ajala, *Pan-Africanism: Evolution, Progress and Prospects*, pp. 311-312.

事实上,绝大多数撒哈拉以南非洲国家在刚刚取得独立之后,就与以色列建立了经济、政治和贸易关系。尤其是以色列发展农业、建立农业合作社组织,以及把沙漠改造成粮田的经验,对一些非洲国家有启迪作用。到1967年阿以"六五"战争爆发之际,以色列与23个撒哈拉以南非洲国家建立了外交关系。同时,为了争取撒哈拉以南非洲国家的同情和支持,为了倾销产品和获得工业资源,以色列很重视发展与撒哈拉以南非洲国家的关系。以色列的"非洲政策"制定者梅厄夫人在1958至1966年间,曾对非洲进行5次访问,以色列其他高官也多次到非洲活动。

在1963至1967年,撒哈拉以南非洲国家成功地抵御了更多的阿拉伯国家的压力,没有让中东危机渗入到非统的政治中来。

## 二、两组织的紧密合作(1967—1978)

1967年,在"六五"战争中,阿拉伯世界遭到军事上的惨败,以色列占领了埃及、叙利亚和约旦的部分领土,导致了非洲国家对中东问题的态度发生了首次改变。一些非洲国家支持阿拉伯世界,另外一些非统成员国则主张让非洲置身于中东问题之外。几内亚与以色列断绝了外交关系,其他非洲国家却拒绝像几内亚那样做。尽管以色列的侵略没有正式成为1967年9月非统首脑金沙萨会议的议题,但会议首次通过宣言表达了对埃及严峻状况的关切和同情,决定尽最大努力在联合国的范围内确保占领军从埃及被占领土撤出去,反对以色列占领阿拉伯国家领土。[①]

1967年以后,阿、以冲突成为非统会议议程中不变的一项内容,在这些会议上代表们因此发生严重分歧。1968年2月非统部长理事会会议在一片喝彩声中通过一项决议,要求以色列军队从被占的阿拉伯领土上"立即和无条件地撤出去"。然而,据报道,15个非洲国家对此表示了保留态度,马达加斯加政府表示自己与该决议无关。该决议未能涉及对以色列的任何要求。本着1968年2月部长理事会决议精神的一个决议草案被提交到同年9

---

① OAU Document, AHG/St. 2(Ⅳ).

月的非统首脑阿尔及尔会议,被拒绝。具有"干涉者"角色的非统时任秘书长特利,因对阿拉伯人的支持而时常遭到强烈的批评,这也是1972年他牺牲自己秘书长职位的一个主要因素。特利这个角色不仅使许多撒哈拉以南非洲国家疏远了自己,而且产生了相反效果,就是导致决议草案的失败。①

在1967年阿以战争后的4年时间里,由于大多数非统成员国的反对,"阿盟"的非洲成员国一直未能使非统通过强烈反对以色列的决议。然而,以色列持续占领着非洲国家埃及领土,逐渐成为非统的主要议题,非洲国家对这一事实普遍变得越来越没有耐心,泛非主义就阿以冲突所提倡的中立立场逐渐遭到了侵蚀。② 1970年,一些非洲国家,特别是布隆迪、刚果、几内亚、尼日利亚和坦桑尼亚变得更加同情阿拉伯的境况。

1971年,由于以色列对尼日利亚的比夫拉和南苏丹等分裂势力的支持与援助、以色列与南非结成同盟以及阿拉伯国家的积极争取,非统对阿以冲突态度发生了进一步的变化。1971年6月,亚的斯亚贝巴第七届非统首脑会议通过了《关于阿拉伯埃及共和国持续遭受侵略的决议》。该决议不同于自1967年以来非统通过的所有决议,首次通过采取明确外交措施的规定,这标志着非统增加了中东危机的兴趣。非统的立场不仅仅是关于对其成员国埃及的困境同情,更确切地说是对解决中东问题外交努力的参与姿态。决议主张以色列立即从1967年战争中占领的阿拉伯领土撤出去,要求全面执行1967年11月22日联合国安理会的第二百四十二号决议。③ 会议决定成立一个由喀麦隆、埃塞俄比亚、象牙海岸、肯尼亚、利比里亚、毛里塔尼亚、尼日利亚、坦桑尼亚、塞内加尔和扎伊尔等10国代表组成的委员会。一个由喀麦隆、尼日利亚、塞内加尔和扎伊尔等4国元首组成的次委员会受命和以色列、埃及进行直接接触。虽然委员会没有取得预期的成果,但是非洲国

---

① Solo Ojo, "The Arab-Israeli Conflect and Afro-Arab Relations", in Timothy M. Shaw, Solo Ojo, *Africa and the International Political System*, p. 148.
② Boutros Boutros-Ghali, "The OAU and Afro-Arab Cooperation", in Yassin El-Ayouty, *The Organization of African Unity after Thirty Years*, p. 150.
③ OAU Document, AHG/Res. 66(Ⅷ).

家认为：以色列顽固的不合作态度是中东问题得不到解决的根本原因。1972年6月，非统首脑拉巴特会议通过了严厉谴责以色列的决议，要求以色列无条件从占领的阿拉伯领土上撤走。① 但是决议没有满足阿拉伯要求非洲国家与以色列断绝关系的要求。

非统对中东问题发生根本的转变还是在1973年10月阿以战争之后。1973年5月，亚的斯亚贝巴非统第十届首脑会议通过了《有关以色列继续占领阿拉伯埃及共和国部分领土的决议》，指出"由于以色列继续侵略对非洲大陆的安全和统一构成了威胁"，由于以色列拒绝从其占领的阿拉伯领土撤离，非统打算采取政治和经济措施来反对以色列。② 没有更多的人想到非洲领导人会用行动来加强他们威胁的效果，因为强烈地谴责以色列的言辞在非统决议中已不新奇。由此，当1975年10月以色列与其阿拉伯邻国埃及和叙利亚爆发新的战争之后，21个撒哈拉以南非洲国家随即断绝了与以色列的外交关系，这让世界舆论特别惊诧。加上之前8个国家，与以色列断绝外交关系的撒哈拉以南非洲国家达到29个。当时，以色列与大多数撒哈拉以南非洲国家有着友好的关系，特别是与加纳、象牙海岸、埃塞俄比亚和肯尼亚等保持着亲密的友谊，有250个以色列专家在28个撒哈拉以南非洲国家进行支援项目。

非洲全力支持阿拉伯世界反对以色列的斗争，其原因主要有以下几个方面：

其一，非洲阿拉伯国家在非统和"阿盟"之间的桥梁作用。1945年3月，"阿盟"成立，当时非洲成员国家只有埃及，以后又有利比亚、摩洛哥、突尼斯和阿尔及利亚等非洲国家相继加入。1963年5月非统成立之后，毛里塔尼亚、苏丹、索马里、吉布提和科摩罗等非洲国家也加入"阿盟"。这样就有10个国家同时是"阿盟"和非统的成员国。非洲阿拉伯国家拥有占整个阿拉伯世界66%的人口和72%的土地。在非统成立以后，一些成员国代表

---

① OAU Document, AHG/Res. 67(Ⅸ).
② OAU Document, AHG/Res. 70(Ⅹ).

要求取缔非洲大陆的一切地区组织,其中包括"阿盟"。阿拉伯国家代表则认为"阿盟"不是非洲的地区组织,而是一些亚洲国家与非洲国家的联盟。

其二,"石油输出国组织"的兴起是非统与"阿盟"团结的又一个基础。随着勘探的深入,沙特阿拉伯、科威特、伊拉克、阿拉伯联合酋长国、卡塔尔、阿尔及利亚、利比亚和埃及等阿拉伯国家以及撒哈拉以南非洲的尼日利亚、安哥拉和加蓬等国成为世界重要产油国。20世纪60年代组成的"石油输出国组织",加强了产油国家的团结,增强了第三世界产油国在国际经济领域的话语权。1968年1月,"阿拉伯石油输出国组织"[①]成立。由于拥有世界已探明石油储量的49.5%,"阿拉伯石油输出国组织"中最有影响的7个成员国毫无疑问地左右着"石油输出国组织"。1973年10月,阿以战争再次爆发,为了反对以色列,"石油输出国组织"决定对以色列及亲以色列的西方国家实行石油禁运,并同时提高石油价格。为了维护撒哈拉以南非洲国家利益和支持其民族解放运动,1973年11月,阿尔及尔"阿盟"第六届首脑会议体现了非统与"阿盟"的团结,会议决定对南非、罗得西亚和葡萄牙实行石油禁运;采取特别措施,向非洲其他国家供应石油,并建立"阿拉伯援助非洲特别基金"(FASSA)和"阿拉伯促进非洲发展银行"(BADEA)。

其三,以色列与南非的亲密合作关系,让撒哈拉以南非洲国家非常不满。1973年11月19至21日,摩加迪沙非统部长理事会第八次特别会议通过了2个关于中东危机的决议。特别突出了以色列与南非的关系问题,建议断绝与以色列关系直到以色列从阿拉伯领土撤走和巴勒斯坦人民恢复他们国家合法权利为止,要求非统成员国对以色列和南非强加一个全面的经济抵制政策,并且建立一个7人委员会监督非洲与阿拉伯的合作进况。[②] 会

---

① "阿拉伯石油输出国组织"(OAPEC):阿拉伯石油生产国为反对国际石油资本的控制和剥削,维护民族权益而成立的组织。1968年1月,由沙特阿拉伯、科威特和利比亚等3国创建,以后阿拉伯联合酋长国、阿尔及利亚、卡塔尔、巴林、伊拉克、叙利亚、埃及和突尼斯等8国陆续参加。成员国之间互相协调石油政策,铺设共同的石油管道,并先后成立了"阿拉伯石油海运公司""阿拉伯造船和修理公司""阿拉伯石油投资公司"和"阿拉伯石油服务公司"等组织。总部在科威特。(参见辞海编辑委员会编:《辞海》,第1173页。)

② OAU Documents,ECM/Res. 20(Ⅷ)and ECM/Res. 21(Ⅷ).

议还向埃及总统安瓦尔·萨达特、叙利亚总统阿尔·阿萨德和巴解执委会主席亚瑟尔·阿拉法特发去了支持电。

1973年11月26至28日,第六届"阿盟"首脑在阿尔及尔召开紧急会议,会议探讨了"十月战争"后的形势发展状况。蒙博托总统代表非统以观察员身份出席了会议,这一姿态反映了非统与"阿盟"之间的团结。会议通过的关于非洲与"阿盟"合作的声明,内容主要有:其一,赞赏非洲国家断绝与以色列关系的决定。其二,赞赏非洲国家在1973年11月非统部长理事会特别会议表明的对非统与"阿盟"合作的支持。其三,支持非洲国家进行的民族解放和经济发展运动。其四,欢迎非统部长理事会特别会议的决定,即建立一个7人委员会以提高和加强非统与"阿盟"合作。[①]

会议通过了关于"阿盟"与非统合作的决议,要求巩固非阿政治领域合作与增加阿拉伯在非洲的代表;所有阿拉伯国家断绝与南非、葡萄牙和罗得西亚等国的外交、领事、经济、文化和其他关系;对南非、葡萄牙和罗得西亚3国强迫进行关于阿拉伯石油出口的彻底禁运,并采取特别措施保证对兄弟的非洲国家的正常阿拉伯石油供应;提升阿拉伯国家对非洲解放运动的外交和物资支持;委托"阿盟"秘书长采取实际可行措施与非统秘书长以及非统7人委员会的接触,以保持阿拉伯与非洲国家间不同级别的定期的磋商;巩固和拓展阿拉伯兄弟国家双边和整个地区的非阿组织在经济、资金和文化等方面的合作;成立一个阿拉伯银行,以便为非洲经济发展提供资金、鼓励阿拉伯资本参与非洲发展和为非洲发展提供必要的技术援助等;以及在发生自然灾害和干旱时,向非洲国家进行紧急援助等。[②]

1974年1月23日,开罗阿拉伯国家石油部长会议决定根据"阿盟"经济理事会的提议,建立援助"非洲特别基金"。首批基金2亿美元,第一阶段以

---

① Secretariat of the League of Arab States, "Arab Summit Conference: Relations and Statement, 1946－1989(1990)", p. 63(in Arabic), in Boutros Boutros-Ghali, "The OAU and Afro-Arab Cooperation", in Yassin El-Ayouty, *The Organization of African Unity after Thirty Years*, pp. 156－157.

② League of Arab States, 28 November 1973, Six Session, Summit Resolution 49.

优惠条件为非洲国家提供经济援助。该基金于 1975 年转入喀土穆专门设立的"非洲经济发展阿拉伯银行",活跃在这一领域的机构还有:"与非洲技术合作埃及基金""伊斯兰开发银行""阿拉伯石油输出国组织""沙特阿拉伯基金""阿布扎比基金"和"科威特基金"。阿拉伯国家是非洲开发银行的重要股东。据估计,截至 2001 年,各种阿拉伯基金向撒哈拉以南非洲国家支付的资金超过 70 亿美元。[1]

1974 年 3 月 25 至 28 日,突尼斯"阿盟"首脑会议原则同意建立"阿拉伯对非洲技术援助基金"。

1974 年 6 月 6 至 11 日,摩加迪沙非统部长理事会第二十三次常会通过了一个关于非阿合作决议,要求召开非阿首脑会议。决议满意地注意到非洲与阿拉伯国家间持续加强的合作,要求非统秘书长与"阿盟"秘书长保持接触以调查召开非阿部长会议的可能性等。[2] 稍后召开的非统第十一届首脑会议也通过了这项非阿合作决议。

1974 年 10 月,"阿盟"首脑第七届会议在拉巴特举行,会议根据非统通过的决议以及索马里备忘录考虑了非阿合作的问题。会议支持召开非、阿合作首脑会议,委托"阿盟"秘书长指导与非洲国家进行必要的磋商。如果磋商显示非洲国家方面反应积极,"阿盟"秘书长能够安排召开一次非、阿外交部长联席会议,以准备非阿首脑会议。会议也决定一个由 7 个阿拉伯国家外长组成的委员会对一些非洲国家进行访问,以促进非、阿团结和解释第七届阿拉伯首脑会议的决议。[3]

经过非统和"阿盟"的不懈努力,1975 年 7 月 9 日,非、阿部长委员会第一次联席会议在"阿盟"总部开罗举行,会议通过了非、阿合作行动计划及宣言草案。该文件首先提交了 1976 年 4 月 19 至 22 日在达喀尔举行的非阿外长联席会议,然后提交 1977 年 1 月 24 至 26 日卢萨卡会议和 1977 年 3 月 3 至 6 日非、阿外长联席开罗会议。

---

[1] [埃及]阿姆德·哈戈格:《非洲:希望与现实》,《西亚非洲》2004 年第 5 期,第 26 页。
[2] OAU Document,CM/Res. 338(XXIII)。
[3] League of Arab State,29 October 1974,17/71。

1977年3月7至9日，第一次非、阿首脑会议在开罗举行，60个国家与会。在该会议之前举行的非、阿外交部长联席会议的文件具有历史意义并被视为非、阿合作的基础，会议通过了《非、阿合作行动计划宣言》《非、阿经济和金融合作宣言》《为实现非、阿合作的组织工作和第一次非阿首脑会议政治宣言》等文件。① 非、阿政治合作主要是巩固反对殖民斗争，支持巴勒斯坦、南非、津巴布韦和纳米比亚人民反对种族主义的斗争。经济合作就是阿拉伯国家对非洲经济发展给予资金的援助。非、阿首脑会议建立一个组织性机构，以监督合作的执行，内容有：非、阿首脑会议每3年举行一次会议；非、阿联合部长会议每18个月召开一次会议；非统、"阿盟"各挑选12个成员国组成一个"非洲、阿拉伯合作常设委员会"，委员会每年举行2次会议，会议轮流在非统和"阿盟"总部召开；在贸易、采矿、农业、能源、水利资源和交通运输等领域设有8个工作组以及设立一个"非洲和阿拉伯法院"。②

### 三、两组织关系进入新时期(1978—2001)

非、阿第一次首脑会议确立了两组织的合作方向，然而到了1978年，由于中东和非洲内部的问题，非、阿合作关系出现新变数，其原因主要有：

其一，1973年"十月战争"之后，阿、以冲突发生了新的变化。1976年3月，埃及废除了《埃苏友好合作条约》，同年6月，与美国签订了《埃美关系和合作协定》，埃及走上联美抗苏道路。1978年9月，埃及、以色列和美国3方的戴维营和谈以及随后在白宫签署的《关于实现中东和平的纲要》和《关于签订埃以合约的纲要》两个文件，是埃及在阿、以冲突中战略转变的重要标志。

1980年2月，埃、以实现了关系正常化，导致了阿拉伯国家分化和改组。利比亚、叙利亚、阿尔及利亚、南也门、巴勒斯坦解放组织等4国5方组成"拒绝阵线"，要求严厉制裁埃及，拒不承认以色列存在。伊拉克也持类似

---

① Boutros Boutros-Ghali, "The OAU and Afro-Arab Cooperation", in Yassin El-Ayouty, *The Organization of African Unity after Thirty Years*, p. 161.
② AFRARB/Doc. 4.

态度。沙特阿拉伯、约旦、突尼斯、摩洛哥、北也门、阿联酋等近10个国家被称为"温和派"国家,也反对戴维营协议,同意制裁埃及,但留有余地,认为以色列国家存在也是既成事实,但坚决反对其扩张侵略。而阿曼、苏丹和索马里,则不同程度地支持戴维营协议。1979年3月31日,"阿盟"外长和经济部长在巴格达举行会议,通过了谴责埃及的决议,中止埃及的"阿盟"成员国资格,把"阿盟"总部由开罗迁往突尼斯,要求阿拉伯国家中断与埃及的关系。除阿曼、苏丹和索马里外,大多数阿拉伯国家同埃及断绝了外交关系。伊斯兰会议组织也采取了相同措施,把埃及开除出组织。从此以后,阿拉伯世界经历了一个痛苦的分裂时期。

1979年,非统首脑在蒙罗维亚举行会议,非洲的阿拉伯国家联合一些激进的撒哈拉以南非洲国家试图把埃及从非统中开除出去。非统抵制住这股压力,拒绝采取相同步骤,并继续欢迎埃及参加自己的活动。如此,对非、阿合作造成了负面的冲击。1979年的第六届不结盟首脑会议上,在撒哈拉以南非洲国家的帮助下,埃及保住了该运动成员资格。另外,1980年埃、以关系正常化之后,有不少非洲国家认为,它们继续同以色列断交的理由已不复存在。

其二,1980年,伊朗与伊拉克战争爆发,致使阿拉伯国家把注意力与援助从非洲转移到海湾地区。两伊战争的重要性代替了非、阿合作的重要性。大多数阿拉伯国家积极支持伊拉克,反对伊朗激进的伊斯兰革命。进入20世纪90年代,伊拉克入侵科威特,海湾问题成为一些阿拉伯国家优先考虑和解决的问题。同时,非洲国家则把非、阿合作的注意力转到利比里亚、卢旺达、索马里和埃塞俄比亚等非洲地区的冲突之中。

其三,"西撒问题"导致了非洲国家分裂为两部分。一部分以杜尔为首的支持摩洛哥一方,另一部分是以尼雷尔为首的支持西撒和阿尔及利亚一方。它们的分歧几乎使非统崩溃,直接导致了监督非、阿合作的组织瘫痪。非洲国家矛盾在非、阿合作得到表现。

其四,非洲与阿拉伯国家出现不和。一些非洲国家指责阿拉伯国家向反政府叛乱组织提供资金和军事援助,干涉它们的内政。阿拉伯国家错误地采取支持"安盟"立场,而"安盟"一直得到南非和美国援助。非、阿不和还表现在石油价格、利比亚与埃及争执、苏丹支持"厄立特里亚解放阵线"反对埃塞俄比亚、阿拉伯国家支持乌干达总统阿明反对坦桑尼亚和赞比亚、在扎伊尔沙巴省武装冲突中阿拉伯支持蒙博托总统等问题上,这些都不断地侵蚀着非、阿联盟基础。毛里塔尼亚与塞内加尔、埃塞俄比亚与索马里的冲突被视为非、阿之间的种族争端。

其五,资金不足,援助非洲计划难以实施,引起一些非洲国家强烈不满。虽然从1973至1980年,阿拉伯国家转移到非洲的资金大幅增加。1974年"石油输出国组织"成员国对第三世界国家的官方发展援助资金约为25亿美元,占受援国国民生产总值的1.7%。从"石油输出国组织"成员国向第三世界转移的资金,1974年为50亿美元;1975年已增加了66%,为90亿美元。但这些仍然不够,有2个方面原因:一方面,阿拉伯资金掌握在接受西方教育亲西方的银行家手里,他们习惯在欧洲、美国和日本市场,而不是在第三世界寻求安全投资。迫使阿拉伯国家投资发生根本转变的原因是它们依赖西方技术、工业用品和粮食。更重要的是,它们中的一些国家还依赖西方的武器供应。[①]据估计,1973至1982年,阿拉伯石油美元流向西方国家的总额高达3 500多亿美元,而给非洲国家提供的援助总额仅为75亿美元。另一方面,20世纪80年代石油价格下跌的"危机"(石油供过于求)损害了石油生产国经济,阿拉伯石油生产国收入大幅下降,从而也减少了对非洲大陆资金援助。

其六,以色列坚持不懈的非洲工作,取得了成效,直接影响非、阿之间的合作。1973年,撒哈拉以南非洲国家同以色列断交之后,以色列的外交官从撒哈拉以南非洲撤回特拉维夫,然而,其大多数专家和技术人员仍留在那里,他们不但在非洲继续执行原来的项目计划,而且还不断地加强和扩大在撒哈拉以南非洲的活动,积极地在经济、贸易和军事等方面发展双边关系。据以色列官方人士和工会运动人士提供的材料,以色列继续同22个非洲国家保持着军事、贸易和经济等方面联系,同少数国家还保持外交关系;但是约有1万名以色列人在撒哈拉以南非洲工作和生活,其中约有4 000多名技

---

① Zdenek Cervenka, *The Unfinished Quest for Unity*, p.175.

术人员、军事顾问和商人参与各项活动;以色列同撒哈拉以南非洲国家的贸易额每年都在2亿美元以上,1981年以色列向撒哈拉以南非洲国家的出口总额达到12.5亿美元以上。

1973年之后,以色列向撒哈拉以南非洲出口的商品构成不同于断交之前,是以军火交易为大宗。以色列派出大批军事顾问帮助训练非洲国家军队的同时,还派遣各种技术人员到撒哈拉以南非洲参与当地经济建设。另外,以也向撒哈拉以南非洲国家秘密地出售和转让大量的技术和专门技能。[①] 扎伊尔和利比里亚先后与以色列复交。

但是,在短时期内,在以色列的"外交攻势"和美国推动下,尽管撒哈拉以南非洲少数温和派国家会同以色列恢复邦交关系,但是大多数撒哈拉以南非洲国家还继续遵守非统的有关决议,维护同阿拉伯的团结,坚决地声援与支持阿拉伯国家和巴勒斯坦人民反对以色列的正义斗争,特别是一些激进的非洲国家。

20世纪80年代以后,非统与"阿盟"的合作关系受到很大干扰和制约,但是两组织还是取得了一些成果。自1977到1994年,"非、阿合作常设委员会"共召开了11次会议,但比预想的24次减少了一半。部长联合会议和首脑会议没能再召开会议。"非洲和阿拉伯法院"没有成立。1977年3月,监督非、阿合作的机构也没有像预想的那样运行。1972年"阿盟"第七届首脑会议,为援助阿拉伯和非洲国家而成立的阿盟机构——"阿拉伯基金",1976年开始运行。"阿盟"总部暂时转移到突尼斯后,"阿拉伯基金"继续发挥作用。通过该基金,成百上千的专家被派遣到非洲国家;得到奖学金资助的非洲学生在埃及大学和学院学习。另外,在喀土穆的"阿拉伯经济发展银行"和在阿比让的"非洲开发银行"继续成功运转。不同的阿拉伯基金为许多非洲工程项目提供资金。1980年为非洲成立的"埃及技术合作基金"仍在活跃着。

20世纪90年代,非、阿合作进入新时期。为了弥合非、阿国家之间的信息鸿沟,非统提出了几项战略:设立投资促进委员会和增进互访;设立非

---

[①] 李起陵、郭文豹:《以色列与黑非洲国家的关系——历史演变和新动向》,《西亚非洲资料》1984年2月25日,第5页。

洲国家商务、金融和投资推动机构与阿拉伯国家相应机构直接联系；通过适当的新闻媒体和具体相关部门的媒体进行宣传，以及定期举办有关商品交易和电子营销的论坛或研讨会，等等。非统与"阿盟"一致同意在马里成立"非洲、阿拉伯文化学院"。

## 第三节　非统与不结盟运动

非统和不结盟运动有很深的渊源，非统坚持不结盟运动的原则，非统成员国都是不结盟运动成员。同时，在争取非洲民族解放、维护非洲和平与发展等方面，不结盟运动对非统也给予了坚强有力的支持。

### 一、非洲国家积极倡导、支持和坚持不结盟

**（一）不结盟运动实质**

20世纪50年代，没有加入"冷战"两阵营任何一方的一些国家开始组成一个被称为"中立主义"（neutralism）或"不结盟"（non-alignment）的松散的政治联盟。印度、印度尼西亚、南斯拉夫和埃及是这个群体的领导成员。不结盟运动是第三世界发表政见的主要场所。

"不结盟运动的哲学根源往往追溯到1955年的万隆会议。"[①]万隆会议[②]

---

[①] 洛克斯利·埃特蒙森：《非洲与发展中地区》，[肯尼亚]A.A.马兹鲁伊、[科特迪瓦]C.旺济主编：《非洲通史》（第八卷），第624页。

[②] "万隆会议"：又叫"亚非会议"。1955年4月，亚洲和非洲国家第一次在没有西方殖民国家参加下自行召开的国际会议。参加会议除缅甸、锡兰（今斯里兰卡）、印度、印度尼西亚和巴基斯坦等5国，还有阿富汗、柬埔寨、中国、埃及、埃塞俄比亚、黄金海岸（今加纳）、伊朗、伊拉克、日本、约旦、老挝、黎巴嫩、利比里亚、利比亚、尼泊尔、菲律宾、沙特阿拉伯、苏丹、叙利亚、泰国、土耳其、越南民主共和国、也门和南越等，共计29个国家。由于以周恩来为首的中国代表团和大多数与会国代表团的努力，击败了帝国主义妄图破坏会议的阴谋，保证了会议的成功。会议宣言提出了著名的万隆会议10项原则。会议的各项决议成为亚非国家反对帝国主义、新老殖民主义的有力武器；会议加强了亚非各国人民的民族自决，促进民族解放运动的高涨，推动了第三世界的兴起和发展；会议加强第三世界相互了解，开辟了国际合作的新途径；会议的10项原则，已为许多国家和组织所接受，作为指导国际关系的准则，影响深远。会议所反映的亚非人民团结反帝、争取和维护民族独立、增强各国人民间的有益的精神，被称为"万隆精神"载入史册。（参见《中国大百科全书·外国历史》，第1023—1024页。）

宣言提出了著名的万隆会议10项原则,不结盟基本观点就出现在这些原则里。万隆会议具有划时代意义,因为它是世界第一次没有西方殖民国家参加,完全由独立的亚非国家自己来讨论和解决同它们权益相关重大问题的会议。非洲国家积极参加和支持万隆会议,不仅有埃及、埃塞俄比亚、黄金海岸、利比里亚、利比亚和苏丹6个已独立国家,还有一些正在争取民族独立的国家政党以观察员身份列席会议,即"突尼斯新宪政党""摩洛哥独立党""阿尔及利亚民族解放阵线""非洲人国民大会"和"南非印度人大会"等,并向会议提交了备忘录,要求会议支持它们反对殖民主义和消除种族歧视的斗争。

1961年9月,第一次不结盟会议在南斯拉夫首都贝尔格莱德举行。会议通过的《不结盟国家和政府宣言》《关于战争的危险和呼吁和平的声明》指出,不结盟奉行独立自主和非集团的宗旨和原则,支持各国人民在争取和维护民族独立、捍卫国家主权以及发展民族经济和民族文化的斗争。

"卡萨布兰卡集团"是不结盟运动的积极追求者。1961年1月卡萨布兰卡会议就申明:"奉行不结盟政策以加强世界和平。"然而,万隆会议的彻底"中立"或1958年第一次"非洲独立国家会议"提出的"保证要尽最大努力避免介入到可能有损于我们利益和自由的行动"的承诺与1961年贝尔格莱德不结盟会议所要求的政策有着巨大的不同。自从1958年起,在激进的非洲国家的词汇表里,"不结盟"(NAM)这一术语所具内涵和"中立"一词内涵时有混淆。

其实,非洲的"中立"最早可以追溯到20世纪40年代,"(第二次世界大战)战后,乔治·帕德莫尔①作为泛非主义理论有影响的阐发者,越来越明确地主张泛非运动必须独立于帝国主义阵营和社会主义阵营之外。他在1949年10月写给他的出版人的信中说,我们要坚持维护泛非主义的旗帜,

---

① 乔治·帕德莫尔(George Padmore,1902/03—1959):出生于西印度群岛。早年参加美国共产党,并在共产国际工作过。后热衷于泛非主义。20世纪40年代,在伦敦结识恩克鲁玛,并成为其好友。其《泛非主义还是共产主义?》,是一本有关泛非主义的名著。

既不要同盎格鲁萨克逊人,也不要同俄国人这样的势力集团搅在一起。"①这个"中立"意味着置身于世界冲突之外,或者由于自己国内的安全,或者由于不愿去招致大国的不愉快,或者由于诸如自己国家领土小等原因。

"不结盟"具有了以下几个内涵:其一,不结盟就是自由决定自己国内和国际的事务,不受"冷战"集团的掣肘。凯塔说过:"我们不倾向通过支持一个集团反对另一个集团,但我们专心致志于找到解决压制我们的问题的最好办法,不管这个问题是殖民主义、裁军、原子弹实验或德国人。"阿尔及利亚临时政府总统本·赫达在不结盟运动成立会议上说:"不结盟就是意味着每个国家有权建立它想要的政府,自由地选择它的政体、经济和社会的制度以及生活方式,总之,一切行动按照它的指导精神不受来自外部的任何压力的阻碍。"

其二,不结盟不是"中立"。1961年,恩克鲁玛在不结盟贝尔格莱德会议的讲话很具有代表意义,他说:"加纳主张积极的中立主义和不结盟,反对消极的中立主义,因为消极的中立主义认为超级大国间的武装冲突仅仅给那些参与其中者带来苦难和破坏。我认为这个观点不现实。持有这一观点的人认为,在当今世界如果一个国家彻底地把自己的国家置身于和平与战争的国际问题之外,对影响当今世界力量平衡的问题避免采取决定性的立场,那么就能确保这个国家的安全。"②

其三,不结盟不是"孤立主义者"。不结盟不惧怕卷入世界事务,相反地,它们积极要求参与国际事务,只是不按照超级大国们的意图行事。纳赛尔认为,它们应该保持与两个冲突的军事阵营的不断联系,因为不结盟不是意味着它们把自己孤立于这些问题之外。不结盟要它们积极地促进理解的巩固以及穿越危机造成的裂痕开启意见和思想交流通道。不结盟的意思是用影响并修改冷战中两个长期存在的集团观点的信念来参与世界事务。这意味着不结盟国家主张它们有权对任何强权集团进行谴责或赞扬,如果任

---

① 宁骚:《民族与国家》,北京:北京大学出版社1995年版,第155页。
② Colin Legum, *Pan-Africanism: A Short Political Guide*, pp. 112–113.

何强权集团所做的事情被它们视为与国际的和平与安全相抵触,它们就有权通过小国或弱国集团的角度来影响国际决定。①

### (二) 积极推动不结盟运动

起初,非洲 28 个独立国家中,只有 10 个国家参加了不结盟成立会议,即刚果(利)、埃塞俄比亚、加纳、几内亚、马里、摩洛哥、索马里、苏丹、突尼斯和阿拉伯联合共和国。② 其中索马里、埃塞俄比亚是"蒙罗维亚集团"成员国,还有倾向于"蒙罗维亚集团"的突尼斯、刚果(利)两个国家。另一方面,所有"卡萨布兰卡集团"都参加了贝尔格莱德会议,并且它们在 1961 年 6 月开罗召开的第一次不结盟会议的筹备会早期工作中起领导作用。该筹备会给不结盟下了定义,作为不结盟国家必须具备以下 4 个条件:在和平共处五项原则基础上追求独立政策;不参加诸如被"大西洋公约组织""华沙条约组织""东南亚条约组织"(SEATO)和"中央条约组织"(CENTO)等多边军事同盟;支持民族解放和独立运动;不参与超级大国的双边军事同盟,也不应心甘情愿地让外国军事基地设在其国内。但会议没能给什么是"军事同盟"作准确的界定。③

自 1964 年第二届不结盟首脑会议之后,非洲成为代表最多的地区。非洲在不结盟运动中之所以出现数量优势,并不是因为该大陆的国家数量最多,而是由于非统的积极推动。1963 年成立时,非统就作了一个有意思的政治决定,要求把参加不结盟作为一项集体职责。其宪章第三条第七款明确规定"重申对一切集团的不结盟政策",非洲成为支持不结盟运动唯一的一个洲际单位。非统宪章重申对所有国家奉行不结盟政策,这是"卡萨布兰卡集团"罕有的胜利。1964 年 2 月 24 至 29 日,拉各斯非统第二次特别会议

---

① Vincent Bakpetu Thompson, *Africa and Unity: The Evolution of Pan-Africanism*, London: Longman, 1969, p.187.
② 阿尔及利亚临时政府作为全权代表参加了贝尔格莱德会议,被与会的一些国家给予合法的承认。阿尔及利亚于 1962 年 7 月 5 日独立。
③ Colin Legum, *Pan-Africanism: A Short Political Guide*, p.60.

通过了《非洲的不结盟》,建议非洲国家协调它们的外交政策,特别针对于世界国家集团的存在,坚持把不结盟作为非洲自由、稳定和繁荣的受欢迎的安全措施;重申决定与非统宪章一致优先巩固非洲统一和加强亚非团结;决定保持成员国间的直接磋商,以维持成员国在将来作为发起人或参与者的国际会议上一致和统一的立场;等等。①

非洲国家倡导、支持和坚持不结盟政策主要有以下几点原因:其一,不情愿卷入超级大国间的对抗。"非洲国家都有不结盟的愿望,它们尽可能不卷入与非洲无关的国际冲突,不与大国牵连。"②非统宪章原则强调对所有意识形态的国家都采取不结盟政策,这试图阻止东西方"冷战"冲突波及非洲大陆。坚持不结盟政策,则能避免被大国控制,避免危害其独立和主权。其二,可自由接受任何来源的援助。虽然非洲一些国家赢得了政治解放,但要巩固新生国家政权,取得经济的独立,就需要东西方两大对立集团的援助,包括经济和军事等方面。其三,运用不结盟运动,实现泛非主义目标。许多国家在不结盟运动中引人瞩目,因为不结盟运动已成为谴责种族隔离、新殖民主义和种族政权的工具。③ 其四,为世界和平作出自己的贡献。如果非洲要为世界和平作贡献,它就必须采取不结盟政策。

"对西方的反抗是由非洲领导的不结盟运动和'七十七国集团'展现出来的。非洲各国把不结盟运动看成在'冷战'期间避免受两大势力控制的一种策略。它们允许甚至鼓励东方和西方在非洲展开竞争。'冷战'期间,政府既从两大集团接受援助,又保持官方上的中立。不过,一般而言,对前殖民强国和西方的反抗是很重要的目标。非洲领导人相信在'冷战'中保持中立将最终使它们摆脱过去的殖民负担。"④以美、苏为首的两大军事集团在全世界争夺势力范围日趋激烈,使新兴非洲国家主权、安全受到严重的威胁。

---

① OAU Document,CM/Res. 12(Ⅱ).
② 《科林·勒古姆谈非洲问题》,《西亚非洲资料》第91期,1983年4月5日,第15页。
③ Gino J. Naldi, *The Orgnization of African Unity: An Analysis of Its Role*, p. 11.
④ [美]拉纳·怀利:《撒哈拉以南的非洲:西方的影响与本土的现实》,[美]霍华德·威亚尔达主编:《非西方发展理论——地区模式与全球趋势》,第87页。

为了更好地维护非洲本地区的利益、避免卷入"冷战"漩涡以及免受任何一个超级大国的控制、干涉、摆布和危害，非统选择了独立、自主的不结盟道路，以便非洲在两大集团激烈对抗的情况下求得生存和发展，保障全世界的和平与安全。自从1960年刚果崩溃以来，非洲倡导的不结盟一直主张把"冷战"排除在非洲之外。

### （三）非洲国家对不结盟的贡献

1. 产生了几位最杰出的领袖

首先是埃及总统纳赛尔，他与南斯拉夫总统铁托、印度总理尼赫鲁是不结盟运动的真正设计师。1961年12月，访问埃及时，铁托在与纳赛尔的会谈中首次提到实行不结盟政策。纳赛尔认为，不结盟是保持自己国家独立唯一的最好的途径。1956年7月，纳赛尔、铁托和尼赫鲁在南斯拉夫布里俄尼岛举行了不结盟国家第一次国际会议。在铁托、纳赛尔、尼赫鲁、苏加诺等有声望的民族独立运动领袖的共同倡议下，不结盟运动兴起了。由此，不结盟运动1961年第一届首脑会议的筹备会议和1964年第二届首脑会议都在开罗举行就绝非偶然。

恩克鲁玛也是不结盟运动的主要奠基人之一。1961年的不结盟国家首脑会议召开时，在帮助新独立的非洲国家履行不结盟的承诺方面，恩克鲁玛起了非常重要的作用。在独立后的第一年内，不结盟就成为加纳外交政策的基石。

从20世纪60年代末到70年代，卡翁达、尼雷尔和布迈丁等其他非洲领导人对不结盟观念的推动和转变也作出了决定性的贡献。1986年，不结盟运动会议在津巴布韦首都哈拉雷召开，这是它再次使用撒哈拉以南的非洲作为会址。穆加贝成为一度由铁托、尼赫鲁、恩克鲁玛和纳赛尔领导的不结盟运动这一国际力量的主席。

2. 成为不结盟运动主力军

不结盟运动在非洲召开了5次国家首脑会议。参加会议的非洲国家也由1961年的10个增加到1998年的53个，几乎占整个不结盟运动的1/2。

表 5-2  非洲在不结盟会议[①]

| 年份 | 会议 | 全部参加者 | 非洲国家 | 非洲国家占的百分比 |
|---|---|---|---|---|
| 1955 | 万隆会议 | 24 | 6 | 25% |
| 1961 | 贝尔格莱德会议 | 25 | 11 | 44% |
| 1964 | 开罗会议 | 47 | 28 | 59.6% |
| 1970 | 卢萨卡会议 | 53 | 33 | 62% |
| 1973 | 阿尔及尔会议 | 75 | 41 | 54.7% |
| 1976 | 科伦坡会议 | 86 | 47 | 55.8% |
| 1979 | 哈瓦那会议 | 95 | 51 | 53.5% |
| 1983 | 新德里会议 | 100 | 51 | 51% |
| 1986 | 哈拉雷会议 | 101 | 51 | 50% |
| 1992 | 雅加达会议 | 108 | 51 | 50% |
| 1995 | 卡塔基纳会议 | 113 | 53 | 50% |
| 1998 | 德班会议 | 113 | 53 | 50% |

## 二、不结盟运动对非统的支持

不结盟运动为非洲根除殖民主义和种族隔离制度提供了巨大的支持。历届不结盟首脑会议都把非洲地区的民族解放运动列为主要议题，并通过了相应的决议，给予物质和道义上的帮助。

其实，早在 1956 年 7 月不结盟运动布里俄尼岛会议通过的《铁托总统、纳赛尔总统和尼赫鲁总理的联合公报》中，就有支持阿尔及利亚解放事业的内容。不结盟会议还通过有关非洲的决议，诸如《关于种族隔离和种族歧视的决议》《关于葡属殖民地的决议》《关于津巴布韦的决议》和《关于不承认班图斯坦的决议》等达到 30 多个。1979 年第六次不结盟首脑会议决定接纳"津巴布韦爱国阵线"和"西南非洲人民组织"为不结盟运动正式成员，设立

---

[①] K. Mathews, "The Organisation of African Unity in World Politics", in Ralph I. Onwuka, Timothy M. Shaw, *Africa in World politics: Into the 1990s*, p. 49; S. B. Jain, *India's Foreign Policy and Non-Alignment*, New Delhi: Anamika Publishers & Distributors, 2000.

纳米比亚特别基金。1986年第八次不结盟首脑会议决定设立"抵抗入侵、殖民主义和种族隔离行动基金(声援南部非洲基金)",支持因支持制裁南非而受影响的南部非洲前线国家以及帮助住在这些国家的数十万难民;会议还要求所有不结盟国家的产油国按需要供应石油给这些非洲国家,使它们尽其所能地执行联合国对南非和罗得西亚的种族主义制裁。

不结盟运动与非统关系紧密,每届不结盟会议都邀请非洲地区的解放组织和非统作为观察员列席会议,坚定支持和帮助非统的活动,支持非统为反对殖民主义、种族主义和维护非洲独立、和平与发展所作的一切决议和采取的各项行动。在1964年第二次不结盟国家首脑会议的《和平和国际合作纲领》中有:"支持非洲统一组织为使该国刚果(利)迅速实现和平和和睦而作的一切努力……申明他们充分支持非洲统一组织在刚果进行斡旋的特别委员会所作的努力。""请求一切国家支持非洲统一组织为实行对南非的制裁而成立的专门机构。"在1970年第三次不结盟国家首脑会议上"号召各不结盟国家通过非洲统一组织解放委员会对为反对殖民主义、种族歧视和种族隔离而斗争的非洲人民提供财政和物资援助"和"完全赞同非洲统一组织国家和政府首脑会议在第七次常会上通过的 CM/Res. 234（XV）号决议……CM/Res. 231（XV）号决议……CM/Res. 235（XV）号决议"等。[①]

### 三、非统成员国坚持不结盟的局限性

一般来说,一直到1960年末,新独立非洲国家是"站在西方国家一边的中立"(几内亚和阿拉伯联合共和国等两国除外,每个国家自己的态度都有足够的原因)。尽管对西方政策的批评弥漫整个非洲大陆,非洲国家领导人还是继续几乎只在西方寻求援助和建议。直到1961年年底,这个局面才有了很大的改观:没有非洲国家是亲共产主义的;没有非洲国家公开反对西方,但是极少国家是"在西方国家一边的中立";许多国家是真正的不结盟。

---

[①] 中国国际问题研究所编辑部编:《不结盟运动主要文件集》,北京:中国对外翻译出版公司1987年版,第36、41、75、76、77、80页。

这些不仅反映在政府的政策上,甚至更强烈地表露在政治领导人的态度上,特别是在非洲年轻的领导人中间。①

自1964年开罗会议后,国际政治有了一些戏剧性的发展,这对第三世界产生了巨大的影响,最重大的事件有:20世纪60年代爆发了中、苏意识形态论战;1969年中国核力量地位的获得和1971年中国重返联合国;1965至1974年美国对越南干涉和侵略;1968年"华沙条约组织"军事力量干涉捷克斯洛伐克;1974年智利的萨尔瓦多·阿连德政府被军事政变推翻及个人被害;1967年和1973年的两次中东战争;1967至1970年的尼日利亚内战和1975至1976年的安哥拉内战。不结盟国家的作用已由20世纪60年代东西方军事集团的调解人,演变为反对极权力量企图垄断极其重大的世界问题决策权。简单地说,不结盟国家拒绝把国际事务的管理权仅仅交给极权力量,并坚持参与影响它们的国际事务谈判和协定。

事实上,在当时的情况下,新兴非洲国家提倡并坚持不结盟运动的确是最好的外交政策的选择。然而,事情还有另外的一面。正如阿迈德·西赛所说:非统宪章原则强调对所有意识形态的集团都采取不结盟政策,这试图阻止东西方"冷战"冲突波及非洲大陆。但不结盟只是"漂亮"的词语。对许多非洲国家,包括似乎激进的社会主义国家,它们借鉴的发展道路要么是资本主义要么是社会主义。除此之外,几乎所有非洲国家与原宗主国都存在着紧密的贸易、援助、文化和技术联系。这些已经损害了它们实际上的不结盟。②

在国际上,"冷战"愈演愈烈。20世纪60年代兴起的新技术革命渗透到社会的每一个领域,经济全球化使世界每一个地方更加紧密相连。在内部,由于遭受长期殖民统治,非洲积贫积弱。新兴国家要维护自己的独立,改善人民的生活,又要实现真正的不结盟,困难和挑战重重,边缘化日趋严重。虽然非统所有的成员国是法律上独立自主的主权国家,但是它们缺乏

---

① Colin Legum, *Pan-Africanism: A Short Political Guide*, p. 61.
② Amadu Sesay, Olusola Ojo, and Orobola Fasehun, *The OAU After Twenty Years*, p. 5.

独立运作的事实上的能力。非统所有的国家在经济和军事上依靠着西欧国家、美国和苏联等国家。非洲国家与欧洲、美国有着巨额的贸易往来,并且它们从那里得到资金和技术上的援助。相反,非洲国家间的贸易量却非常小,只占它们总贸易量的3%。

另外,非洲国家同样地依赖外部势力训练和装备它们的士兵、确保它们国土的防务与安全。换句话说,在许多方面非洲国家都被欧洲国家和美国左右着。没有任何一个非洲国家能够说享有了实实在在的真正独立。作为这种依赖的结果,包括国家内、外部事务的决定和行动都受到非洲外势力的控制和影响,为了生存和发展它们不得不依赖这些势力。[1] 独立之后的非洲绝大多数国家与外部的国家保持着比它们之间更紧密的关系,特别在经济领域,于是外国势力就更多地运用这些力量。这对前殖民势力特别实用,因为正常情况下"母国"是新国的主要贸易伙伴;法国和它前殖民地之间的经济的、财政的和文化的联系尤其紧密。对恩克鲁玛来讲,这种关系带有新殖民主义的味道:他指控殖民势力在承认非洲国家正式的政治独立的同时,却一直保持着经济上对它们年轻国家的控制。[2]

非洲国家,如多哥、达荷美(贝宁)和尼日尔等一些法语西非国家,由于面积过小和经济资源匮乏,严重地依靠法国的援助。结果,在没有可以使它们得到自由地摆脱极权力量或"冷战"政治的有保障的、持续的经济来源的情势下,失去法国的这份支持,对它们来讲是困难和冒险的。至少,就国内的防务来讲,经济因素和军事是相关联的。这些国家的绝大多数和它们的宗主国或西方之外的其他国家有着军事契约。[3] "法国的纳税人开始每年为撒哈拉以南的法国领地的发展提供2.5亿美元,法国对非洲提供的款项实际上比英国多……相对说来,数量很大的法国经济援助,其本身就是向非洲

---

[1] K. Mathews, "The Organisation of African Unity in World Politics", in Ralph I. Onwuka, Timothy M. Shaw, *Africa in World politics: Into the 1990s*, p. 39–40.
[2] William Tordoff, *Government and Politics in Africa*, Bloomington: Indiana University Press, 1984, p. 224.
[3] Vincent Bakpetu Thompson, *Africa and Unity: The Evolution of Pan-Africanism*, p. 188.

领袖施加政治压力的一种形式,以便让他们保持这种有利关系。"①

不幸地,地球没有一处不受"冷战"冲击的角落。在某种意义上,非洲国家由于其战略重要性而受到"冷战"影响的强度有所不同。1963年,苏联支持索马里,这是导致与索马里接壤的国家边界冲突的根本原因。所有的非洲国家单个或群体地接受外来的经济援助,甚至它们还向东欧国家寻求这种经济援助。除几内亚之外,前法语西非和赤道非洲国家,包括来自激进国家行列的马里,都寻求与欧洲经济共同体的"合作"。"欧共体"有其内在的政治牵连,它能直接或间接地影响非洲国家,不论它们与欧洲共同体市场联系与否。"欧共体"成员国也是"北约"成员,卷入一方冷战营垒的安排都可能被冷战营垒的另外一方解释为和反对它们的组织的合作。

非洲国家因其隶属于不同集团而把实际情况弄得更加复杂。从而,前英属非洲国家[②]是"英联邦"的成员国(苏丹、喀麦隆和索马里除外),同时前法属非洲国家[③]是"法语国家共同体"的成员国(几内亚和马里除外,但包括喀麦隆和多哥),如此的"合作"不能不影响不结盟运动的效能。原"布拉柴维尔集团"成员国支持法国首次在撒哈拉进行核试验。还有,在阿尔及利亚独立前,这些国家还支持法国与阿的谈判,而"卡萨布兰卡集团"成员国则坚持谴责法国,支持阿民族解放运动进行反抗法国殖民统治的武装斗争。

由于非统决议促使非洲国家汇集于不结盟运动之中,不结盟原则成了几乎所有非洲国家的基本外交政策,"不结盟是它们的强烈愿望,虽然它们往往做不到。这是促使非洲国家一直寻求不结盟道路的推动力。每当它们

---

① [美]维农·麦迪:《世界政治中的非洲》,第17页。
② 英属非洲国家包括:博茨瓦纳、厄立特里亚、埃塞俄比亚、冈比亚、加纳、肯尼亚、莱索托、利比里亚、马拉维、毛里求斯、纳米比亚、尼日利亚、塞舌尔、塞拉利昂、索马里、南非、苏丹、斯威士兰、坦桑尼亚、乌干达、赞比亚和津巴布韦等。(Klaas van Walraven, *Dreams of Power: The Role of the Organization of African Unity in the Politics of Africa 1963 - 1993*, p. 433.)
③ 法属非洲国家包括:贝宁(达荷美)、布基纳法索(上沃尔特)、布隆迪、喀麦隆、中非共和国、乍得、科摩罗、刚果(布)、吉布提、加蓬、几内亚(科纳克里)、科特迪瓦(象牙海岸)、马达加斯加、马里、毛里塔尼亚、尼日尔、卢旺达、塞内加尔、多哥和刚果(金)(扎伊尔)等。(Klaas van Walraven, *Dreams of Power: The Role of the Organization of African Unity in the Politics of Africa 1963 - 1993*, pp. 433 - 434.)

没能实现这一点,而与某大国建立联系时,都会意识到偏离了不结盟原则。不结盟是它们衡量外交政策成败的标准。"[1]

## 第四节 非统与中国[2]

中国一贯把与非统的关系作为中非关系的重要组成部分,重视发展与非统的关系。中国赞赏非统为非洲民族解放、国家独立、团结和平以及经济发展作出的重大贡献,尊重非统在国际事务中所持的观点和立场,支持非统为捍卫非洲人民利益、建立国际经济新秩序和维护世界和平所作的努力。39年来,中国与非统建立了平等、互信的友好关系,在许多国际事务上进行了卓有成效的合作。

### 一、非统与中国的高层往来

非统成立会议以及以后几乎每届首脑会议,中国政府总理均致电祝贺(第三、四、五届首脑会议除外)。20世纪70年代,非统与中国开始高层领导互访和会晤。领导人的会晤与交流,增加了中国与非洲的相互了解,增强了中非互信,增进了中非关系的发展。

1974年3月30日,非统解放委员会主席、索马里外长奥·阿·加利卜率领解放委员会代表团访华,开启了非统与中国领导人互访的先例。

访问中国的非统领导人和代表团主要有:1981年2月,非统副秘书长彼得·奥努率非统代表团访华。1990年10月,应中国政府邀请,非统秘书长萨利姆访华,这是非统秘书长第一次访华。20世纪80年代以后,多位非洲国家总统以非统轮值主席的双重身份访华,他们是:刚果(布)总统德尼·萨苏-恩格索(1987年10月)、赞比亚总统卡翁达(1988年2月)、马里总统穆·特拉奥雷(1989年1月)、埃及总统穆巴拉克(1990年5月)等。

---

[1] 《科林·勒古姆谈非洲问题》,《西亚非洲资料》第91期,1983年4月5日,第14页。
[2] 本节主要参考徐人龙的《中国与非洲统一组织的友好关系》一文,见李保平、马瑞敏主编:《非洲变革与发展》,第283页。

2000年10月,非统现任、前任和候任主席多哥总统埃亚德玛、阿尔及利亚总统阿齐兹·布特弗里卡和赞比亚总统泰·奇卢巴以及非统秘书长萨利姆应邀出席了在北京举行的"中非合作论坛"。

访问非统总部或在其他场合会见非统领导人的中国领导人。1983年2月,中国总理在内罗毕与非统时任主席、肯尼亚总统丹尼尔·阿拉普·莫伊会晤。1991年1月,中国外长钱其琛访问非洲期间,在非统总部会晤了萨利姆秘书长。1992年2月,中国副外长杨福昌在非统总部会晤了萨利姆秘书长。1996年5月,中国国家主席江泽民访问非洲6国期间,在非统总部发表了重要讲演,并与非统秘书长萨利姆举行了会谈。江泽民在演讲中阐述了中国在和平共处五项原则的基础上,巩固和发展同非洲各国面向21世纪的长期稳定、全面合作的国家关系的五项原则主张。1999年10月,中国外长唐家璇在纽约出席第五十四届联大时会晤了萨利姆秘书长。

## 二、非统与中国间相互支持与合作

非统坚持一个中国立场,积极支持中国维护国家统一的努力。2006年11月,非洲有48个国家与中国建立了外交关系。[①] 非统国家13次在联大总务委员会反对将所谓"台外重返或参与联合国问题提案"列入联大议程,并多次支持中国抵制台湾地区挤入只有主权国家才能参与的国际机构的图谋。1998年6月,非统第三十四届首脑会议在布基纳法索首都瓦加杜古举行。这次会议有着特殊性,因为布基纳法索与台湾地区有所谓的"邦交关系"。但是,会议期间,非统秘书处依然根据一个中国原则,把中国总理朱镕基发给首脑会议的贺电作为会议文件印发,拒收李登辉的"贺电",并在其他

---

① 2019年9月,与中国建交的非洲国家达到53个,分别为:阿尔及利亚、安哥拉、贝宁、博茨瓦纳、布基纳法索、布隆迪、佛得角、喀麦隆、中非、乍得、科摩罗、刚果(布)、科特迪瓦、刚果(金)、吉布提、埃及、赤道几内亚、厄立特里亚、埃塞俄比亚、加蓬、冈比亚、加纳、几内亚、几内亚比绍、肯尼亚、莱索托、利比里亚、利比亚、马达加斯加、马拉维、马里、毛里塔尼亚、毛里求斯、摩洛哥、莫桑比克、纳米比亚、尼日尔、尼日利亚、卢旺达、圣多美和普林西比、塞内加尔、塞舌尔、塞拉利昂、索马里、南非、南苏丹、苏丹、坦桑尼亚、多哥、突尼斯、乌干达、赞比亚、津巴布韦。(中华人民共和国外交部,2020年6月1日,https://www.fmprc.gov.cn/web/ziliao_674904/2193-674977。)

方面采取一些相应措施,使台湾当局搞"两个中国"和"一中一台"的图谋未能得逞。

非统还在人权等领域给予中国有力的支持。自1990年以来,帮助中国先后11次在联合国人权会议上挫败西方反华议案。非统大力支持和参与中国倡议的"中非合作论坛"。

中国支持非统成员国民族解放运动和维和行动。从20世纪70年代起,中国政府应非统要求,在继续向非洲民族解放组织提供双边援助的同时,也向非统解放委员会提供大批财政援助。1984年7月,提供5万美元援助资金。另外,每逢"非洲解放日",中国政府都要举行庆祝及与之相关的活动。

20世纪90年代以后,中国向非洲维和行动提供援助。1994和1995年,分别向"和平基金"捐赠5万美元。1996年,向非统"预防、处理和解决冲突机制"捐赠30万美元。1999年,提供价值60万人民币的后勤物资,向"和平基金"提供10万美元现汇。2000年,先后向"和平基金"提供20万和30万美元援助。

1996年,中国签署与《非洲无核武器区条约》有关的议定书,支持非洲地区无核化。中国响应非统呼吁,积极向非洲灾民提供人道主义援助,参与国际援助非洲难民活动。20世纪80年代初期,非洲大陆遭到特大旱灾,中国提供了17万吨大米。90年代初,向遭受战乱和自然灾害的索马里捐赠了400万元人民币的药品和其他救济物资。1994年,向卢旺达人民提供价值260万元人民币的药品和食品。

中国支持非统提名的联合国秘书长候选人,支持非统倡议召开的关于非洲紧急经济形势的特别联大。来自非洲的布特罗斯·加利和科菲·安南成功当选联合国秘书长。1986年5月,关于紧急经济形势的特别联大在纽约召开。

# 第六章  非统退出和非盟成立
## 泛非主义再前进

进入 21 世纪,在泛非主义发展和全球化浪潮的直接推动下,非统退出了历史舞台,非盟应运而生。与非统相比较,非盟有 5 个特点,即宪章中的内容更加丰富;在结构和职能上,更加完善、具体和易操作;在解决非洲内部冲突和维护非洲和平上,被赋予更大的权力;对非洲经济建设的关注和投入,远远超过非统;"非洲监督机制"具有监督各国的民主、民众参与和实行"良政"情况的职能。这些标志着泛非主义得到了进一步的发展。

## 第一节  非统退出和非盟成立

1999 年 9 月 8 至 9 日,非统特别首脑会议在利比亚苏尔特举行,会议通过了《苏尔特宣言》,决定于 2001 年建立非洲联盟;2000 年 7 月 12 至 14 日,非统首脑第三十六届会议在多哥首都洛美召开,会议研究并一致通过了《非洲联盟章程》,决定在该章程获非统 2/3 成员国议会批准后,正式宣布非盟成立。《非洲联盟章程》的顺利通过,标志着非洲在联合自强道路上迈出了重要一步。2001 年 3 月,在苏尔特再次举行特别首脑会议,宣布成立非盟。2001 年 7 月,卢萨卡非统首脑第三十七届首脑会议宣布非统到非盟的过渡期为一年。2002 年 7 月 9 日,在完成从非统到非盟的过渡之后,非盟宣布成立。非盟现有 53 个成员国。

非统退出和非盟成立,有着深刻的历史背景与原因:

一方面,克服自身局限,应对新挑战要求。非统存在严重的缺陷。非统

第六章 非统退出和非盟成立 泛非主义再前进 /187

坚持不干涉内政的原则,限制了其能力的发挥。秘书长权力不足,执行能力被限制。由于本身是松散机构,非统对自己通过的法律、法规以及公约等文件,缺乏强制执行机构和监督能力。例如,非统处理非洲某些内部冲突的乏力。在处理成员国内部冲突中,非统要么保持沉默,如在苏丹;要么站在中央政府一边,如在尼日利亚。① 在非统时期,非洲经历了30多场战争与较大规模冲突,约700万人因此而丧生,造成的经济损失高大2 500多亿美元。

成立之初,非统在领导非洲民族解放斗争、维护非洲主权和独立以及调解非洲内部冲突等政治问题上,取得了举世瞩目的成绩。但是非洲开始从政治独立迈向经济建设,非统的表现是力不从心,在引领非洲国家经济发展方面表现乏力。自20世纪70年代末80年代初,非统先后通过了《蒙罗维亚宣言》(1979)、《拉格斯行动计划》(1980)、《非洲经济恢复优先计划》《亚的斯亚贝巴经济宣言》(1985)、《1986—1990年非洲复苏优先计划》(1985)、《关于建议建立非洲经济共同体的决议》(1987)、《关于非洲政治、社会、经济形势和世界发生根本变化宣言》(1990)、《建立非洲经济共同体条约》(1991)等一系列指导和促进非洲经济调整、复苏和发展的文件。然而,由于非统对其成员国几乎没有强制执行等约束力,再加上其他的原因,非洲处于世界经济的边缘。20世纪80年代,是非洲"失去发展的十年";20世纪90年代,整个非洲经济形势不容乐观。

另一方面,全球化推动,泛非主义发展需要。"全球化主要是指商品、资金、信息、人员(部分的)在全球范围内的自由流动,经济要素在全球范围内加以合理配置。"②20世纪90年代以来,全球化得到高歌猛进的发展。然而,全球化却给非洲造成了严重的伤害,正如美国著名非洲问题专家玛丽

---

① James Busumtwi-Sam, "Redefining 'Security' after the Cold War: The OAU, the UN, and Conflict Management in Africa", in Taisier M. Ali, Robert O. Matthews, *Civil Wars in Africa: Roots and Resolution*, Montreal and Kington: McGill-Queen's University Press, 1999, p.259.
② [美]约瑟夫·S.奈、约翰·D.唐纳胡主编:《全球化世界的治理》,王勇、肖东燕等译,北京:世界知识出版社2003年版,第5页。

娜·奥塔瓦所说的："不论以什么标准来衡量,非洲均处于一切全球化趋势的边缘。……这个大陆不论在政治上、经济上还是文化上都正在日益边缘化。"①

非洲边缘化主要表现在：其一,供应上的障碍。非洲是世界唯一不能养活自己居民的大陆。其二,对初级产品的依赖。非洲绝大多数国家严重依赖未加工或半加工的商品生产和出口。其三,吸引外资的困难。20世纪90年代,撒哈拉以南非洲国家吸收外资仅为25.2亿美元。其四,在全球经济决策中的边缘化。其五,信息技术产业过于落后。其六,金融市场极度脆弱。② 根据资料显示,世界上48个最贫困的国家中有32个在非洲。非洲占世界出口的比例从1970年的3.5%下降到2002年的1.4%；人口占全球的11%,非洲国内生产总值仅占全球的1%,吸收外资占0.6%,互联网用户占1%。③ 2001年,非洲外债高达3 300亿美元。

正如"西非国家经济共同体"1991至1992年度报告中的《与时间赛跑：要么一体化,要么持续停滞》一文所表达的那样,后冷战时代非洲严重的经济和政治的边缘化是当今西非地区主义倾向得到加强的背后推动力,④这种边缘化也同样是整个非洲大陆一体化的推动力。"全球化时代必然对民族国家构成极大的冲击。作为对全球化的回应,必然形成民族主义运动和情绪的回潮。"⑤面对不可逆转的全球化,面对严峻的非洲形势,联合自强、团结统一、奋发有为成为泛非主义的迫切要求。

非盟成立,也标志着非洲国家政治、经济一体化目标的初步实现。"在20世纪最后25年开始的经济全球化的迅猛发展,激发了非洲民族主义新

---

① 钟伟云：《全球化与非洲边缘化》,李保平、马锐敏主编：《非洲变革与发展》,第5—6页。
② 李智彪：《经济全球化与非洲》,《西亚非洲》2001年第1期,第29—31页；钟伟云：《全球化与非洲边缘化》,李保平、马锐敏主编：《非洲变革与发展》,第5—6页。
③ 《世界银行2004年度报告》（第一卷）,北京：经济科学出版社2004年版,第28页。
④ Fredrik Söderbaum, "The Role of the Regional Factor in West Africa", in Björn Hettne, András Inotai, and Osvaldo Sunkel, *The New Regionaliism and the Future of Security and Development*, Volume 4, New York: St. Martin's Inc., 2000, p. 124.
⑤ 刘曙光主编：《解析全球经济》,第103页。

的勃兴。"①1979年《蒙罗维亚宣言》要求非洲"集体自力更生";20世纪90年代,非统秘书长萨利姆提出了"集体维和论",南非总统姆贝基提出了"非洲复兴论",这些都是泛非主义的张扬。鉴于全球的趋势倾向于经济的和较小程度政治的区域化,非洲必须在20世纪90年代末之前实现更好的一体化,否则非洲被边缘化情势将更加严重。② 在2001年7月9日举行的非统第三十七届首脑会议开幕式上,非统秘书长萨利姆说过:"毫无疑问,非洲联盟的成立是这个大陆取得的最伟大的成就之一。它标志着伟大的泛非主义运动和非洲统一组织的创建者们的愿望得以实现。"③

根据萨利姆的"集体维和论",非洲国家领导人积极地改革、加强非统的功能。1993年,非统预防、处理和解决非洲冲突机制中央机构正式成立和运转,办事效率大有提升。同年,又建立了非统和平基金。1995年,非统发表了《突尼斯宣言》,提出解决内部冲突和维护和平的行动与步骤。1997年,《关于建立预防、处理和解决非洲冲突机制的宣言》开始逐步实施。非统改变以往坚决反对干预成员国内部事务的原则,不仅同意"国内冲突不只是国内事务",甚至直接出兵索马里、卢旺达和布隆迪,帮助当事国消除某些仅靠它们自身力量无法消除的危机。

1994年4月,南非副总统姆贝基提出了"非洲复兴"概念。"非洲的新生和复兴是至少近百年来非洲人民不懈追求的共同愿望,而塞姆及其'非洲新生'论则是它最早的提倡者和重要的思想渊源之一。"④其实,南非早期最有影响力的非洲民族主义者塞姆早在1906年他的《非洲的新生》中就提出,要在20世纪里实现非洲的新生和复兴。姆贝基提出了"非洲复兴"概念是在吸收了恩克鲁玛、桑戈尔和塞姆等的思想基础上形成的。

自1997年以后,姆贝基又多次阐述和发展了"非洲复兴"理论。其内容

---

① 陆庭恩:《非洲问题论集》,第539页。
② Timothy M. Shaw, "Africa in the Global Political Economy: Globalization, Regionalization, or Marginalization?", in Björn Hettne, András Inotai, and Osvaldo Sunkel, *The New Regionaliism and the Future of Security and Development*, Volume 4, p.109.
③ 杨利华:《非洲联盟:理想与现实》,《西亚非洲》2001年第5期,第13页。
④ 唐大盾:《塞姆及其"非洲新生"论》,《西亚非洲》2005年第5期,第34页。

主要有5点：其一，非洲有辉煌的历史，也必将有光明的未来。其二，非洲自独立至20世纪90年代中期，是新殖民主义的历史。姆贝基认为这段时间非洲人未能真正地掌握自己的命运，视之为新殖民主义时期而加以否定。其三，非洲要建立民主政治。其四，建立现代市场经济体制。其五，南非可以为非洲复兴作出贡献。其六，国际社会可以为非洲复兴作出贡献。"经过4年多的发展与完善，非洲复兴思想已成为一个涵盖政治、经济、社会、文化、科技等在内的思想体系，成为姆贝基个人政治的标签，也成为南非外交政策特别是非洲政策的指南。"①

2001年7月非统第三十七届首脑会议通过的《非洲发展新伙伴计划》（又称《非洲新倡议》）可追溯到"非洲复兴"理论内涵。《非洲发展新伙伴计划》是《非洲振兴千年伙伴计划》（南非、尼日利亚和阿尔及利亚等国共同提出）与《欧米加计划》（塞内加尔提出）的综合产物，其总体发展目标为：促进非洲经济的加速及可持续发展；消除非洲普遍及日益严重的贫困状况；防止全球化进程中非洲被边缘化。《非洲发展新伙伴计划》"为改变目前非洲经济和社会发展的落后状况提供了一个较为综合与完整的策略框架"②。

"恩克鲁玛关于非洲统一的思想是非洲联盟成立的思想基础之一，而非盟的成立又使得恩克鲁玛关于非洲统一的思想得到初步实现。"③1986年7月非统部长理事会第四十四次常会和1987年7月非统第二十三届首脑会议先后通过了《关于建议建立非洲经济共同体的决议》。1991年6月，非统第二十七届首脑会议在阿布贾举行，会议签署了《建立非洲经济共同体条约》，这表明恩克鲁玛要求建立政治、经济和军事的全方位的"非洲合众国"或"非洲国家联盟"的理想已渐渐深入人心，得到了初步的实现，泛非主义思想得到发展。《非共体条约》预定用34年时间，即到2025年，正式形成非洲广泛的货币联盟和经济共同体。

---

① 钟伟云：《姆贝基非洲复兴思想内涵》，《西亚非洲》2002年第4期，第14页。
② 张莉：《非洲发展新伙伴计划与中非合作》，《西亚非洲》2002年第5期，第9页。
③ 张忠祥：《试析恩克鲁玛的非洲统一思想》，《西亚非洲》2004年第2期，第21页。

## 第二节 非洲联盟 泛非主义再前进

非盟在充分地借鉴和吸取了非统成功的经验和失败的教训的基础上,并对之进行了创新,才建立起来。在2001年非统卢萨卡首脑会议期间,一些非洲国家领导人多次提到了应该根据欧洲联盟在松散的模式上创立非盟,按照这个设想,"(非洲)不应该创造新机构。"然而,最终与会者达成共识,非洲联盟应该有新的东西,就是强调非洲的经验。

非盟是非统的继承、发展和创新,其诞生具有承前启后、继往开来的划时代意义。非统在原则上是一个政治组织,当然也讨论经济和社会问题。从非统到非盟,标志着非洲经历和完成了争取民族解放和国家独立的斗争,迈入了联合迎接新世纪挑战,共图非洲复兴的新时代。非盟应该是一个致力于非洲经济一体化和社会发展的组织,由此把非洲引向政治统一。[1]

非盟的成立,标志着泛非主义再前进,其主要表现在相对于非统,非盟显示出一些突出的特点:

其一,宪章内容更加丰富和具体。非盟宪章目标共有14条,而非统宪章仅有5条。非盟继承非统的内容有:实现非洲国家和人民更广泛的统一和团结、维护成员国的主权和领土完整、鼓励国际合作并充分尊重联合国宪章和人权宣言的原则、促进和保护人权和民族权利以及促进在人类活动的各个方面的合作,以提高非洲人民的生活水平。

针对非洲情况,非洲任务主要是发展和繁荣非洲经济,改变非洲贫穷、落后和被世界边缘化的局面,并引导非洲国家发展民主,保障人权,为此,非盟宪章目标又增加了更多新内容:促进非洲大陆政治和社会经济的一体化;促进非洲大陆人民在利益相关的问题上持共同立场;促进非洲大陆的和平、安全与稳定;促进民主原则、民众参与和良政;创造必要的条件以使非洲大陆能够在全球经济和国际谈判中发挥应有的作用;促进经济、社会和文化

---

[1] http://www.au2002_gov_za-docs_background-oau_to_au_htm.

的可持续发展并促进非洲国家经济一体化发展；协调和统一现存的和将成立的地区经济共同体的政策，逐步实现非洲联盟的目标；促进各个领域，特别是科学技术的研究，以推动非洲大陆的发展；与国际伙伴合作消灭可预防的疾病，促进非洲大陆的健康水平。

非盟宪章原则有16条，非统宪章原则只有7条。非盟继承非统的内容有：成员国间的主权平等和相互独立；尊重实现独立时的边界现状；通过联盟大会允许的方式，和平解决成员国间的冲突；禁止在成员国间使用武力或武力威胁；任何成员国不得干涉另一成员国的内政；成员国和平相处，并享有和平与安全的权利；尊重生命的神圣，谴责和反对政治暗杀、恐怖行动和颠覆行为。

除了有关成员国的政治稳定的原则，非盟又增加了有关经济建设、社会治理和民主人权等内容。即非洲人民参与非盟的活动；建立非洲大陆共同防务政策；非盟在危急时刻根据联盟大会的决定对某个成员国进行干预的权力只适用于以下情况：(1)战争罪行、屠杀和反人道的罪行，(2)成员国有权请求联盟干预，以恢复和平与安全，(3)在非盟的框架下促进自立，(4)促进性别平等，(5)尊重民主原则、人权、法治和良政，(6)促进社会正义以确保经济的平衡发展，(7)谴责和反对不符合宪法的政府更迭。[①] 涉及非洲防务和安全非盟行动的原则共有9条，这说明了非盟对其成员国间的和平共处与集体安全给予了足够的重视。

其二，在结构和职能上，更加完善、具体和易操作。非盟的机构，如"联盟大会""执行委员会""执行理事会""和平与安全理事会"以及"经济、社会和文化理事会"等沿袭了非统部分机构，只是名称有些改变。但非盟的"泛非洲会议""法院""非洲中央银行""非洲货币基金组织"和"非洲投资银行"等都是新创立的机构。非盟还成立了处理各类经济、政治、外交、教育、文化等方面事务的各种特别技术委员会。"泛非洲会议"是反映非洲人民意愿、由成员国议员代表按地区组成的立法机构，这无疑提高了非洲人民参与非

---

① http://www.african-union.org/root/au/Documents/Treaties.htm.

洲法律制定的水平,更好地反映了人民的心声。"非洲法院"是为了维护人权设立的,非洲改变了非统时期对法院的观点,为人权提供了一个裁判所,这无疑对保障非洲普遍人权起到很好的推动作用。"非洲中央银行""非洲货币基金组织"和"非洲投资银行"等金融机构的创立,说明非盟把非洲经济建设放在了极为重要的位置。"显然,非盟比非统大大扩充了权力、职能和活动范围,非洲一体化进入了更高、更广和更深的层次。"[1]

非盟宪章还对各机构的运作进行了明确的规定,并且容易操作。例如,对于"泛非洲议会",专门制定了相关的条约,其中分为议会和议员两个部分。根据非盟宪章的内容,非盟大会的决议按照协商一致的原则,若不能达成一致,则采取2/3多数通过原则,程序性事务以简单多数通过。

其三,在解决非洲冲突和维护非洲和平上,被赋予更大权力。非统时期,1964年成立的"调解、和解和仲裁委员会",其宗旨是解决非洲冲突,维护非洲和平与安全。然而,非统主要采取了调解和斡旋的方式来解决非洲冲突,其中包括"会议外交""专门委员会"和"优秀官员委员会"等正式和"总统的斡旋"非正式两种类型。但是,由于以上所有的类型都是政治的,不是法律和经济的,强制性成分很小。1993年,非统又建立"预防、处理和解决机制"。然而,在1994年发生的卢旺达大屠杀事件中,非统的不作为招致了世界舆论广泛的批评。

在解决非洲冲突和维护大陆和平方面,非盟继承和发展了"预防、处理和解决机制",设立了由15个国家组成的"和平与安全理事会"。实际上,非统"不干涉各国内政"原则严重地束缚了非统解决冲突和维护和平的手脚。在这一点上,非盟有了很大的改进。从非盟宪章内容来看,非盟要统管非洲的政治、经济、军事、文化和社会等各个领域。虽然非盟宪章规定"任何成员国不得干涉另一成员国的内政",但同时也有"在严重情势时,非盟根据联盟大会的决定对某个成员国进行干预的权力只适用以下情况:战争罪行、屠杀和反人道罪行"和"成员国有权请求联盟干预以维护和平与安全"的规定。

---

[1] 夏吉生:《继往开来话非盟》,《西亚非洲》2004年第1期,第55页。

这样,在"非漠视原则"之下,非盟就有可以对战争罪行、屠杀罪行、反人道罪行、非法攫取政权行为以及因一国内不稳定导致难民外流、叛乱分子侵扰和其他殃及邻国的行为进行干预。另外,非盟还组建了一支由非洲国家军队组成的常设维和部队,并安排专门经费。

其四,对非洲经济建设的关注,非盟远远超过非统。为摆脱非洲被世界边缘化的命运,非盟积极推动非洲经济一体化。非盟宪章规定了"促进非洲大陆政治和社会的一体化"和"促进经济、社会和文化的可持续发展并促进非洲国家的一体化发展"。非盟全力推动《非洲发展新伙伴计划》的实施。非盟"非洲监督机制"负责着该计划的执行。

区域合作是实现非洲发展一体化的基础,非盟重视与非洲一些区域经济组织的合作。非盟宪章规定"协调和统一现存的和将要成立的地区经济共同体的政策,逐步实现非洲联盟的目标"和"创造必要的条件以使非洲大陆能够在全球经济和国际谈判中发挥应有的作用"。到目前为止,非洲有各类的区域性经济实体和组织30多个。在非盟协调下,"西非国家经济共同体""南部非洲发展共同体"和"东南共同市场"等区域性经济组织,分别在建立自由贸易区、成立关税同盟和建立共同市场等方面作出了规划或已取得了进展。

其五,非盟"非洲监督机制"具有监督各国的民主政治、民众参与和实行"良政"情况的职能。非统时期,非洲大陆践踏人权、不民主和暴力统治现象时有发生。如:在非洲曾经出现3个暴君或独裁者,乌干达前总统阿明、赤道几内亚前总统弗朗西斯科·恩格莫和中非皇帝让·博卡萨。在阿明恐怖统治的最后几年里,乌干达竟有数千名政治犯被迫害而死。大赦国际组织提供的人数是30万。阿明最臭名昭著的罪行是他个人参与了屠杀100多名小学生的事件,这些学生仅仅违反了他的命令,拒绝穿(阿明的亲戚兜售的)校服。[1] 在恩格莫统治赤道几内亚10年中,有305万多人逃离自己的祖国。人类即将进入21世纪的1994年,卢旺达还爆发了种族大屠杀,有近

---

[1] Jonathan Power, *Amnesty International*, Oxford: Pergamon Press, 1981, p. 85.

200万人被杀或逃离了家园。

非盟成立的4年来,由于非盟坚强有力,非洲政治和社会环境有了很大的改观,大规模的践踏人权、不民主和暴力统治等现象没有再度发生。

非盟的成立,标志着泛非主义得到了进一步的发展,泛非主义进入一个新的历史时期。

# 结　语

非统时期,泛非主义在诸如实现非洲人民政治解放、和平解决非洲内部冲突、解决难民问题、经济发展和社会进步、坚持不结盟原则等方面取得了很大的成果,自己的内涵也得到丰富和发展。同时,泛非主义也遭遇到许多的无奈甚至失败,如非洲国家领土冲突、局势持续动荡以及有些成员国拒不执行非统决议等。这些不和谐事件的发生不仅破坏了非洲和平和统一,也严重地影响了非洲和平与发展。

泛非主义所面临的难题是由于当时的社会历史条件造成的,最根本的原因是国家民族利益与整个非洲地区利益、地方民族利益与国家利益的抵触所导致的国家民族主义与泛非主义、国家民族主义与地方民族主义之间的冲突。诚然非洲外部势力起到一定的推波助澜的负面作用,这无可置疑;非统只是一个松散的联盟,完全按照协商一致原则,没有约束其成员国的能力等缺陷又是原因的另一方面。

英国学者巴兹尔·戴维逊说过:"现代非洲的历史首先是一部 20 世纪民族主义思想的历史。"[1]事实上,20 世纪非洲大陆存在着 3 个层次的民族主义,即代表非洲大陆的泛非主义、国家民族主义和地方民族主义(部族主义)[2]。

泛非主义是整个非洲大陆的民族主义。"非洲民族主义历史的另一组

---

[1] [英]巴兹尔·戴维逊:《现代非洲史——对一个新社会的探索》,第 2 页。
[2] 李安山认为,"用'地方民族主义'代替'部族主义'虽不是最好的办法,却是目前情况下可行的选择"。(参见李安山:《非洲民族主义研究》,北京:中国国际广播出版社 2004 年版,第 219 页。)

成部分是泛非主义。"[1]"非洲不同于其他任何一个大陆,在本世纪(20世纪)以来,在民族解放运动掀起风潮之前,曾出现一个全洲性的以及全球所有黑人的思想政治运动,这就是有名的'泛非主义'。"[2]泛非主义发轫于美国和西印度群岛等新大陆地区,是在两种思潮相互影响、相互推动下产生的。第一种思潮来源于漂泊于新大陆的黑人及他们的后人。猖獗一时的黑奴贸易迫使无数黑人抛弃非洲家园,流落到西印度群岛和美国的种植园和矿山,从事着艰辛的劳作。再加上由于"种族歧视"为他们戴上了沉重屈辱的枷锁,这些黑人过着暗无天日的生活。他们中的知识分子、作家、诗人就用自己的圣歌、民歌和诗等作品抒发自己对失去的乐园——非洲大陆的向往。这些人梦想能够解放非洲大陆,重新回到自己的祖国。但由于又不知自己来自非洲大陆的具体的地方,他们就把非洲看作一个整体;由于黑色的皮肤,也同时把他们看作来自同一个民族。第二个政治思潮来自非洲反对殖民统治的民族主义。[3] 虽然非洲民族主义运动首先从西非开始然后再发展到南非,但非洲民族主义者愿意把非洲看作一个整体。泛非主义早期的核心思想是旨在维护黑人的人格、尊严以及争取政治、经济、社会和文化等方面的平等权。这些在非洲大陆的体现就是反对殖民统治、争取非洲民族解放和实现非洲的统一。

自1945年泛非主义回归到非洲本土以后,特别自1963年非统成立以后,泛非主义把民族主义提高到了极高的层面,即整个非洲大陆的民族主义(包括撒哈拉沙漠以北的阿拉伯白人民族)。

"殖民统治的重要后果之一是产生了非洲的民族主义。"[4]19世纪,为了摆脱外来统治,争取非洲人的独立和自由,非洲大陆兴起了民族主义。西部非洲沿海地区由于早在奴隶贸易时期,就与西欧有着日益频繁的贸易活动,非洲民族主义也最早在这里产生了。民族主义先驱有塞内加尔医生詹姆

---

[1] 杰·阿·萨格伊、德·艾·威尔逊:《殖民主义、民族主义和泛非主义》,《非洲历史研究》1985年第1—2期,第97页。
[2] 葛公尚:《非洲的民族主义与部族主义探析》,《西亚非洲》1994年第5期,第39页。
[3] 《科林·勒古姆谈非洲问题》,《西亚非洲资料》第91期,1983年4月5日,第24—25页。
[4] 李安山:《非洲民族主义研究》,第7页。

斯·霍顿、黄金海岸牧师兼记者塞缪尔·索罗门和政治家凯斯利·海福德等。其主要贡献是开始提出"民族独立""非洲是非洲人的非洲"和"黑人传统精神"等口号,争取非洲民族解放。

第二次世界大战后,非洲民族主义思潮空前活跃,又出现恩克鲁玛、尼雷尔、阿齐克韦、杜尔和纳赛尔等一批民族主义者政治家。"在其初始之际,民族主义打碎了传统的、陈腐过时而束缚人的社会秩序,并以人类的尊严感、以参与历史和管理自己事务的骄傲和满足感填充着追随者的心灵。这种使人获得解放的感情正是19世纪欧洲早期民族主义的特征,正如今天(20世纪中期)在亚洲和非洲一样。"①他们较为系统鲜明地提出了反帝反封建、争取民族独立的政治思想和理论,主张建立符合国情的政治体制、经济独立和弘扬民族文化等建设国家措施,反对"跨界民族主义"和提倡不结盟的外交政策。②

"从整体而言,非洲民族主义的一个显著特征是泛非主义倾向。……这种倾向有两个特点:种族性和大陆性。"③非洲民族主义的"种族性"就是对黑人种族的认同,其"大陆性"指整个大陆的一体和统一。由此可知,反对殖民统治、争取民族解放、提倡不结盟、反对种族主义和追求非洲统一是非洲民族主义和泛非主义的相通之处。

国家民族主义是本国公民超越自身狭小的民族、部族、种族、宗教的局限而对所在国家产生的一种认同和效忠的情感,是民族共同体的成员在民族意识基础上对本民族至高无上的忠诚和热爱,是民族国家在保障民族成员的身份后,公民对国家的认同感和归属感。"民族国家意味着生息在一定疆域内、具有共同组织机构和一致命运的民族。其一致命运在于按本民族的意志建立一个有特色、有别于世界共同体中其他社会体的社会。"④但非洲

---

① [英]安东尼·D.史密斯:《全球化时代的民族和民族主义》,龚维斌、良警宇译,北京:中央编译出版社2002年版,第5页。
② 唐大盾:《非洲民族主义的由来和发展》,《西亚非洲》1998年第5期,第18页。
③ 李安山:《非洲民族主义研究》,第43页。
④ [英]科林·勒古姆:《泛非主义、黑人精神和非洲民族主义》,《民族译丛》1983年第3期,第16页。

国家民族主义有与其他洲别不同的特点：非洲先有民族主义,后有国家概念。"最初,来自各殖民地的非洲民族主义者,并没有太明确的各自殖民地或民族国家的清晰概念,他们大多都是从全非洲大陆、全体非洲种族的角度来进行反对殖民主义的非洲民族主义运动的。当时,非洲的民族运动领袖们几乎没有谁预见到独立后的非洲大陆会分立成如此之多的大大小小的国家,更没有谁遇见到这些国家最后创立出来时,每一个国家具体会包括怎样的领土范围,会把哪些非洲部族组合到这个国家里去。"①然而,"一般认为,在非洲民族主义运动兴起时,非洲'民族'大多数还处于形成过程中,除了个别名义上的独立国家外,更不存在'民族国家',民族运动是在西方列强人为划定的殖民地范围内进行的。由此而决定,非洲的民族主义是一种以争取非洲殖民地自治和独立,并以建立和维护统一的现代民族国家为目标的民族主义,亦可称为非洲的'国家民族主义'。"②

部族定义是"尚保留着氏族、部落组织的躯壳,尚未最终摆脱血缘联系的天然纽带,或者说血缘纽带的坚韧性仍在不同程度上发挥作用"③。现在的非洲,从刚果河的丛林深处到发达的北非和南非,不仅有现代化的民族,而且也存在大量的甚至原始的部族社会。部族社会的存在大致有四个原因：

其一,非洲大陆开发不完全,有些民族生活还是原生形态的,未得到充分的发育。西非的摩尔人、图阿列格人、富尔贝人和图布人,东非的马萨伊人、图尔卡纳人和答纳基尔人,南非的霍屯督人、赫雷罗人和茨瓦纳人等,都分布在荒漠、半荒漠和和草原地区,基本经济是粗放的逐水草而居的畜牧业,极度依赖自然。俾格米人还生活在刚果河流域的原始森林中,过着采集渔猎的原始生活。在反对西方殖民者的斗争失败以后,马赛人被赶到乞力马扎罗雪山下的荒原上,生活方式是最原始形态的。

---

① 刘鸿武：《文化同一性认同与非洲统一理想》,李保平、马瑞敏主编：《非洲变革与发展》,第225页。
② 唐大盾：《非洲民族主义的由来和发展》,《西亚非洲》1998年第5期,第18页。
③ 宁骚：《试论当代非洲的部族问题》,《世界历史》1983年第4期,第42页。

其二,殖民主义残酷掠夺的结果。西方殖民主义者对非洲进行了长达400年的奴隶贸易,不仅剥夺了非洲数以亿计的青壮年劳力[①],严重地破坏了非洲的社会生产力,而且使非洲各族相互分离疏远,彼此敌视和不信任,造成隔离、不能互鉴发展的态势。

其三,由于西方殖民者在非洲恣意掠夺和割占殖民地,强迫把同一部族分割在不同的地区或国家。如芳族被划分到喀麦隆、赤道几内亚、加蓬和法属刚果等4个殖民地。埃维族被分割在尼日利亚、多哥、达荷美和黄金海岸等4个殖民地。曼丁果族和豪萨族被划分到7个殖民地。

其四,在殖民征服和殖民统治中,西方殖民者热衷于利用非洲固有的社会形式(氏族部落组织),统治非洲人民。殖民者还利用非洲各部族固有的隔阂,实行分而治之、各个击破的政策,蓄意挑起他们相互攻杀。在整个19世纪,由于这个原因,纳马人和赫雷罗人相互征战不休。[②]"殖民统治一方面加速了将非洲作为边缘地区拉入世界经济体系的过程,同时又在相当程度上保留了(在一些地区甚至强化了)原有的生产方式和社会结构,并将其融入到殖民体系中。欧洲宗主国的统治从未为殖民地人民的民族整合进行任何努力,相反,他们力图培养所谓的'部落'意识,以阻止现代意义上的民族融合。……在殖民统治时期,生活在城市或矿区的非洲人表现出强烈的'部落'意识,这种奇特现象曾引起社会学家的高度重视。"[③]

"泛非主义之父"杜波依斯说过:"非洲的部落是一个具有多种形态的整体。它的成员人数一般从数百人到一百万人,或者更多一些。""政体的决定、法令的通过、秩序的维持、手工业和商业的处理,都是整个部落的权限。"[④]在非洲,某一个人可以不属于一个国家或一个集体,但必须属于一个部族。任何人离开自己的部族就没有生路,因此每个人都忠诚于他所属的

---

① 在15世纪至19世纪的400年间奴隶贸易,非洲撒哈拉以南向外输出的人口不少于1 900万。(参见《十五至十九世纪非洲的奴隶贸易》,北京:中国对外翻译出版社1984年版,第60页。)
② 宁骚:《试论当代非洲的部族问题》,《世界历史》1983年第4期,第47页。
③ 李安山:《非洲民族主义研究述评》,李保平、马锐敏主编:《非洲变革与发展》,第341页。
④ [美]威·爱·伯·杜波依斯:《非洲:非洲大陆及其居民的历史概述》,北京:世界知识出版社1964年版,第290页。

部族。许多领导人与其说是一国的政治家,不如说是一个部族的领导更为确切些。一个国家一般都是由几个或几十个甚至更多个部族构成,一个部族的利益与其他部族的利益或与众多部族利益的代表者——国家利益就会时常发生冲突。部族社会在国家政治和经济生活中诉求的表现,就是部族民族主义或地方民族主义。

从1945年的第五次泛非大会起,泛非主义从种族色彩浓重的新大陆回归到非洲本土,开始与非洲民族主义结合起来。其实,这时非洲民族主义已由3个层次组成:泛非主义、国家民族主义和地方民族主义。许多非洲民族主义者,同时是泛非主义者,有些甚至也是地方民族主义者,如:恩克鲁玛、杜尔、海斯廷斯·班达和乌弗埃-博瓦尼等。然而,随着非洲反殖民统治、争取政治解放斗争的深入,一些非洲国家纷纷独立,代表整个非洲地区的泛非主义与已成为代表具体国家民族的国家民族主义、国家民族主义与代表地方民族的集团之间的矛盾日益显现,越来越突出,有时甚至到了分庭抗礼的程度。

从广度、深度以及对整个非洲的意义而言,地方民族主义不及国家民族主义,国家民族主义不及泛非主义,泛非主义是民族主义的最高层次。在当今全球化大潮下,代表非洲地区利益的泛非主义也最具有进步意义。因为,区域化毕竟是全球化的必然过程,是全球化的前奏。"涉及泛非主义和民族主义两种思想,问题在于二者怎样才能恰到好处地促进和协调非洲相互联系而又矛盾的利益。比如说,民族主义要求忠于超越部族和地区的民族利益,泛非主义则要求忠于整个非洲,而不仅仅是一个民族的利益。道理是明显的,非洲比任何一个非洲国家要大得多,正如一个国家要比它的每一个部落社会大得多一样。两种利益应协调,不应冲突。"[1]

首先探讨一下泛非主义与国家民族主义的关系。泛非主义与地方民族主义的关系应在泛非主义与国家民族主义关系之内,因为地方民族主义首

---

[1] [英]科林·勒古姆:《泛非主义、黑人精神和非洲民族主义》,《民族译丛》1983年第3期,第16页。

先存在于一个国家内部。1963年以来,非统已经取得了巨大成绩,这完全取决于非洲国家领导人对泛非主义的尊重与忠诚,以整个非洲利益为重,是妥善处理自己国家民族与整个非洲关系的结果。如在非统领导下,非洲大陆非殖民化最终实现,非洲最终根除了种族主义,阿尔及利亚与摩洛哥、尼日利亚内战、肯尼亚与索马里等问题的解决,非统生存危机的克服,不结盟政策和反对外来干涉的坚持,等等。这些成就取得的主要原因,同时也是泛非主义与国家民族主义的内容。正如唐大盾所言:"民族主义与泛非主义即泛非洲的民族主义又有统一性和共同点,即都反对殖民主义、帝国主义、种族主义和部族主义,特别是在当今非洲,泛非主义和民族主义可以联合起来反对分裂非洲的最大威胁部族主义和地方分裂主义,维护国家内部的团结和统一,促成民族国家的形成。同时,又在不损害民族国家主权的前提下,为了非洲的'共同利益',努力推进非洲国家之间的团结、合作和非洲的进一步统一。"①

大多数非洲政治家非常希望组建一个泛非组织。一旦非统成立,他们就发现要取得一致意见,几乎所有成员国都不得不牺牲一些原则,因为它们是不能够控制自己伙伴们的。② 20世纪50年代末和60年代初,当非洲国家开始取得独立时,实现泛非主义思想与创立新国家的现实成为突出问题,即如何在建立一个新国家的同时,又要坚持非洲统一的思想。因为除去几个极少的例外,在殖民统治结束时,非洲国家几乎都是不同民族、不同部落的集合体,还不是民族国家。因此,当时面临的任务是在每个国家培养民族意识,而谈不上使非洲大陆成为政治意义的统一民族。毕竟,非统这样的全洲性机构,多数情况下,其意向可能不是完全符合每一个成员国利益的。这就要求非洲领导人识大体、顾大局,具有牺牲和奉献精神。

"天下熙熙皆为利来,天下攘攘皆为利往。"然而,也有极少数国家领导人为了本国家民族利益,无视非统宪章的精神,屡屡发生背离泛非主义的

---

① 唐大盾:《论"非统"——兼论非洲的统一与发展》,《西亚非洲》1993年第5期,第15页。
② Richard E. Bissell, *Apartheid and International Organizations*, p. 64.

事情。

其实,早在非统成立前,作为一个封建保守国家的摩洛哥站在激进的"卡萨布兰卡集团"中间就耐人寻味,原因是"卡萨布兰卡集团"的其他成员支持维护摩洛哥国家利益,即支持它对另一个集团("布拉柴维尔集团")成员毛里塔尼亚的领土要求。

值得一提的是恩克鲁玛和班达。恩克鲁玛是一位激进忠诚的泛非主义者,为了非洲统一事业奋斗了终生。然而,1961年10月,恩克鲁玛与到访的索马里总理签署联合公报,则宣扬了改变非洲殖民边界的意愿。1965年,他领导下的加纳与上沃尔特、多哥之间发生领土争端,这不能不说是对他一生孜孜以求的泛非事业的讽刺,既然整个非洲将是一个统一的"非洲合众国",那么还有必要为某块领土而争得头破血流吗?这也深刻地反映了恩克鲁玛也没挣脱国家民族主义窠臼的另一面。

同时作为一个国家民族主义者和泛非主义者马拉维总统班达[①],在维护自己国家民族利益面前,完全背离了泛非主义,成为一个狭隘的国家民族主义者。他领导下的马拉维政权,在某种程度上同少数白人政权罗得西亚,特别是同推行种族隔离的南非保持着紧密友好的外交关系。经济发展中,马拉维是让南非的资金和技术起重要作用的唯一撒哈拉以南非洲国家。依靠南非的财政和物资援助,班达在利隆圭建起一个新首都。

另外,利比亚与乍得、乌干达与坦桑尼亚、摩洛哥与阿尔及利亚等领土冲突,为了夺取土地和自然资源,把国家利益凌驾于他国和整个非洲地区利益之上,把国家民族主义凌驾于泛非主义之上,这些都是不尊重非统宪章原则的表现。

以少数几个国家组成区域性组织,有时是国家民族主义对抗泛非主义的方式。非统成立以后,"布拉柴维尔集团"仍然以政治组织形式存在,引起非统的高度关注。1963年8月,第一次非统部长理事会通过了关于次地区

---

[①] 班达作为泛非主义者参加了1945年英国曼彻斯特召开的第五次泛非会议。(Tajudeen Abdul-Raheem, *Pan-Aficanism: Politics, Economy and Social Change in the Twenty-first Century*, p. 4.)

组织的决议。要求次地区组织的建立必须尊重非统宪章,同时还要满足两个标准:其一,国家间共同地理的现实和经济、社会、文化因素。其二,有关国家特别需要经济、社会、文化活动等方面协调。① 由于非统的创立,"非洲—马尔加什联盟"(UAM)存在的理由就发生了动摇。1964年3月,"非洲与马尔加什联盟"对来自非统的压力作出反应,决定把自己转换成纯经济和文化组织,即"非洲—马尔加什经济合作联盟"(UAMCE)。但是,由于非统成员国对于干涉国家内政,特别是在第二次刚果事件上的巨大分歧,应象牙海岸、上沃尔特、尼日尔和中非共和国要求建立一个更具政治色彩的组织,1965年2月,"非洲—马尔加什经济合作联盟"又改名为"非洲—马尔加什共同组织"。其宗旨是:加强非洲和马尔加什国家之间的合作与团结,以促进它们在政治、经济、社会技术和文化方面的发展。② 1970年8月,再次改名为"非洲—毛里求斯共同组织"(OCAM),并决定该组织"非政治化",完全致力于经济方面的合作。

跨界民族统一主义就是主张修改殖民时期遗留的边界,实现跨界民族统一。这其实是地方民族主义对国家民族主义的反应,以国家民族主义与泛非主义矛盾的形式出现。非统原则是尊重殖民主义者划定的非洲国家间边界,体现于非统宪章和1964年非统通过的《关于非洲边界不得改变的决议》。主要事件有:刚果(金)、刚果(利)和安哥拉3国境内的巴刚果族曾要求复原历史,恢复刚果王国;尼日利亚、尼日尔和乍得3国境内的豪萨族试图建立"豪萨兰"国家;加纳与多哥、上沃尔特的边界冲突以及索马里与埃塞俄比亚、肯尼亚的边界争端等。其中,"大(泛)索马里主义"最为典型。索马里族被分割在埃塞俄比亚的欧加登地区、肯尼亚北部地区、吉布提等几处地方,索马里民族主义者要求建立"大索马里国家"。由于索马里是单一索马里民族国家,索马里民族主义者的"大索马里国家"梦想就上升为索马里国家追求,并且写入索马里共和国宪法。索、埃之间的冲突,就是索马里游牧

---

① OAU Document, CM/Res. 5(Ⅰ).
② The menmbership is given in Chart Ⅰ in Berhanykun Andemicael, *The OAU and the UN*, pp. 13,14.

社会的民族主义与埃塞俄比亚古老的民族主义的对抗情绪表现。

地方民族主义与国家民族主义的关系,对一个国家或一个地区的安定与发展关系重大。地方民族主义与国家民族主义的冲突主要表现在,某一部族最大化地追求自己在一个国家层面的政治、经济、军事和文化等利益。当地方民族主义上升为国家民族主义,地方利益成为国家利益,该部族的利益追求就得到了实现,国家也就享有和平与稳定的红利。当某一地方民族主义没能成为国家民族主义时,国家的和平就受到了威胁,社会动乱、内战、族际冲突和军事政变就有可能发生。例如,尼日利亚存在许多部族,豪萨-富拉尼族、约鲁巴族和伊博族在政治、经济、军事都拥有雄厚实力,形成"三足鼎立"局面。如果它们的利益稍失衡,就会引起利益损失者的不满,就要采取政治或军事手段,达到自己的目的。自独立以来,尼日利亚先后发生6次军事政变和2次未遂政变,导致尼政局动荡。在历任8位国家领导人中,除首任总统阿齐克韦和伊龙西来自东部伊博族以及奥巴桑乔来自西部约鲁巴族以外,其余5位均来自北部豪萨-富拉尼族或小部族安加族。① 1967年6月,伊博族宣布脱离尼联邦,成立"比夫拉共和国"。"尽管尼日利亚民族主义日益向现代化发展,尽管这种民族主义的推动力量来自伊博族领导人自身,氏族的感情仍相当大程度地被保存下来。在企图建立'比夫拉共和国'的斗争中,这种氏族感情表现得尤为突出。"②

卢旺达"双重种族灭绝"事件是另一个典型。卢旺达的图西族与胡图族积怨由来已久。1962年7月,卢旺达独立,掌握国家大权的胡图族人,对图西族进行报复性屠杀。1994年4月6日,卢旺达总统韦纳尔·哈比利马纳和布隆迪总统西普里安·恩塔里亚米拉同乘的一架飞机在基加利机场坠毁,两位胡图族总统罹难。事发后,胡图族军人极端分子立即在全国大肆搜捕、屠杀图西族人,由此引发双方又一次轮番大屠杀。在4月6日至7月17日的100天内,约有50万人被杀,400万人流落他乡,卢旺达人口800万。

---

① 葛公尚主编:《万国博览·非洲卷》,第870页。
② [英]科林·勒古姆:《八十年代的非洲——一个危机四伏的大陆》,第26页。

在1964年的非统首脑开罗会议上,肯雅塔说过:"我们今天应该有义务引领世界支持对南非的制裁,特别是让世界看到我们在非洲付出了多大的努力才能收到好的效果。如果我们自己不能作出最大的牺牲,那么我们就不能指望世界认真看待我们。"[1]这说明非统成员国在与殖民主义、种族主义作斗争中,在追求非洲统一和发展征途中,必须作出巨大的国家民族牺牲。只有在每个国家、每个部族和每个部落为了整个大陆的利益而放弃和牺牲自己的一部分利益时,非洲才能团结一致,才有真正统一。尼雷尔认为:非洲民族国家是非洲统一而不是分裂的工具;非洲民族主义如果不是泛非主义的话,那是无意义的、危险的、时代的错误。

在进入21世纪之始,由于非洲大陆的动荡不安、人民生活的困苦以及经济边缘化,泛非主义思想再次被激发。加强非洲的团结与统一、维护非洲的和平与发展以及复兴非洲的经济与文化成为非洲有识之士的共同追求,在他们的支持和推动下,一个更能体现统一和团结的、更具权威和力量的非盟就应运而生了。从旧载体非统转到新载体非盟,泛非主义大大前行了一步。

自成立以来,非盟在加强地区团结、协调非洲国家立场、促进经济发展和维护地区稳定等方面发挥了积极的领导作用,促进了非洲经济发展和社会进步。经济上,据国际货币基金组织和《非洲经济展望》的信息,2003、2004和2005年连续三年非洲经济的增长率都超过4%,分别是4.1%、4.4%和4.9%。2005年以后,非洲经济增长率将超过5%。[2] 非盟在非洲地区安全和发展领域发挥着日益重要的作用,如处理苏丹达尔富尔和科特迪瓦危机,调解卢旺达、刚果(金)、埃塞俄比亚与厄立特里亚、乍得与苏丹等国的冲突,推动索马里和布隆迪等民族和解进程以及协调推动非洲次区域经济一体化进程。非盟在整个世界政治、经济领域已发挥了重要作用,如在联合国改革、世贸组织多哈回合谈判,特别是在2005年拒绝了"四国联盟"

---

[1] Zdenek Cervenka, *The Unfinished Quest for Unity*, p. 113.
[2] 王莺莺:《对非洲形势与国际地位的再认识》,《国际问题研究》2006年第6期,第19页。

(日本、德国、印度和巴西)提出的联合国改革方案。非盟使非洲国家对国际事务的集体影响力得到了明显的提升。

非盟的地位和作用受到了包括中国在内的大多数国家或国际组织的肯定和支持。《中非合作论坛北京峰会宣言》指出:"中国高度评价非洲在维护地区和平、促进区域合作、加快经济和社会发展方面取得的进步;赞赏非洲国家和非洲联盟等地区组织及次地区组织为此发挥的积极作用;重申支持非洲国家联合自强,自主解决问题,支持非洲地区组织和次地区组织推动经济一体化的努力,支持非洲国家实施'非洲发展新伙伴计划'(NEPAD)。"[①]

尽管如此,展望其发展前景,要完成泛非主义的宏伟目标,机遇与挑战并存,非盟还有很长的路要走。"芳林新叶催陈叶,流水前波让后波。"以非盟为新的载体的泛非主义,一定会高歌猛进,一路走好,把非洲带入辉煌。

---

[①] 《人民日报》2006年11月6日。

# 附　录[1]

# Organisation of African Unity

## History

The Organisation of African Unity(OAU) was founded in May 1963 in Addis Ababa, Ethiopia by 32 African states with the main aim of bringing the African nations together and resolve the issues within the continent. Its first ever conference was held on 1st May 1963 at Addis Ababa.

## Aims

The OAU had the following primary aims:

- To co-ordinate and intensify the co-operation of African states in order to achieve a better life for the people of Africa.
- To defend the sovereignty, territorial integrity and independence of African states.
- The OAU was also dedicated to the eradication of all forms of colonialism and white minority rule as, when it was established, there were several states that had not yet won their independence

---

[1] 资料来源：http://www.africa-union.org。

or were white minority-ruled. South Africa and Angola were two such countries. The OAU proposed two ways of ridding the continent of colonialism and white minority rule. Firstly, it would defend the interests of independent countries and help to pursue the independence those of still-colonised ones. Secondly, it would remain neutral in terms of world affairs, preventing its members from being controlled once more by outside powers.

A Liberation Committee was established to aid independence movements and look after the interests of already-independent states. The OAU also aimed to stay neutral in terms of global politics, which would prevent them from being controlled once more by outside forces-an especial danger with the Cold War.

The OAU had other aims, too:
- Ensure that all Africans enjoyed human rights.
- Raise the living standards of all Africans.
- Settle arguments and disputes between members-not through fighting but rather peaceful and diplomatic negotiation.

Soon after achieving independence, a number of African states expressed a growing desire for more unity within the continent. Not everyone was agreed on how this unity could be achieved, however, and two opinionated groups emerged in this respect:
- The Casablanca bloc, led by Kwame Nkrumah of Ghana, wanted a federation of all African countries. Aside from Ghana, it comprised also Algeria, Guinea, Morocco, Egypt, Mali and Libya. Founded in 1961, its members were described as "progressive states".
- The Monrovian bloc, led by Senghor of Senegal, felt that unity should be achieved gradually, through economic cooperation. It did not support the notion of a political federation. Its other members

were Nigeria, Liberia, Ethiopia and most of the former French colonies.

Some of the initial discussions took place at Sanniquellie, Liberia. The dispute was eventually resolved when Ethiopian emperor Haile Selassie I invited the two groups to Addis Ababa, where the OAU and its headquarters were subsequently established. The Charter of the Organisation was signed by 32 independent African states.

At the time of the OAU's disbanding, 53 out of the 54 African states were members; Morocco left on 12 November 1984 following the admission of the Sahrawi Arab Democratic Republic as the government of Western Sahara in 1982.

## Agencies

Autonomous specialised agencies, working under the auspices of the OAU, were:

- Pan-African Telecommunications Union (PATU)
- Pan-African Postal Union (PAPU)
- Pan-African News Agency (PANA)
- Union of African National Television and Radio Organisations (URTNA)
- Union of African Railways (UAR)
- Organisation of African Trade Union Unity (OATUU)
- Supreme Council for Sports in Africa
- African Civil Aviation Commission

# Chairperson of the Organisation of African Unity

The Chairperson of the Organisation of African Unity served as the head of the Organisation of African Unity, a rotating position.

## List

|     | Chairperson | Took Office | Left Office | Country | Region |
| --- | --- | --- | --- | --- | --- |
| 1 | Haile Selassie I | 25 May 1963 | 17 July 1964 | Ethiopia | East Africa |
| 2 | Gamal Abdel Nasser | 17 July 1964 | 21 October 1965 | Egypt | North Africa |
| 3 | Kwame Nkrumah | 21 October 1965 | 24 February 1966 | Ghana | West Africa |
| 4 | Joseph Arthur Ankrah | 24 February 1966 | 5 November 1966 | | |
| (1) | Haile Selassie I | 5 November 1966 | 11 September 1967 | Ethiopia | East Africa |
| 5 | Mobutu Sese Seko | 11 September 1967 | 13 September 1968 | Republic of the Congo-Léopoldville | Central Africa |
| 6 | Houari Boumedienne | 13 September 1968 | 6 September 1969 | Algeria | North Africa |
| 7 | Ahmadou Ahidjo | 6 September 1969 | 1 September 1970 | Cameroon | Central Africa |
| 8 | Kenneth Kaunda | 1 September 1970 | 21 June 1971 | Zambia | Southern Africa |
| 9 | Moktar Ould Daddah | 21 June 1971 | 12 June 1972 | Mauritania | North Africa |
| 10 | Hassan II | 12 June 1972 | 27 May 1973 | Morocco | North Africa |
| 11 | Yakubu Gowon | 27 May 1973 | 12 June 1974 | Nigeria | West Africa |
| 12 | Muhammad Siad Barre | 12 June 1974 | 28 July 1975 | Somalia | East Africa |
| 13 | Idi Amin | 28 July 1975 | 2 July 1976 | Uganda | East Africa |

（续表）

|  | Chairperson | Took Office | Left Office | Country | Region |
|---|---|---|---|---|---|
| 14 | Seewoosagur Ramgoolam | 2 July 1976 | 2 July 1977 | Mauritius | Southern Africa |
| 15 | Omar Bongo | 2 July 1977 | 18 July 1978 | Gabon | Central Africa |
| 16 | Gaafar Nimeiry | 18 July 1978 | 12 July 1979 | Sudan | East Africa |
| 17 | William R. Tolbert, Jr. | 12 July 1979 | 12 April 1980 | Liberia |  |
|  | Léopold Sédar Senghor *Acting Chairperson* | 28 April 1980 | 1 July 1980 | Senegal | West Africa |
| 18 | Siaka Stevens | 1 July 1980 | 24 June 1981 | Sierra Leone | West Africa |
| 19 | Daniel arap Moi | 24 June 1981 | 6 June 1983 | Kenya | East Africa |
| 20 | Mengistu Haile Mariam | 6 June 1983 | 12 November 1984 | Ethiopia | East Africa |
| 21 | Julius Nyerere | 12 November 1984 | 18 July 1985 | Tanzania | East Africa |
| 22 | Abdou Diouf | 18 July 1985 | 28 July 1986 | Senegal | West Africa |
| 23 | Denis Sassou-Nguesso | 28 July 1986 | 27 July 1987 | People's Republic of the Congo | Central Africa |
| (8) | Kenneth Kaunda | 27 July 1987 | 25 May 1988 | Zambia | Southern Africa |
| 24 | Moussa Traoré | 25 May 1988 | 24 July 1989 | Mali | West Africa |
| 25 | Hosni Mubarak | 24 July 1989 | 9 July 1990 | Egypt | North Africa |
| 26 | Yoweri Museveni | 9 July 1990 | 3 June 1991 | Uganda | East Africa |
| 27 | Ibrahim Babangida | 3 June 1991 | 29 June 1992 | Nigeria | West Africa |
| (23) | Abdou Diouf | 29 June 1992 | 28 June 1993 | Senegal | West Africa |
| (26) | Hosni Mubarak | 28 June 1993 | 13 June 1994 | Egypt | North Africa |
| 28 | Zine El Abidine Ben Ali | 13 June 1994 | 26 June 1995 | Tunisia | North Africa |
| 29 | Meles Zenawi | 26 June 1995 | 8 July 1996 | Ethiopia | East Africa |
| 30 | Paul Biya | 8 July 1996 | 2 June 1997 | Cameroon | Central Africa |
| 31 | Robert Mugabe | 2 June 1997 | 8 June 1998 | Zimbabwe | Southern Africa |
| 32 | Blaise Compaoré | 8 June 1998 | 12 July 1999 | Burkina Faso | West Africa |
| 33 | Abdelaziz Bouteflika | 12 July 1999 | 10 July 2000 | Algeria | North Africa |

(续表)

|    | Chairperson | Took Office | Left Office | Country | Region |
|----|---|---|---|---|---|
| 34 | Gnassingbé Eyadéma | 10 July 2000 | 9 July 2001 | Togo | West Africa |
| 35 | Frederick Chiluba | 9 July 2001 | 2 January 2002 | Zambia | Southern Africa |
| 36 | Levy Mwanawasa | 2 January 2002 | 9 July 2002 | | |

## Secretary General of the Organisation of African Unity

The Secretary General was head of the Secretariat of the Organisation of African Unity.

### List

| | Chairperson | Took Office | Left Office | Country | Region |
|---|---|---|---|---|---|
| — | Kifle Wodajo (acting) | 25 May 1963 | 21 July 1964 | Ethiopia | East Africa |
| 1 | Diallo Telli | 21 July 1964 | 15 June 1972 | Guinea | West Africa |
| 2 | Nzo Ekangaki | 15 June 1972 | 16 June 1974 | Cameroon | Central Africa |
| 3 | William Eteki | 16 June 1974 | 21 July 1978 | Cameroon | Central Africa |
| 4 | Edem Kodjo | 21 July 1978 | 12 June 1983 | Togo | West Africa |
| 5 | Peter Onu (acting) | 12 June 1983 | 20 July 1985 | Nigeria | West Africa |
| 6 | Ide Oumarou | 20 July 1985 | 19 September 1989 | Niger | West Africa |
| 7 | Salim Ahmed Salim | 19 September 1989 | 17 September 2001 | Tanzania | East Africa |
| 8 | Amara Essy | 17 September 2001 | 19 July 2002 | Côte d'Ivoire | West Africa |

# OAU Summits

| Host City | Host Country | Date |
| --- | --- | --- |
| Addis Ababa | Ethiopia | 22 - 25 May 1963 |
| Cairo | Egypt | 17 - 21 July 1964 |
| Accra | Ghana | 21 - 26 October 1965 |
| Addis Ababa | Ethiopia | 5 - 9 November 1966 |
| Kinshasa | Democratic Republic of the Congo | 11 - 14 September 1967 |
| Algiers | Algeria | 13 - 16 September 1968 |
| Addis Ababa | Ethiopia | 6 - 10 September 1969 |
| Addis Ababa | Ethiopia | 1 - 3 September 1970 |
| Addis Ababa | Ethiopia | 21 - 23 June 1971 |
| Rabat | Morocco | 12 - 15 June 1972 |
| Addis Ababa | Ethiopia | 27 - 28 May 1973 |
| Mogadishu | Somalia | 1974 |
| Kampala | Uganda | 28 July-1 August 1975 |
| Port Louis | Mauritius | 2 - 6 July 1976 |
| Libreville | Gabon | 2 - 5 July 1977 |
| Khartoum | Sudan | 18 - 22 July 1978 |
| Monrovia | Liberia | 17 - 20 July 1979 |
| Freetown | Sierra Leone | 1 - 4 July 1980 |
| Nairobi | Kenya | 24 - 27 June- 1981 |
| Addis Ababa | Ethiopia | 6 - 12 June 1983 |

(续表)

| Host City | Host Country | Date |
|---|---|---|
| Addis Ababa | Ethiopia | 12 – 15 November 1984 |
| Addis Ababa | Ethiopia | 18 – 20 July 1985 |
| Addis Ababa | Ethiopia | 28 – 30 July 1986 |
| Addis Ababa | Ethiopia | 27 – 29 July- 1987 |
| Addis Ababa | Ethiopia | Extraordinary Summit; October 1987 |
| Addis Ababa | Ethiopia | 25 – 28 May 1988 |
| Addis Ababa | Ethiopia | 24 – 26 July 1989 |
| Addis Ababa | Ethiopia | 9 – 11 July 1990 |
| Abuja | Nigeria | 3 – 5 July 1991 |
| Dakar | Senegal | 29 June-1 July 1992 |
| Cairo | Egypt | 28 – 30 June 1993 |
| Tunis | Tunisia | 13 – 15 June 1994 |
| Addis Ababa | Ethiopia | 26 – 28 June 1995 |
| Yaoundé | Cameroon | 8 – 10 June 1996 |
| Harare | Zimbabwe | 2 – 4 June 1997 |
| Ouagadougou | Burkina Faso | 8 – 10 June 1998 |
| Algiers | Algeria | 12 – 14 July 1999 |
| Sirte | Libya | Extraordinary Summit 6 – 9 September 1999 |
| Lomé | Togo | 10 – 12 July 2000 |
| Lusaka | Zambia | 9 – 11 July 2001, the last OAU summit |

## OAU Members by Date of Admission (53 States)

| Date | Countries | Notes |
|---|---|---|
| 25 May 1963 | Algeria | |
| | Burundi | |
| | Cameroon | |
| | Central African Republic | |
| | Chad | |
| | Congo | |
| | Democratic Republic of the Congo | 1971–97 Zaire |
| | Dahomey | From 1975 Benin |
| | Egypt | |
| | Ethiopia | |
| | Gabon | |
| | Ghana | |
| | Guinea | |
| | Ivory Coast | From 1985 Côte d'Ivoire |
| | Liberia | |
| | Libya | |
| | Madagascar | |
| | Mali | |
| | Mauritania | |
| | Morocco | Withdrew 12 November 1984 protesting the membership of Western Sahara. Morocco however rejoined the African Union in January, 2017, 33 years after its withdrawal.[5] |
| | Niger | |
| | Nigeria | |
| | Rwanda | |
| | Senegal | |
| | Sierra Leone | |
| | Somalia | |
| | Sudan | |

|  |  | (续表) |
|---|---|---|
|  | Tanganyika | Tanganyika and Zanzibar merged 26 April 1964 to form the United Republic of Tanganyika and Zanzibar, which was renamed Tanzania 1 November 1964. |
|  | Togo |  |
|  | Tunisia |  |
|  | Uganda |  |
|  | Upper Volta | From 1984 Burkina Faso |
|  | Zanzibar | Tanganyika and Zanzibar merged 26 April 1964 to form the United Republic of Tanganyika and Zanzibar, which was renamed Tanzania 1 November 1964. |
| 13 December 1963 | Kenya |  |
| 13 July 1964 | Malawi |  |
| 16 December 1964 | Zambia |  |
| October 1965 | Gambia |  |
| 31 October 1966 | Botswana |  |
|  | Lesotho |  |
| August 1968 | Mauritius |  |
| 24 September 1968 | Swaziland |  |
| 12 October 1968 | Equatorial Guinea |  |
| 19 November 1973 | Guinea-Bissau |  |
| 11 February 1975 | Angola |  |
| 18 July 1975 | Cape Verde |  |
|  | Comoros |  |
|  | Mozambique |  |
|  | São Tomé and Príncipe |  |
| 29 June 1976 | Seychelles |  |
| 27 June 1977 | Djibouti |  |
| 1 June 1980 | Zimbabwe |  |
| 22 February 1982 | Western Sahara |  |
| 3 June 1990 | Namibia |  |
| 24 May 1993 | Eritrea |  |
| 6 June 1994 | South Africa |  |

# Charter of the Organisation of African Unity

We, the Heads of African States and Governments assembled in the City of Addis Ababa, Ethiopia,

Convinced that it is the inalienable right of all people to control their own destiny,

Conscious of the fact that freedom, equality, justice and dignity are essential objectives for the achievement of the legitimate aspirations of the African peoples,

Conscious of our responsibility to harness the natural and human resources of our continent for the total advancement of our peoples in spheres of human endeavour,

Inspired by a common determination to promote understanding among our peoples and cooperation among our States in response to the aspirations of our peoples for brotherhood and solidarity, in a larger unity transcending ethnic and national differences,

Convinced that, in order to translate this determination into a dynamic force in the cause of human progress, conditions for peace and security must be established and maintained,

Determined to safeguard and consolidate the hard-won independence as well as the sovereignty and territorial integrity of our States, and to fight against neo-colonialism in all its forms,

Dedicated to the general progress of Africa,

Persuaded that the Charter of the United Nations and the Universal Declaration of Human Rights, to the principles of which we reaffirm our adherence, provide a solid foundation for peaceful and positive cooperation among states,

Desirous that all African States should henceforth unite so that the welfare and well-being of their peoples can be assured,

Resolved to reinforce the links between our states by establishing and strengthening common institutions,

Have agreed to the present Charter.

## Establishment

### Article I

1. The High Contracting Parties do by the present Charter establish an Organization to be known as the ORGANIZATION OF AFRICAN UNITY.
2. The Organization shall include the Continental African States, Madagascar and other Islands surrounding Africa.

## Purposes

### Article II

1. The Organization shall have the following purposes:
    a. to promote the unity and solidarity of the African States;
    b. to coordinate and intensify their cooperation and efforts to achieve a better life for the peoples of Africa;
    c. to defend their sovereignty, their territorial integrity and independence;
    d. to eradicate all forms of colonialism from Africa; and
    e. to promote international cooperation, having due regard to the Charter of the United Nations and the Universal Declaration of Human Rights.
2. To these ends, the Member States shall coordinate and harmonize their general policies, especially in the following fields:
    a. Political and diplomatic cooperation;
    b. Economic cooperation, including transport and communications;

c. Educational and cultural cooperation;

d. Health, sanitation, and nutritional cooperation;

e. Scientific and technical cooperation; and

f. Cooperation for defence and security.

## Principles

### Article III

The Member States, in pursuit of the purposes stated in Article II, solemnly affirm and declare their adherence to the following principles:

1. The sovereign equality of all Member States;

2. Non-interference in the internal affairs of States;

3. Respect for the sovereignty and territorial integrity of each State and for its inalienable right to independent existence;

4. Peaceful settlement of disputes by negotiation, mediation, conciliation or arbitration;

5. Unreserved condemnation, in all its forms, of political assassination as well as of subversive activities on the part of neighbouring States or any other State;

6. Absolute dedication to the total emancipation of the African territories which are still dependent;

7. Affirmation of a policy of non-alignment with regard to all blocs.

## Membership

### Article IV

Each independent sovereign African State shall be entitled to become a Member of the Organization.

## Rights and Duties of Member States

### Article V

All Member States shall enjoy equal rights and have equal duties.

### Article VI

The Member States pledge themselves to observe scrupulously the principles enumerated in Article III of the present Charter.

## Institutions

### Article VII

The Organization shall accomplish its purposes through the following principal institutions:

1. The Assembly of Heads of State and Government;
2. The Council of Ministers;
3. The General Secretariat;
4. The Commission of Mediation, Conciliation and Arbitration.

## The Assembly of Heads of State and Government

### Article VIII

The Assembly of Heads of State and Government shall be the supreme organ of the Organization. It shall, subject to the provisions of this Charter, discuss matters of common concern to Africa with a view to coordinating and harmonizing the general policy of the Organization. It may in addition review the structure, functions and acts of all the organs and any specialized agencies which may be created in accordance with the present Charter.

### Article IX

The Assembly shall be composed of the Heads of State and Government or their duly accredited representatives and it shall meet at least once a year. At the request of any Member State and on approval by a two-thirds majority of the Member States, the Assembly shall meet in extraordinary session.

### Article X

1. Each Member State shall have one vote.

2. All resolutions shall be determined by a two-thirds majority of the Members of the Organization.

3. Questions of procedure shall require a simple majority. Whether or not a question is one of procedure shall be determined by a simple majority of all Member States of the Organization.

4. Two-thirds of the total membership of the Organization shall form a quorum at any meeting of the Assembly.

**Article XI**

The Assembly shall have the power to determine its own rules of procedure.

## The Council of Ministers

**Article XII**

1. The council of Ministers shall consist of Foreign Ministers or such other Ministers as are designated by the Governments of Member States.

2. The Council of Ministers shall meet at least twice a Year. When requested by any Member State and approved by two-thirds of all Member States, it shall meet in extraordinary session.

**Article XIII**

1. The Council of Ministers shall be responsible to the Assembly of Heads of State and Government. It shall be entrusted with the responsibility of preparing conferences of the Assembly.

2. It shall take cognisance of any matter referred to it by the Assembly. It shall be entrusted with the implementation of the decision of the Assembly of Heads of State, and Government. It shall coordinate inter-African co-operation in accordance with the instructions of the Assembly and in conformity with Article II (2) of the present Charter.

**Article XIV**

1. Each Member State shall have one vote.

2. All resolutions shall be determined by a simple majority of the members of the council of Ministers.

3. Two-thirds of the total membership of the Council of Ministers shall form a quorum for any meeting of the Council.

**Article XV**

The Council shall have the power to determine its own rules of procedure.

## General Secretariat

**Article XVI**

There shall be an Administrative Secretary-General of the Organization, who shall be appointed by the Assembly of Heads of State and Government. The Administrative Secretary-General shall direct the affairs of the Secretariat.

**Article XVII**

There shall be one or more Assistant Secretaries-General of the Organization, who shall be appointed by the Assembly of Heads of State and Government.

**Article XVIII**

The functions and conditions of services of the Secretary-General, of the Assistant Secretaries-General and other employees of the Secretariat shall be governed by the provisions of this Charter and the regulations approved by the Assembly of Heads of State and Government.

1. In the performance of their duties the Administrative Secretary-General and the staff shall not seek or receive instructions from any government or from any other authority external to the Organization. They shall refrain from any action which might reflect on their position as international officials responsible only to the Organization.

2. Each member of the Organization undertakes to respect the exclusive character of the responsibilities of the Administrative Secretary-General

and the Staff and not to seek to influence them in the discharge of their responsibilities.

## Commission of Mediation, Conciliation and Arbitration

**Article XIX**

Member States pledge to settle all disputes among themselves by peaceful means and, to this end decide to establish a Commission of Mediation, Conciliation and Arbitration, the composition of which and conditions of service shall be defined by a separate Protocol to be approved by the Assembly of Heads of State and Government. Said Protocol shall be regarded as forming an integral part of the present Charter.

## Specialized Commissions

**Article XX**

The Assembly shall establish such Specialized Commissions as it may deem necessary, including the following:

1. Economic and Social Commission;
2. Educational, Scientific, Cultural and Health Commission;
3. Defence Commission.

**Article XXI**

Each Specialized Commission referred to in Article XX shall be composed of the Ministers concerned or other Ministers or Plenipotentiaries designated by the Governments of the States.

**Article XXII**

The functions of the Specialized Commissions shall be carried out in accordance with the provisions of the present Charter and of the regulations approved by the Council of Ministers.

## The Budget

**Article XXIII**

The budget of the Organization prepared by the Administrative Secretary-General shall be approved by the Council of Ministers. The budget shall be provided by contributions from Member States in accordance with the scale of assessment of the United Nations; provided, however, that no Member State shall be assessed an amount exceeding twenty percent of the yearly regular budget of the Organization. The Member States agree to pay their respective contributions regularly.

## Signature and Ratification of Charter

**Article XXIV**

1. This Charter shall be open for signature to all independent sovereign African States and shall be ratified by the signatory States in accordance with their respective constitutional processes.
2. The original instrument, done, if possible in African languages, in English and French, all texts being equally authentic, shall be deposited with the Government of Ethiopia which shall transmit certified copies thereof to all independent sovereign African States.
3. Instruments of ratification shall be deposited with the Government of Ethiopia, which shall notify all signatories of each such deposit.

## Entry into Force

**Article XXV**

This Charter shall enter into force immediately upon receipt by the Government of Ethiopia of the instruments of ratification from two-thirds of the signatory States.

## Registration of the Charter

### Article XXVI

This Charter shall, after due ratification, be registered with the Secretariat of the United Nations through the Government of Ethiopia in conformity with Article 102 of the Charter of the United Nations.

## Interpretation of the Charter

### Article XXVII

Any question which may arise concerning the interpretation of this Charter shall be decided by a vote of two-thirds of the Assembly of Heads of State and Government of the Organization.

## Adhesion and Accession

### Article XXVIII

1. Any independent sovereign African State may at any time notify the Administrative Secretary-General of its intention to adhere or accede to this Charter.

2. The Secretary-General shall, on receipt of such notification, communicate a copy of it to all the Member States. Admission shall be decided by a simple majority of the Member States. The decision of each Member State shall be transmitted to the Administrative Secretary-General, who shall, upon receipt of the required number of votes, communicate the decision to the State concerned.

## Miscellaneous

### Article XXIX

The working languages of the Organization and all its institutions shall be, if possible African languages, English and French.

### Article XXX

The Secretary-General may accept, on behalf of the Organization gifts, bequests and other donations made to the Organization, provided that this is approved by the Council of Ministers.

**Article XXXI**

The Council of Ministers shall decide on the privileges and immunities to be accorded to the personnel of the Secretariat in the respective territories of the Member States.

## Cessation of Membership

**Article XXXII**

Any State which desires to renounce its membership shall forward a written notification to the Secretary-General. At the end of one year from the date of such notification, if not withdrawn, the Charter shall cease to apply with respect to the renouncing State, which shall thereby cease to belong to the Organization.

## Amendment of the Charter

**Article XXXIII**

This Charter may be amended or revised if any Member State makes a written request to the Secretary-General to that effect; provided, however, that the proposed amendment is not submitted to the Assembly for consideration until all the Member States have been duly notified of it and a period of one year has elapsed. Such an amendment shall not be effective unless approved by at least two-thirds of all the Member States.

IN FAITH WHERE OF, We, the Heads of African State and Government, have signed this Charter.

## States Parties

As at 12 May 2000

| Country | Date of ratification |
|---|---|
| Algeria | 25 Jul 1973 |
| Angola | 1976 |
| Benin | 07 Sep 1963 |
| Botswana | 1966 |
| Burkina Faso | 29 Oct 1963 |
| Burundi | 12 Oct 1963 |
| Cameroon | 25 Aug 1963 |
| Cape Verde | 1975 |
| Central African Republic | 25 May 1963 |
| Chad | 07 Aug 1963 |
| Comoros | 1975 |
| Congo | 12 Jul 1963 |
| Congo, The Democratic Republic of The | 13 Sep 1963 |
| Côte d'Ivoire | 08 Jun 1963 |
| Djibouti | 1977 |
| Egypt | 27 Jul 1963 |
| Equatorial Guinea | 1969 |
| Eritrea | 2 Jun 1993 |
| Ethiopia | 09 Jun 1963 |
| Gabon | 06 Jul 1963 |
| Gambia | 1965 |
| Ghana | 15 Jul 1963 |
| Guinea | 24 Jun 1963 |
| Guinea Bissau | Nov 1973 |
| Kenya | 1964 |
| Lesotho | 1966 |
| Liberia | 29 Aug 1963 |
| Libyan Arab Jamahiriya | 11 Sep 1963 |
| Madagascar | 10 Jul 1963 |

(续表)

| Country | Date of ratification |
| --- | --- |
| Malawi | 1964 |
| Mali | 24 Jul 1963 |
| Mauritania | 26 Aug 1963 |
| Mauritius | |
| Morocco | |
| Mozambique | 1975 |
| Namibia | 11 Apr 1990 |
| Niger | 26 Jul 1963 |
| Nigeria | 14 Nov 1963 |
| Rwanda | 05 Aug 1963 |
| Sahrawi Arab Democratic Republic | 17 May 1982 |
| Sao Tome and Principe | |
| Senegal | 02 Jul 1963 |
| Seychelles | |
| Sierra Leone | 11 Sep 1963 |
| Somalia | |
| South Africa | 23 May 1994 |
| Sudan | 19 Jul 1963 |
| Swaziland | 1968 |
| Tanzania, United Republic of | 14 Sep 1963 |
| Togo | Jul 1963 |
| Tunisia | 01 Oct 1963 |
| Uganda | 03 Aug 1963 |
| Zambia | 1965 |
| Zimbabwe | |

Note: (1) Morocco, one of the original signatories to the Charter, withdrew from the OAU and its obligations in 1984, subsequent to the admission of the Sahrawi Arab Democratic Republic.
(2) The dates of ratification/accession for a number of States are not available.
Source: OAU General Secretariat, Addis Ababa, Ethiopia and its Permanent Delegation to the Office of the United Nations in Geneva.

# 参 考 文 献

一、中文文献
**1. 专著**
（1）［肯尼亚］A. A. 马兹鲁伊、［科特迪瓦］C. 旺济主编：《非洲通史》（第八卷），北京：中国对外翻译出版公司2003年版。
（2）［苏联］H. H. 波特欣等：《种族歧视在非洲》，何清新、林立、杨松年等译，北京：世界知识出版社1962年版。
（3）艾周昌、郑家馨主编：《非洲通史·近代卷》，上海：华东师范大学出版社1995年版。
（4）［英］安东尼·D. 史密斯：《全球化时代的民族和民族主义》，龚维斌、良警宇译，北京：中央编译出版社2002年版。
（5）［英］巴兹尔·戴维逊：《现代非洲史——对一个新社会的探索》，舒展、李力清、张学珊等译，北京：中国社会科学出版社1989年版。
（6）［埃及］布特罗斯·加利：《非洲边界争端》，仓有衡译，北京：商务印书馆1979年版。
（7）陈公元、唐大盾、原牧主编：《非洲风云人物》，北京：世界知识出版社1989年版。
（8）陈仲丹：《加纳》，成都：四川人民出版社2000年版。
（9）陈宗德、吴兆契主编：《撒哈拉以南非洲经济发展战略研究》，北京：北京大学出版社1987年版。
（10）辞海编辑委员会编：《辞海》，上海：上海古籍出版社1999年版。
（11）［美］戴维·拉姆：《非洲人》，张理初、沈志彦译，上海：上海译义出版社1998年版。
（12）［美］道格拉斯·惠勒、［法］勒内·佩利西埃：《安哥拉》，史陵山译，北京：商务印书馆1973年版。
（13）《第三届全非人民大会文件汇编》，北京：世界知识出版社1962年版。
（14）《第三世界石油斗争》编写组编：《第三世界石油斗争》，北京：生活·读书·新知三联书店1981年版。

(15) 董云虎、刘武萍：《世界人权约法总览》，成都：四川人民出版社1990年版。
(16) 葛佶主编：《简明非洲百科全书（撒哈拉以南）》，北京：中国社会科学出版社2000年版。
(17) 顾章义：《崛起的非洲》，北京：中国青年出版社1999年版。
(18) [美]霍华德·威亚尔达主编：《非西方发展理论——地区模式与全球趋势》，董正华等译，北京：北京大学出版社2006年版。
(19) [加纳]A. 阿杜·博亨主编：《非洲通史》（第七卷），北京：中国对外翻译出版公司1991年版。
(20) [加纳]克瓦米·恩克鲁玛：《恩克鲁玛自传》，北京：世界知识出版社1960年版。
(21) [英]科林·勒古姆：《八十年代的非洲——一个危机四伏的大陆》，吴期扬译，北京：世界知识出版社1982年版。
(22) 李安山：《非洲民族主义研究》，北京：中国国际广播出版社2004年版。
(23) 李安山：《曼德拉》，北京：学苑出版社1996年版。
(24) 李保平、马瑞敏主编：《非洲变革与发展》，北京：世界知识出版社2002年版。
(25) 李东燕：《联合国》，北京：社会科学文献出版社2005年版。
(26) 李晓岗：《难民政策与美国外交》，北京：世界知识出版社2004年版。
(27) [美]理查德·吉布逊：《非洲解放运动：当代反对白人少数统治的斗争》，复旦大学国际政治系编译组译，上海：上海人民出版社1975年版。
(28) 梁根成：《美国与非洲——第二次世界大战结束至80年代后期美国对非洲的政策》，北京：北京大学出版社2000年版。
(29) 刘国平、罗肇鸿等：《世界经济调整与改革的新浪潮》，重庆：重庆出版社1990年版。
(30) 刘曙光主编：《解析全球经济》，北京：中国经济出版社2004年版。
(31) 陆庭恩：《非洲问题论集》，北京：世界知识出版社2005年版。
(32) 陆庭恩、黄舍骄、陆苗耕等主编：《影响历史进程的非洲领袖》，北京：世界知识出版社2005年版。
(33) 陆庭恩、彭坤元主编：《非洲通史·现代卷》，上海：华东师范大学出版社1995年版。
(34) [英]罗伯特·斯蒂文思：《纳赛尔传》，北京：世界知识出版社1992年版。
(35) [英]罗兰·奥利弗、安东尼·阿特莫尔：《1800年以后的非洲》，李广一等译，北京：商务印书馆1992年版。
(36) 马嬟：《区域主义和发展中国家》，北京：中国社会科学出版社2002年版。
(37) 沐涛：《南非对外关系研究》，上海：华东师范大学出版社2003年版。
(38) [南非]A. P. J. 范伦斯伯格：《非洲当代领袖》，秦晓鹰、殷罡译，重庆：重庆出版社1985年版。
(39) [南非]本·武·姆恰利：《罗得西亚：冲突的背景》，史陵山译，北京：商务印书馆 1973 年版。
(40) [南非]鲁思·弗斯特：《西南非洲》，山东大学外文系俄语专业师生集体译，济南：山东人民出版社 1978 年版。
(41) 宁骚：《民族与国家》，北京：北京大学出版社 1995 年版。
(42) 潘光主编：《当代国际危机研究》，北京：中国社会科学出版社 1989 年版。
(43) [法国]皮埃尔·古鲁：《非洲》(上册)，北京：商务印书馆 1984 年版。
(44) 商务印书馆编辑部编：《近代世界名人辞典》，北京：商务印书馆 1965 年版。
(45)《十五至十九世纪非洲的奴隶贸易》，北京：中国对外翻译出版社 1984 年版。
(46)《世界银行 2004 年度报告》(第一卷)，北京：经济科学出版社 2004 年版。
(47)《世界知识年鉴》，北京：世界知识出版社 1993 年版。
(48) 舒运国：《失败的改革——20 世纪末撒哈拉以南非洲国家结构调整评述》，长春：吉林人民出版社 2004 年版。
(49) 唐大盾选编：《泛非主义与非洲统一组织文选(1900—1990)》，上海：华东师范大学出版社，1995 年版。
(50) 葛公尚主编：《万国博览·非洲卷》，北京：新华出版社 1998 年版。
(51) 王杏芳：《联合国重大决策》，北京：当代世界出版社 2001 年版。
(52) [美]威·爱·伯·杜波依斯：《非洲：非洲大陆及其居民的历史概述》，北京：世界知识出版社 1964 年版。
(53) [美]维农·麦迪：《世界政治中的非洲》，北京编译社译，北京：世界知识出版社 1965 年版。
(54) 现代国际关系研究所世界人物研究室编：《现代非洲名人录》，北京：时事出版社 1987 年版。
(55) 杨光、温伯友主编：《中东非洲发展报告(2000—2002)》，北京：社会科学文献出版社 2002 年版。
(56) 杨宇冠主编：《联合国人权公约机构与经典要义》，北京：中国人民公安大学出版社 2005 年版。
(57) [美]约瑟夫·S. 奈、约翰·D. 唐纳胡主编：《全球化世界的治理》，王勇、肖东燕等译，北京：世界知识出版社 2003 年版。
(58) 郑家馨主编：《殖民主义史·非洲卷》，北京：北京大学出版社 2000 年版。
(59)《中国大百科全书·外国历史》，北京：中国大百科全书出版社 1990 年版。
(60) 中国非洲问题研究会与时事出版编辑部合编：《非洲经济发展战略》，北京：时事出版社 1986 年版。
(61) 中国国际问题研究所编辑部编：《不结盟运动主要文件集》，北京：中国对外翻译出版公司 1987 年版。
(62) 朱锋：《人权与国际关系》，北京：北京大学出版社 2000 年版。

## 2. 论文

（1）[法]菲利浦·隆多特：《阿拉伯国家在非洲的影响》，《西亚非洲资料》第52期，1980年10月10日。

（2）葛公尚：《非洲的民族主义与部族主义探析》，《西亚非洲》1994年第5期。

（3）顾章义：《非洲国家的边界争端》，《西亚非洲资料》第67期，1982年4月18日。

（4）贺文萍：《〈非洲发展新伙伴计划〉为什么必须成功———南非学者谈《非洲发展新伙伴计划》等问题》，《西亚非洲》2003年第3期。

（5）黄泽全：《尼日利亚两大难题：民族和宗教矛盾》，《西亚非洲》1993年第3期。

（6）杰·阿·萨格伊、德·艾·威尔逊：《殖民主义、民族主义和泛非主义》，《非洲历史研究》1985年第1—2期。

（7）[英]科林·勒古姆：《泛非主义、黑人精神和非洲民族主义》，《民族译丛》1983年第3期。

（8）《科林·勒古姆谈非洲问题》，《西亚非洲资料》第91期，1983年4月5日。

（9）李智彪：《经济全球化与非洲》，《西亚非洲》2001年第1期。

（10）[埃塞俄比亚]马莫·穆契：《泛非一体化：非洲自由繁荣之路》，潘华琼译，《西亚非洲》2001年第2期。

（11）宁骚：《试论当代非洲的部族问题》，《世界历史》1983年第4期。

（12）《全球40国粮食不够吃》，《环球时报》2006年10月13日，第1267期。

（13）[埃及]萨米尔·阿明：《非洲沦为第4世界的根源》，《国外理论动态》2003年第2期。

（14）唐大盾：《非洲民族主义的由来和发展》，《西亚非洲》1998年第5期。

（15）唐大盾：《论"非统"——兼论非洲的统一与发展》，《西亚非洲》1993年第5期。

（16）唐大盾：《塞姆及其"非洲新生"论》，《西亚非洲》2005年第5期。

（17）王艳华：《南共体在非洲一体化进程中的优势》，《西亚非洲》2005年第1期。

（18）王莺莺：《对非洲形势与国际地位的再认识》，《国际问题研究》2006年第6期。

（19）《为了核原料　干掉卢蒙巴》，《上海译报》2005年7月21日。

（20）夏吉生：《继往开来话非盟》，《西亚非洲》2004年第1期。

（21）徐拓：《利比亚干预乍得始末》，《西亚非洲资料》第83期。

（22）杨光：《西撒哈拉问题的历史演变》，《西亚非洲资料》第56期。

（23）杨利华：《非洲联盟：理想与现实》，《西亚非洲》2001年第5期。

（24）杨曼苏：《以色列对非外交漫谈》，《西亚非洲》2002年第2期。

（25）姚桂梅：《全球化中的非洲地区一体化》，《西亚非洲》1999年第5期。

（26）原牧：《从〈洛美协定〉看南北关系》，《西亚非洲资料》第102期，1983年10月15日。

（27）张莉：《〈非洲发展新伙伴计划〉与中非合作》，《西亚非洲》2002年第5期。

（28）张忠祥：《试析恩克鲁玛的非洲统一思想》，《西亚非洲》2004年第2期。

（29）钟伟云：《姆贝基非洲复兴思想内涵》，《西亚非洲》2002年第4期。

## 二、外文文献
### 1. 专著

(1) Adekunle Ajala, Pan-Africanism: Evolution, *Progress and Prospects*, London: Andre Deutsch, 1973.

(2) A. H. M. Kirk-Greene, *Crisis and Conflict in Nigeria: A Documentary Sourcebook 1967–1970*, Vol. 2, Oxford: Oxford University Press.

(3) Amadu Sesay, Olusola Ojo, and Orobola Fasehun, *The OAU After Twenty Years*, Boulder and London: Westview Press, 1984.

(4) Azzedine Layachi, "The OAU and Western Sahala: A Case Study", in Yassin El-Ayouty, *The Organization of African Unity after Thirty Years*, Westport: Praeger Publishers, 1994.

(5) Björn Hettne, András Inotai, and Osvaldo Sunkel, *The New Regionaliism and the Future of Security and Development*, Volume 4, New York: St. Martin's, Inc., 2000.

(6) Catherine Hoskyns, *Case Studies in African Diplomacy Number 1: The Organization of African Unity and the Congo Crisis*, Oxford: Oxford University Press, 1969.

(7) Colin Legum, Bill Lee, *The Horn of Africa in Continuing Crisis*, New York and London: Africana Publishing Company, 1979.

(8) Colin Legum, *Pan-Africanism: A Short Political Guide*, London and Dunmow: Pall Mall Press Ltd, 1962.

(9) David J. Francis, Mohammed Faal, John Kabia, and Alex Ramsbotham, *Dangers of Co-deployment: UN Co-operative Peacekeeping in Africa*, Ashgate, 2005.

(10) *Directory of Interngovernmental Cooperation Organizations in Africa*, published by ECA in 1972.

(11) Elenga M'buyinga, translated by Michael Pallis, *Pan-Africanism or Neo-Colonialism? The Bankruptcy of the O. A. U.*, London: Zed Press, 1982.

(12) Gino J. Naldi, *The Orgnization of African Unity: An Analysis of Its Role*, London and New York: Mansell Publishing Ltd, 1989.

(13) Guy S. Goodwin-Gill, *The Refugee in International Law*, Oxford: Oxford University Press, 1983.

(14) Ian Brownlie, *African Boundaries: A Legal and Diplomatic Encyclopaedia*, Berkeley: University of California Press, 1979.

(15) Ian Brownlie, *Basic Documents on African Affairs*, Oxford: Oxford University Press, 1971.

(16) James O. C. Jonah, "The OAU: Peace Keeping and Conflict Resolution", in

Yassin El-Ayouty, *The Organization of African Unity after Thirty Years*, Westport: Praeger Publishers, 1994.

(17) Klaas van Walraven, *Dreams of Power: The Role of Organization of African Unity in the Politics of Africa 1963 – 1993*, Aldershot: Ashgate Publishing Limited, 1999.

(18) K. Nknumah, *Africa Must Unite*, London: Heinemann Educational Books Ltd, 1963.

(19) Marina Ottaway, *Soviet and Ameirican Influence in the Horn of Africa*, New York: Praeger Publishers, 1982.

(20) Mark W. Zacher, *International Conflicts and Collective Secuilty, 1946 – 77*, New York: Praeger Publisher, 1979.

(21) Martin Minogue, Judith Molloy, *African Aims & Attitudes Selected Documents*, Cambridge: Cambridge University Press, 1974.

(22) Michael Woifers, *Politics in the Organization of African Unity*, London: Methuen & Co Ltd, 1976.

(23) Olusegun Obasanjo, *My Command: An Account of the Nigerian Civil War 1967 – 1970*, London: Heinemann Educational Books Ltd, 1980.

(24) Rachel Murray, *Human Rights in Africa from the OAU to the African Union*, Cambridge: Cambridge University Press, 2004.

(25) Ralph I. Onwuka, Timothy M. Shaw, *Africa in World politics: Into the 1990s*, Basingstoke: Macmillan, 1989.

(26) Ravmond W. Copson, *Africa's Wars and Prospects for Peace*, New York: Sharpe, 1991.

(27) Richard E. Bissell, *Apartheid and International Organizations*, Colorado: Westview Press, 1977.

(28) S. B. Jain, *India's Foreign Policy and Non-Alignment*, New Delhi: Anamika Publishers & Distributors, 2000.

(29) Taisier M. Ali, Robert O. Matthews, *Civil Wars in Africa: Roots and Resolution*, Montreal and Kington: McGill-Queen's University Press, 1999.

(30) Tajudeen Abdul-Raheem, *Pan-Aficanism: Politics, Economy and Social Change in the Twenty-first Century*, London: Pluto Press, 1996.

(31) Timothy M. Shaw, Solo Ojo, *Africa and the International Political System*, Lanham: University Press of Americ, 1982.

(32) Tunde Zack-Williams, Diane Frost, and Alex Thomson, *Africa in Crisis: New Challenges and Possibilities*, London: Pluto Press, 2002.

(33) Vincent Bakpetu Thompson, *Africa and Unity: The Evolution of Pan-Africanism*, London: Longman Group Ltd, 1969.

（34）Wellington W. Nyangoni, *Africa in the United Nations System*, Associated University Presses Int, 1985.

（35）William Tordoff, *Government and Politics in Africa*, Bloomington: Indiana University Press, 1984.

（36）Yassin El-Ayouty, Hugh C. Brooks, *Africa and International Organization*, Hague: Martinus Nijhoff, 1974.

（37）Yassin El-Ayouty, *The Organization of African Unity after Thirty Years*, Westport: Praeger Publishers, 1994.

（38）Zdenek Cervenka, *The Unfinished Quest for Unity: Africa and the OAU*, London: Julian Friedmann Pulishers Ltd, 1977.

## 2. 网站

（1）http://www.africa-union.org.

（2）http://www.United Document.htm.

（3）http://www.au2002_gov_za-docs_background-oau_to_au_htm.

# 后　　记

非洲是发展中国家最集中的大陆,中国是世界最大的发展中国家,非洲与中国有着相似的历史遭遇和追求民族伟大复兴的相同夙愿。中非友谊源远流长,中非交流日益紧密和深厚。

自进入21世纪,特别是2015年中国和非洲将"中非新型战略伙伴关系"提升为"全面战略合作伙伴关系",非洲大陆成为"一带一路"倡议的重要地区以来,中非关系进入大发展时期。在中非交流空前高涨的背景下,了解非洲更显出其重要性、紧迫性。现在把自己关于对非洲统一组织的一些见解付梓成书,正当其时。请方家指正。

斗转星移,时光荏苒,自2007年6月那个毕业季至今,转瞬间已近12个春秋;"时间是一切财富中最宝贵的财富",我有些骇然。

那时,我从塞外青城走进江左沪上,由硕士攻读博士,气势何等恢弘:要按时毕业,要写出好的博士论文,要做好的学问。然而,理想是丰满的,现实是骨感的。活生生的实际问题,一个个挑战扑面而来。首先,生活问题。记得,那时每个有工作经历的博士生每月350元生活补贴,对于我这个几乎没有积蓄和收入者,生活的确不容易。找兼职,怕辜负了自己的志向。生活上,只能锱铢必较、节衣缩食,每天生活费在10元预算内,每晚只是一碗3.5元的炸酱面,一双回力牌运动鞋直到穿成"菜盒子"才扔掉。怀揣着导师资助去中国国家图书馆(北京)查资料10多天,只能住在20元一晚的地下室(4个人合住)。洗澡很难,再加北京三四月份天气很干燥,浑身上下痒痒的,总觉身上有说不尽的污垢;睡着也不容易,一天,来了一位到北京舞蹈学院看女儿的老兄,人很富态,性格很温柔,但是呼噜打得特有底气,客房的一夜似乎都在颤抖；借出来书，就立马跑到中国民族大学校园里去复印，为了那2分钱一张的便宜，找到一家湖南人经营的复印店，在学校靠近操场的一排矮房子里；一天，去海淀书店买书路上享受了一碗兰州拉面，竟然是"奢侈"一把，破天荒地花去8元人民币……学习上，却还是慷慨的。依稀记得，2004年10月25日，在桂林路的桂林公园对面上海企鹅书店买了一套《非洲通史》（华东师范大学出版社2001年版），一次花掉一个月生活费的三分之一（98元）。再者，学业问题。一方面，由于跨度较大，从硕士学中国古代史到彼时世界史，有好多知识要补，有好多书要看。记得很清楚，在开学前暑假导师开了几本书要我好好读，其中，一本罗荣渠的《现代化新论》，我还是跑到徐州中国矿业大学找到图书馆的张秀芳老师借出来的，到上海后才邮寄还书。另一方面，由于英语学力亟须加强，更需要花费更大气力。

昨日"励志"，一件件一桩桩，让我慨叹自己失去了珍贵的东西，就是时间，就是"背离"自己的昔日梦想。毕业后，我回到安徽，在中共安徽省委党校工作。4年后，即2011年8月，重回上海，在出版社做了7年又1个月。从2007年到2018年的11年，虽然其间也发表过一些关于非洲等方面的文章，总体说来对非洲研究没能向更纵深发展，这是我内疚的地方。

"生活是一位睿智的长者，生活是一位博学的老师，它常常春风化雨、润物无声地为我们指点迷津，给我们人生的启迪。"重回教师职业，只有把自己的丢失的东西找回来，尽量不让自己再遗憾下去。

不忘初心，方得始终。悠悠岁月里，不知道有多少世事、人物、画面和感触在脑海里悄悄地流失，从指缝间溜走；然而，真正触及内心最柔软之处的那一张张面庞、一句句话语、一阕阕故事……积淀、凝固和定格在我的脑海里，永远记得，不会随着岁月的流逝而消褪。在研究生求学路上，得到了内蒙古大学王雄老师、宝音德力根老师、张久和老师、叶新民老师、于默颖老师、北京大学陆庭恩老师、李安山老师，中国社会科学院李智彪老师，上海师范大学舒运国老师、裔昭印老师、苏智良老师、陈恒老师，中国矿业大学张秀芳老师，阜阳师范大学吴海涛老师，宿州市第一中学王克翀老师等无私的帮助，让我永志不忘。感谢舒运国老师招收我做他的第一个博士生，他不仅在学术上悉心指导,而且在物质上给予我很大的帮助。张秀芳老师是一直支持我的贵人,在报考硕士研究生以及博士学习阶段,一直给我很大的支持。她为人很低调、朴实、谦逊,是我人生之榜样。

何小刚老师,在我做编辑期间以及对本书能够顺利出版都给予了我很大的关怀、帮助和支持;他宽厚淳朴、豁达开朗、思想深邃、乐于助人,具有很强的人格魅力,是我人生的良师和楷模。

当然,在我人生的路上,离不开我的家人的一贯支持,特别是我的父母、我的爱人以及我的兄弟给予了无私奉献和帮助。

无论是过去,还是现在,抑或未来,总祝愿:晨有清逸,暮有闲悠,梦随心动,心随梦圆。子在川上曰:"逝者如斯夫。"岁月蹉跎,时不待我,一万年太久,只争朝夕。只有打起背包,备好行囊,立马出发,才能走过迢迢征途,享受美丽的夕阳。

面临即将迎来的 2020 年,我需要再出发!

路征远<br>
2019 年 12 月

图书在版编目(CIP)数据

非洲统一组织研究：泛非主义视角 / 路征远著.—上海：上海社会科学院出版社，2020
ISBN 978 - 7 - 5520 - 2991 - 8

Ⅰ.①非… Ⅱ.①路… Ⅲ.①非洲统一组织—泛非主义—历史—研究 Ⅳ.①D814.1②D84

中国版本图书馆 CIP 数据核字(2019)第 288235 号

---

非洲统一组织研究：泛非主义视角

著　　者：路征远
责任编辑：陈慧慧
封面设计：周清华
出版发行：上海社会科学院出版社
　　　　　上海顺昌路 622 号　邮编 200025
　　　　　电话总机 021 - 63315947　销售热线 021 - 53063735
　　　　　http：//www.sassp.cn　E-mail：sassp@sassp.cn
照　　排：南京前锦排版服务有限公司
印　　刷：上海天地海设计印刷有限公司
开　　本：710 毫米×1010 毫米　1/16
印　　张：15.75
插　　页：2
字　　数：223 千字
版　　次：2020 年 7 月第 1 版　2020 年 7 月第 1 次印刷

ISBN 978 - 7 - 5520 - 2991 - 8/D · 564　　定价：76.00 元

版权所有　翻印必究